2010年11月25日，中国交通建设股份有限公司港珠澳大桥岛隧工程联合体中标大桥控制性工程

2011年5月15日，西人工岛首个钢圆筒顺利振沉

2011年12月7日，东人工岛59个钢圆筒振沉完毕，东人工岛成岛

2012年8月7日，首节沉管完成混凝土浇筑

2013年5月6日，首节沉管E1完成安装

2016年10月8日，首节曲线沉管E33浮运安装

2016年10月14日，港珠澳大桥海底隧道最终接头钢壳正式投产

2016年12月24日，东人工岛减光罩安装完成

2016年12月26日，港珠澳大桥33节沉管全部预制完成

2017年5月2日，"振华30"实施最终接头安装

2017年8月31日，东人工岛主体建筑结构正式封顶

2017年12月31日，港珠澳大桥主体工程亮灯

2018年2月6日，岛隧工程完成交工验收

2016年1月21日
建设中的东人工岛施工全景

2018年10月23日，港珠澳大桥正式开通

港珠澳大桥全景图

港珠澳大桥岛隧工程项目
管理探索与实践

林　鸣　王孟钧　罗　冬　王青娥　著

EXPLORATION AND PRACTICE
ON THE MANAGEMENT FOR
ISLAND AND TUNNEL OF
HONG KONG-ZHUHAI-MACAO BRIDGE PROJECT

中国建筑工业出版社

图书在版编目（CIP）数据

港珠澳大桥岛隧工程项目管理探索与实践／林鸣等著. —北京：中国建筑工业出版社，2018.12

ISBN 978-7-112-23172-0

Ⅰ.①港… Ⅱ.①林… Ⅲ.①跨海峡桥－桥梁工程－工程项目管理－广东 ②水下隧道－隧道工程－工程项目管理－广东 Ⅳ.①U4

中国版本图书馆CIP数据核字（2019）第007512号

责任编辑：赵晓菲 朱晓瑜 张智芊
版式设计：锋尚设计
责任校对：芦欣甜

港珠澳大桥岛隧工程项目管理探索与实践

林 鸣 王孟钧 罗 冬 王青娥 著

*

中国建筑工业出版社出版、发行（北京海淀三里河路9号）

各地新华书店、建筑书店经销

北京锋尚制版有限公司制版

天津翔远印刷有限公司印刷

*

开本：787×1092毫米 1/16 印张：18½ 字数：310千字

2019年1月第一版 2019年1月第一次印刷

定价：98.00元

ISBN 978 - 7 - 112 - 23172 - 0

（33252）

本书编委会

编委会主任：林 鸣　王孟钧　罗 冬　王青娥

编委会成员（以姓氏笔画排序）：

丰 静　　尹伦禹　　尹海卿　　宁进进

朱卫华　　向慕原　　刘 洋　　刘孔玲

刘亚平　　刘晓东　　闫屹彬　　李元庆

李金峰　　李建光　　吴凤亮　　邱 琦

陈向阳　　陈辉华　　胡 艺　　柴玄玄

高纪兵　　唐晓莹　　唐娟娟　　黄维民

彭晓鹏　　董 政　　傅秀萍　　谢臣伟

廖 娜　　谭 娟　　樊建华

　　建设港珠澳大桥是中国中央政府支持香港、澳门和珠三角地区城市快速发展的一项重大举措，是"一国两制"下粤港澳密切合作的重大成果。港珠澳大桥工程建设创下多项世界之最，非常了不起，体现了一个国家逢山开路、遇水架桥的奋斗精神，体现了我国综合国力、自主创新能力，体现了勇创世界一流的民族志气，这是一座"圆梦桥、同心桥、自信桥、复兴桥"。大桥建成通车，进一步坚定了我们对中国特色社会主义的道路自信、理论自信、制度自信、文化自信！作为中国从桥梁大国走向桥梁强国的里程碑之作，该桥被业界誉为桥梁界的"珠穆朗玛峰"，被英国媒体《卫报》称为"新世界七大奇迹"之一，并荣获该领域多项国际奖项。

　　港珠澳大桥是世界上里程最长、施工难度最大、沉管隧道最长、技术含量最高的跨海大桥，在结构设计、使用年限以及防撞防震、抗洪抗风等方面均有超高标准。由中国交通建设股份有限公司联合体承建的岛隧工程是大桥的控制性工程，其中沉管隧道是我国第一条外海沉管隧道，也是世界唯一深埋沉管隧道和综合难度最大的沉管隧道。岛隧工程建设过程中完成了100多项试验研究，自主研发了十几项国内首创且世界领先的专用设备和系统，获得了500多项专利，将试验研究过程与建设过程有机融合，成功解决了规模大、标准高、风险大、经验少等矛盾与难题，创造了举世瞩目的工程奇迹。

　　岛隧工程总承包项目管理的成功经验是以"构建平台、风险驱动、创新支撑、品质至上、以人为本"的管理纲领为红线，在三地共建共管复杂环境下构建科学适用的总承包管理平台，以风险驱动创新、创新化解风险，将品质至上落到实处，以人为本的岛隧文化根植于每一名建设者内心，打造出了一支百战不殆的铁血团队。林鸣同志带领团队采用科学合理的工程管理模式和方法，组织了一场千人"共走钢丝"的持久战，并取得全面胜利，为推动我国重大工程建设的技术进步及管理水平提升做出了重要贡献。

本书的出版，展示了港珠澳大桥岛隧工程项目管理精髓与全貌，为大型工程建设管理者提供了管理标杆与范本，为工程管理研究人员提供了研究思路和导向，将对我国大型工程建设管理，特别是总承包项目管理理论发展和水平提升起到极大推动作用。

感谢岛隧工程项目总经理部和中国工程院工程管理学部，使我和我们团队有机会对港珠澳大桥岛隧工程系统学习、调研和总结，切身感受这一超级工程建设者们担当、奉献、创新的精神风貌，从而能够写出以上认识作为序言。

2018年12月26日

| 目　录 |

第1章

导论

2018年10月23日，港珠澳大桥开通仪式在珠海隆重举行，这座历时八年建成的超级工程正式通车。港珠澳大桥是我国继三峡工程、青藏铁路、京沪高铁之后又一重大基础设施工程，是集桥、岛、隧为一体的超大型跨海通道，是"一国两制"下粤港澳三地首次合作共建的超大型跨海交通工程，具有世界级规模和技术难度。港珠澳大桥的建成，有利于粤港澳三地人员交流和经贸往来，有利于促进粤港澳大湾区发展，有利于提升珠三角地区综合竞争力，对于支持中国香港和澳门地区融入国家发展大局，全面推进互利合作具有重大政治与经济意义。

岛隧工程是港珠澳大桥的关键控制性工程，其中海底沉管隧道是我国首条在外海敞开水域环境下建设的沉管隧道，是目前世界上最长、隧道断面最大、单根管节最重的公路沉管隧道，也是国际上公认的综合建设难度和技术挑战程度最高的沉管隧道。岛隧工程的高质量建成对行业发展具有重要意义：其一，使我国由沉管技术相对落后国家跃升为技术领先国家之一，通过技术创新和装备研发填补国内沉管工程领域多项空白，实现了技术跨越式发展；其二，依托工程广泛开展科研合作，大规模集成应用先进科研成果，形成了产学研协同创新平台；其三，培育了一批"大国工匠"和行业领军人物等宝贵人才，充实了我国工程建设队伍；其四，树立了我国的工程品牌，塑造了中国工程师新形象，为参与国际竞争和"一带一路"建设提供了信心和基础。

艰难困苦、玉汝于成，港珠澳大桥岛隧工程创造了一系列世界纪录，这些成绩的取得既得益于政府和社会各界的大力支持，又得益于中国工程人的智慧和勇于开拓的精神，以及管理上的精耕细作和大胆创新。基于工程哲学思想和系统科学思想，岛隧工程管理团队直面各种挑战，凝练本质管理思想，创新管理方法，形成了"构建平台、风险驱动、创新支撑、品质至上、以人为本"的工程管理纲领，贯穿于岛隧工程建设全过程，保证了工程成功和目标的全面实现。

1.1　港珠澳大桥岛隧工程概况

港珠澳大桥岛隧工程（下文简称"岛隧工程"）采用总价固定的设计施工总承包模式，由中国交通建设股份有限公司联合体（下文简称"中交联合体"）承建，中国交通建设股份有限公司（下文简称"中国交建"）为联合体的牵头单位。

1.1.1 工程概述

港珠澳大桥位于珠江口区域，东接香港特别行政区，西接广东省珠海市和澳门特别行政区，全长55km，包括海中桥隧工程，香港、珠海和澳门三地口岸以及香港、珠海和澳门三地连接线三大部分，总平面图如图1-1所示。

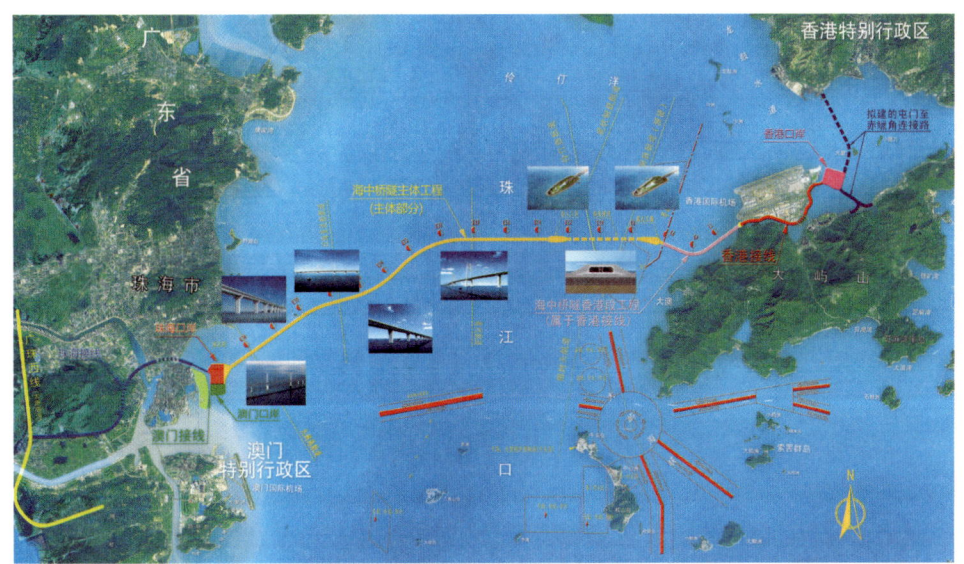

图1-1 港珠澳大桥总平面图

其中，海中桥隧工程采用碛石湾-拱北/明珠的线位方案，路线起自香港大屿山碛石湾，接香港口岸，经香港水域，沿23DY锚地北侧向西，穿（跨）越珠江口铜鼓航道、伶仃西航道、青州航道、九洲航道，止于珠海/澳门口岸，总长约42km，包括粤港澳三地共同建设的主体工程（长约29.6km）和香港段（长约12km）两大部分。穿越伶仃西航道和铜鼓航道段约6.7km采用隧道方案；为实现桥隧转换和设置通风井，隧道两端各设置一个海中人工岛（东、西人工岛）。海中隧道、东西人工岛及结合部非通航孔桥共同组成了岛隧工程。

1.1.2 技术标准与工程内容

岛隧工程起于伶仃洋粤港分界线（K5+972.454），沿23DY锚地北侧向西，穿越珠江口铜鼓航道、伶仃西航道，止于西人工岛结合部非通航孔桥西端（K13+413），全长7440.546m，包括一条长5664m的海底沉管隧道、两个面积各约10万m²的蚝贝形的人工岛以及结合部非通航孔桥三大部分。依据港珠澳大桥主体工程全线平、纵断面设计，东人工岛东边缘距粤港分界线约366m，西人工岛东边缘距伶仃西航道约2000m，两岛长度均为625m，两岛最近边缘间距约5584m；隧道东端局部位于$R=5500$m平曲线上，其余部分均为直线，平面图如图1-2所示；沉管隧道纵断面设置为W线形，进出口纵坡为±2.98%，最小纵坡为±0.3%，纵断面如图1-3所示。沉管隧道由33根管节组成，其中5根为曲线管节，28根为标准管节；标准管节长180m，宽37.95m，高11.4m，单节重约80000t，标准管节如图1-4所示。

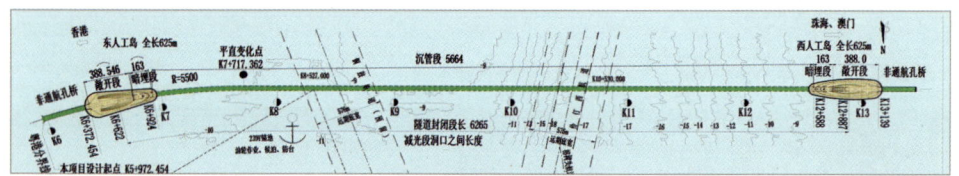

图1-2　岛隧工程平面图

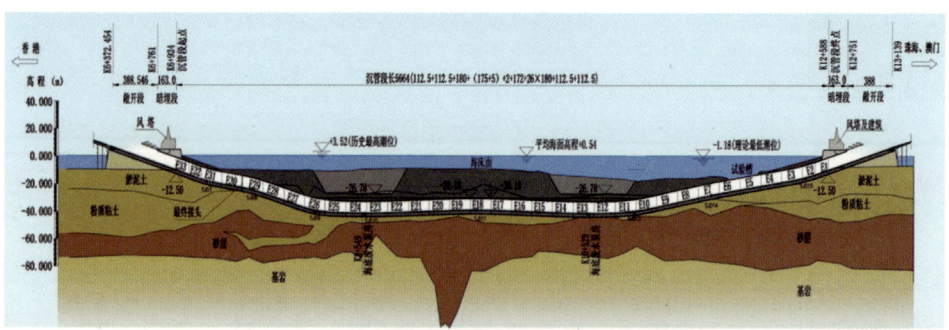

图1-3　岛隧工程人工岛及沉管隧道纵断面图

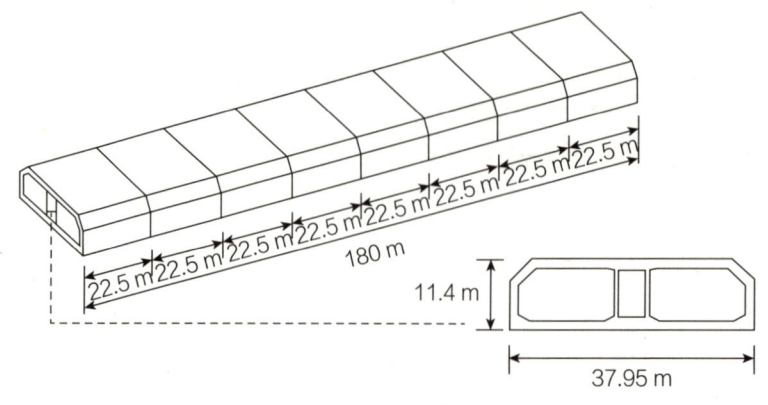

图1-4　沉管隧道标准管节示意图

1. 主要技术标准

港珠澳大桥岛隧工程采用粤、港、澳三地共建共管模式，其技术标准需同时满足三地标准要求（即中国内地、香港特别行政区、澳门特别行政区），采用"就高不就低"的原则。主要技术标准如表1-1所示。

岛隧工程主要技术标准　　　　　　　　　　表1-1

指标名称		技术标准	
一般技术指标	公路等级	平原微丘六车道高速公路	
	设计速度	主线设计速度为100km/h; 人工岛匝道设计速度为30km/h	
	建筑限界	海中桥梁工程	总宽度: 33.10m, 其中: 中央分隔带宽度: 2.00m; 左侧路缘带宽度: 2×0.50m; 行车道宽度: 2×（3×3.75）m; 右侧硬路肩紧急停车带宽度: 2×3.30m; 右侧防撞护栏宽度: 2×0.50m
		海中隧道工程	单幅宽度:14.25m, 净高5.1m, 其中: 左侧检修道宽度: 0.75m; 左侧向宽度: 0.50m; 行车道宽度: 3×3.75m; 右侧向宽度: 1.00m; 右侧检修道宽度: 0.75m
	地震烈度	地震基本烈度为7度, 大桥按8度进行抗震设计	
平纵线形技术指标		比照内地与香港地区的技术规范, 内地的平纵线形指标要求高于香港地区, 本桥平纵线形指标遵照《公路工程技术标准》JTG B01—2003执行: 最大纵坡: ≤3%; 路面横坡: 3%; 桥面横坡: 2.5%; 隧道路面横坡: 1.5%	
车辆荷载标准		汽车荷载采用公路—I级, 同时满足香港*Structure Design Manual for Highways and Railways*中规定的荷载要求	
设计洪水频率		设计洪水及波要素频率为1/300	
通航水位	设计最高水位	3.82m（1985国家高程基准）	
	隧道最低埋深要求	隧道顶埋深不小于理论深度基准面以下29m	

指标名称	技术标准
设计寿命	大桥设计寿命为120年
隧道洞内卫生标准 （参照PIARC）	80km/h——δ_{CO}=100ppm，K=0.005m^{-1} 100km/h——δ_{CO}=150ppm，K=0.0070m^{-1} 目前香港隧道和青马管制区实施的隧道内环境管制标准（按5分钟平均值）为： 　CO最高浓度：100ppm； 　NO最高浓度：11ppm； 　NO$_2$最高浓度：1ppm； 　最低能见度：0.0050m^{-1}
隧道内照明亮度	洞外亮度5250cd/m^2，中间段路面亮度L_{mid}>9.0cd/m^2，总均匀度0.4，纵向均匀度0.6

2. 主要工程内容

岛隧工程包括8个子项，主要工程内容及规模如表1-2所示。

岛隧工程主要工程内容及规模　　　　　　　　　　表1-2

序号	项目名称		主要内容	结构形式
1	东人工岛		起于K6+339，止于K6+964，轴线长度625m，横向最宽处约225m，岛内顶标高为5.0m，面积约为10.3万m^2	岛内地基利用深插式圆筒的良好抗滑稳定性和形成的止水条件，局部开挖换填后先进行抛填筑岛，而后陆上插打塑料排水板，并设置井点进行降水联合堆载预压。岛壁采用局部开挖换填后外侧辅以25%置换率挤密砂桩+抛石斜坡堤
2	西人工岛		起于K12+548，止于K13+173，轴线长度625m，横向最宽处约190m，岛内顶标高为5.0m，面积约为9.8万m^2	
3	沉管隧道	隧道管节	起于K6+761，止于K12+751，全长5990m，采用两孔一管廊结构。其中预制沉管段长5664m，由33节管节组成，标准管节长180m，采用节段式设计，东、西人工岛现浇暗埋段长均为163m	管节采用高性能海工钢筋混凝土结构，预制管节采用全断面浇筑
		基槽基础回填	沉管基槽设计长度5664m，底宽41.95m，最深开挖标高-46.03m。隧道采用碎石基础垫层，暗埋段、浅埋段及过渡段根据地质情况采用桩基基础，深埋段采用天然地基，沉管回填防护采用海砂、片石及块石	基槽开挖采用两级边坡，坡率分别为1:7和1:3，纵向呈"W"形布置

续表

序号	项目名称	主要内容	结构形式
4	结合部非通航孔桥	东岛结合部非通航孔桥从粤港分界线K5+972.454至桥台K6+362.454,长度390m;西岛结合部非通航孔桥从桥台K13+149至K13+413,长度264m。桥面横向布置为双向6车道,最大纵坡2.98%	西人工岛结合部非通航孔桥桥跨布置由(3×44)+(3×44)m调整为(29+2×49)+(3×49)m,东人工岛结合部非通航孔桥桥跨布置由2×(3×47.5)+3×35m,调整为4×53+(3×53+29)m,采用预应力钢筋混凝土连续钢构箱梁结构
5	岛上建筑及附属设施	两岛建筑占地面积均为9390m²,东岛总建筑面积27886m²,西岛总建筑面积20622m²。两岛均设有环岛道路及匝道、综合救援码头一座,以及岛上绿化、排水等附属设施	东岛建筑三层、局部四层,西岛建筑二层、局部三层;均设停机坪
6	沉管预制厂工程	拟建在牛头岛内,距隧址约12km,管节浮运可利用榕树头航道,从沉管寄泊区至榕树头航道需作必要的疏浚	总长260m,总宽432m,控制爆破开挖施工
7	临时航道	布置在伶仃航道西侧,东边线距主航道西边线370m,长度约4.69km	底标高-17.0m,底宽230m
8	总营地	位于珠海情侣北路后环4号地块,北~东北面为海湾,南端为其他建筑用地,距港珠澳大桥工程现场约25km。营地总用地面积约59万m²,岸线长度近800m。规划码头、堆场及办公生活等三大功能区域	场地需进行软基处理、垫高、硬化,房屋为砖混结构

1.1.3 建设条件

　　岛隧工程建设受到自然条件和施工环境条件的双重约束,自然条件包括气象、水文、地质、生物等,由工程所处的地理位置决定;施工环境条件包括生态、航道与锚地、管线、航空限高等,受社会经济运行情况影响。岛隧工程建设条件如表1-3所示。

岛隧工程建设条件 表1-3

类别	因素	总体描述	细分因素
自然条件	气象	工程区域属南亚热带海洋性季风气候区，受欧亚大陆和热带海洋的交替影响，该区域天气气候复杂多变，灾害性天气频繁，凡登陆、影响珠江三角洲、粤西沿海和在南海北部活动的热带气旋，对本工程区域均可造成较大影响	气温、降水、风、雾、雷暴、灾害性天气
	水文	岛隧工程位于珠江口的伶仃洋海域，伶仃洋是一个呈NNW~SSE方向的喇叭形河口湾，汇集珠江入海八个口门中的虎门、蕉门、洪奇沥和横门四个口门的径流，为珠江主要出海口和最大的河口湾；伶仃洋水下地形西北高、东南低，水深从湾内向湾口逐步增加。湾内浅滩和深槽相间，自西向东有西部浅滩—伶仃水道—中部浅滩（矾石浅滩）—矾石水道—东部浅滩，水下地形构成三滩二槽结构。湾内有肋版洲、大铲、小铲、内伶仃岛和棋沃岛等岛屿。伶仃洋内地形复杂、岛屿众多，受地形、潮汐、径流等的综合作用，水动力条件复杂	潮汐、潮流、波浪、泥沙、海水温度、海水盐度
	地质	短距离范围地质情况变化大，面临罕见的深厚软土地基、超长深埋、海域回淤强度大的建设工况特点	地层分布、地下含水层、地下水水质特征、水的腐蚀性评价
施工环境条件	海洋生态敏感区	岛隧工程穿越中华白海豚保护区、核心区和缓冲区，有海洋生态环境和物种多样的保护要求，招标文件对白海豚保护提出了诸如瞭望观察、监视、噪声及水污染监测与控制等要求	白海豚、江豚
	航道与锚地	珠江口是我国水运业最发达、最繁忙的水域，也是通航环境最复杂的水域，施工及附近水域航道密集，船舶活动密集	航道、锚地、船行波
	各类管线	有1条天然气管道和1条通信电缆线通过人工岛和隧道施工区域，有两条管线处于施工影响区域	
	航空限高	人工岛和隧道临近香港国际机场，施工装备受航空限高严格	

1.1.4 关键技术

岛隧工程关键技术包括4大类18项，如表1-4所示。

岛隧工程施工关键技术　　　　　　　　　　　表1-4

项目	关键技术名称	关键技术分析	关键要求
东、西人工岛	挤密砂桩施工	（1）工程地质复杂，国内外无在较硬的地层上施工挤密砂桩的先例； （2）挤密砂桩总量约50万m³，远大于以往类似工程规模； （3）东西人工岛作业面窄，工期紧，施工组织难度大	设备性能、投入数量、工艺参数、工效及质量控制
	大直径钢圆筒围护结构施工	（1）离岸宽阔海域施工，受风浪影响大； （2）最大水深16.5m，施工时钢圆筒稳定性差； （3）钢圆筒直径大，需穿透1.5～3m厚的回填碎石，打入不透水层，振沉难度大； （4）西小岛钢圆筒围堰施工是关键线路上的关键节点，对岛隧工程总工期有决定性影响	施工工艺、定位精度、施工过程中的稳定性及进度控制
	深插式塑料排水板施工	（1）塑料排水板打设为陆上施工，打设时需穿透上部的回填中粗砂层、回填碎石层，最大插板深度为40m，打设难度极大，以往没有陆上打过40m深的塑料排水板。只在澳门国际机场的软基加固工程中使用过，总插板深度35.5m； （2）人工岛施工面窄，塑料排水板总量大，约500万m，施工工期短，施工机械多	
	施工监测	（1）环境差，测点埋设困难，存活率低； （2）周期长，监测设备易被海水腐蚀； （3）施工船舶多，多工序交叉作业，测点易被破坏，数据采集易受干扰； （4）远离岸边，数据采集、传输难度大	测点布置及保护方案，监测设备可靠性及稳定性，数据采集、传输、处理等
隧道基础	基槽开挖精度控制	（1）精度要求高，超过了以往所有类似工程控制标准，具有很大的挑战性； （2）横流作业，边坡及超宽精度控制难度大； （3）潮汐、波浪、水流共同作用对开挖深度控制影响大； （4）纵向连续变坡，精度控制实施难度大	开挖设备、测量方法选择及精度、开挖工艺等
	基槽清淤	（1）改变碎石基床受力特性，影响基床结构的传力效果； （2）基床面淤积，造成沉放管节无法着床； （3）对沉积物的扰动，改变海水密度，影响已沉管节的抗浮安全； （4）导致沉管工后沉降过大及不均匀沉降超标	回淤影响因素控制、清淤设备及方法等
	碎石基床整平	（1）整平精度要求高； （2）需要适应工程要求的专用整平设备； （3）施工作业效率受风浪影响大	整平专用设备性能、工效、精度控制及检测
	沉降控制桩施工	（1）施工精度控制具有挑战性； （2）桩身刚度小，深水送桩作业难度大，桩帽与桩身连体，夹桩难度大； （3）工期紧，传统的沉桩工艺不能满足要求，需开发专用高效的沉送桩设备，创新沉桩工艺	沉桩设备、工艺、工效及精度控制

项目	关键技术名称	关键技术分析	关键要求
管节预制	节段式管节全断面浇筑	（1）环境因素对管节预制影响大； （2）工程量大，工期紧，对设备配置和施工组织要求高； （3）管节截面尺度大，全断面预制，对模板要求严格； （4）重度及几何精度控制难度大	模板刚度、精度及自动化程度，施工防护措施，混凝土浇筑工艺及养护措施，重度控制等
	沉管混凝土耐久性	（1）海洋环境氯化物腐蚀性强，管节无外包防腐，对混凝土抗渗性能要求高； （2）外露预埋件等易形成锈蚀通道，影响混凝土耐久性； （3）裂缝及保护层质量对混凝土抗渗能力影响大	原材料质量、混凝土性能、外露预埋件防腐、保护层厚度及裂缝控制等
	管节混凝土控裂	（1）管节截面大，约束条件复杂； （2）管壁厚，属于大体积混凝土施工范畴； （3）混凝土强度等级高，水化热大； （4）工程区域平均气温高，混凝土温控难度大	管节截面构造形式、混凝土力学性能、收缩及温度应力控制等
	管节顶推	（1）滑移轨道不平整度的调整； （2）支持力均匀性的控制； （3）滑移面及顶推力的设计； （4）管节顶推导向的设计	
	曲线段施工	（1）曲线段模板； （2）曲线段顶推	
管节浮运沉放及最终接头	气象窗口分析与预报	（1）工程区域实测水文气象资料不充分； （2）无成熟可靠的预报模型； （3）缺乏长时段小气候精确预报经验	现场水文气象资料采集、预报模型开发及标定
	管节浮运沉放	（1）管节数量多，沉放周期长，需跨越多个台风季节，施工组织难度大； （2）施工区域水上交通繁忙，施工干扰大； （3）工期紧迫，需克服不利的水文气象条件，进行连续沉放施工； （4）施工区域水流、波浪条件恶劣，对浮运沉放设备的要求远高于同类工程，设备设计制造具有较大的难度； （5）水深大，潜水作业难度及风险较高	浮运沉放关键参数、浮运及沉放方案、沉放驳及定位锚泊系统设计制造、浮运航道及通航管理、沉放施工决策、沉放对接测量、潜水作业等
	岛隧结合部管节沉放	（1）岛头区域水深浅，首节管节需候潮施工； （2）受岛头部位钢圆筒挡土结构影响，施工作业面窄，锚泊定位系统需特殊布置； （3）岛头部位流速大，流态紊乱，管节沉放需选择特定的气象窗口	管节定位系统布置及作业气象窗口选择

项目	关键技术名称	关键技术分析	关键要求
管节浮运沉放及最终接头	最终接头施工	（1）相邻两节管节沉放精度要求高； （2）止水板及止退装置安装难度大； （3）潜水作业多、安全风险大	相邻管节的沉放精度控制、止退装置及止水板安装质量、潜水作业等
	管节定位与贯通测量控制	（1）管节定位精度要求高，测量控制难度大； （2）管内贯通测量导线长，精度要求高； （3）国内缺乏水下定位测量系统应用经验； （4）控制网基线长，对GPS测量设备的性能要求高	测量设备性能、测量方法及精度保证措施

1.1.5 港珠澳大桥沉管隧道与国际同类工程的比较

港珠澳大桥沉管隧道是目前世界上综合技术难度最高的公路沉管隧道，沉管段长约5.7km，最大沉放水深44m，标准管节每节长180m，宽37.95m，高11.4m，单节重约80000t，创沉管隧道断面、单根管节重量的世界纪录；管节横截面采用两孔单管廊、6车道设计，设计使用寿命120年。港珠澳大桥沉管隧道与国际同类工程的参数比较如表1-5所示。

港珠澳大桥沉管隧道与国际同类工程的参数比较　　　　表1-5

工程名称	厄勒海峡沉管隧道	釜山-巨济岛隧道	港珠澳大桥沉管隧道
国家	丹麦	韩国	中国
建成年份	2000	2009	2017
总工期	5年	5年	7年
最大水深	30m	51m	44m
里程	3510m	3240m	5664m
埋深	3m左右	3~6m	平均20m
标准管节尺寸（长×宽×高）	176m×38.8m×8.6m	180m×26.46m×9.97m	180m×37.95m×11.4m
重量	55000t	48000t	80000t
流速	1m/s	1m/s	2.5m/s
功能	公铁两用	公路隧道	公路隧道
隧道截面及车道	4孔1管廊 2铁+4车道	2孔1管廊 双向4车道	2孔1管廊 双向6车道
标准管节结构	8节柔性	8节柔性	8节半刚性
管节数量	20	18	33

1.2 岛隧工程的特性与本质管理思想的提出

1.2.1 工程特性

岛隧工程不仅具有超大型工程普遍具有的规模大、难度高、系统复杂等共性特征，而且拥有高风险、高关注度、新模式等个性特点，具体体现在：

1. 兼具开创性和高风险性

2010年以前，沉管隧道建设技术一直掌握在少数国家手中，荷兰、美国、日本等国家处于领先地位，而中国在沉管隧道领域尚处于起步阶段，技术能力相对欠缺，经验匮乏，没有在外海敞开水域建设沉管隧道的经验，更没有建设世界级超大规模沉管隧道的经验；同时，为实现桥隧转换在海上建设两个深水人工岛，在世界上也是首次尝试，面临建设技术与工期的巨大挑战。因此，岛隧工程对中国工程建设者来说是一个探索性和开创性的工程。

由于沉管隧道是一个专业技术综合性很强的工程，来自各个专业和衔接环节的风险因素众多，且无完整的、适用的专业规范可资参照；基础铺设、浮运系泊、沉放对接、锁固回填等施工工艺和施工技术复杂，施工风险管理难度大。迄今为止，世界范围内已建成的沉管隧道工程仅100多个，超大型海底沉管隧道工程更是寥寥无几，这些因素奠定了岛隧工程高风险性的基调。

2. 项目群管理的复杂性和系统性

岛隧工程的复杂性和系统性体现在多专业和多接口、设计与施工协同等方面。岛隧工程是多个不同专业领域、多个施工工区的项目群，包括桥梁、隧道、水工、房建及机电安装等工程内容，汇集了大部分土木工程专业，工程项目的层次、单元分解带来各专项工程、各工序等之间的接口繁多，界面管理复杂且难度大；另一方面，设计施工总承包模式下，设计与施工互动频繁，设计与施工方案变动量大，相互响应要求高，协调与统筹工作量大。因此，岛隧工程是一个系统、复杂的项目群管理，需要精心筹划、科学管理。

3. 工程影响力大，社会关注度高

岛隧工程的社会关注度表现在：港珠澳大桥是粤港澳三地合作共建的大型跨海通道基建工程，具有维护"一国两制"国策的重要政治意义，同时也是对粤港澳大湾区的经济发展具有重大意义的战略性工程，从提议、谋划到建成历经35年时间，三地人民寄予厚望，中央及三地政府积极推动。同时，岛隧工程具有世界级的建设规模和技术挑战，备受国际瞩目，具有工程影响力大、社会关注度高的特性。

4．共建共管协调工作量大

港珠澳大桥海中桥隧主体工程由三地共同出资、共同建设、共同管理，在法律体制、理念、文化、管理程序、技术和质量检验标准、对合同的认知和处理方式等方面存在着诸多差异，带来了决策链条长、程序多、效率低、协调工作量大等特点，较一般政府投资工程项目的管理方式有较大的差别，业主、监理和承包商均承担数倍压力。

5．设计施工总承包模式风险与挑战并存

岛隧工程在国内公路交通建设领域首次尝试大标段设计施工总承包模式。在此之前，公路交通工程试行设计施工总承包模式的项目不多，虽然试行过程中取得了一些宝贵经验，但仍存在诸如法律和政策缺位、风险分配不平衡及不合理等问题。由于缺乏实施经验，对建设期市场价格波动、地质水文条件变化、恶劣的天气及台风以及其他来自社会上的干扰和不确定因素等带来的风险存在认识局限，采用设计施工总承包和固定总价模式意味着大部分风险由承包商承担。另一方面，设计施工总承包也提供了一个平台，可充分发挥设计与施工两者的协调联动、资源整合，为优化设计方案、技术与管理创新预留了足够的空间，对承包商的综合素质水平、项目组织与管理能力提出了更高的挑战。

1.2.2 工程管理挑战

1．施工安全管理难度大

珠江口是全世界最为繁忙的航运水域，也是通航环境最复杂的水域，施工区域及附近水域航道密集，每天在施工区域过往穿梭的船舶高达4000多艘，施工作业船机设备与过往船舶的相互干扰影响程度大，通航与施工安全双重压力大；同时，珠江口水域夏季台风多发，洪水导致的大径流多，冬季有强对流和突发季风，水文条件复杂，干扰和制约多，恶劣气象破坏力大，进一步加大施工安全压力，安全管理难度大。

2. 环保要求高

工程位于珠江口水域中华白海豚核心保护区，海洋生物和生态环境保护要求严格，工程建设环保要求高。

3. 技术挑战程度高

工程面临深厚软土地基、超长深埋隧道、海域回淤强度大及水文环境复杂等一系列技术难题，是世界公认的综合技术挑战程度最高的公路沉管隧道。

4. 质量要求高

"建设世界级的跨海通道、为用户提供优质服务、成为地标性建筑"的建设目标要求高；内地首次采用120年设计使用寿命，设计标准要求高；施工质量验收标准既要符合内地的质量验收标准，又要满足港澳地区的质量验收标准，验收标准要求高。

5. 工期控制难度大

岛隧工程原定合同工期为63个月，而国外同类规模项目合理工期为120个月左右，后经业主同意工期调整，岛隧工程实际完工时间为85个月，比国外同类项目大大缩短工期。可见，岛隧工程实际面临工期紧张、工期控制难度大的挑战，需要总承包人做好设计与施工的衔接与协调，精心谋划、科学组织。

6. 成本控制压力大

岛隧工程采用初步设计概算下招标签约的方式，在项目实施过程中暴露出了初步设计概算的诸多不合理之处，后期进行了初步设计概算的调整。即便如此，政府批复调整后的概算依然与国内、国际上同类规模工程成本存在较大差距，如岛隧工程建造成本（建安费用）是中国香港地区同类规模工程费用的1/3左右，是国际同类规模工程费用的1/5左右。因此，岛隧工程成本控制压力大，对合同、成本管理提出了更高要求。

7. 队伍管理难

岛隧工程工期超长，环境恶劣复杂，施工、管理人员均长期处于紧张复杂、持续高压高强状态，现场施工人员长期面对外海孤岛作业，承受着身体和精神上的双重压力，队伍管理难度大。而且，队伍各方面人员的职业素质、风险意识、技术水平、管理理念均参差不齐，需要不断培训、培育，补齐短板，提升队伍战斗力。

1.2.3　本质管理思想的提出

岛隧工程具有特殊的工程特性，面临前所未有的工程管理挑战，需要创新管理思想。岛隧工程管理团队基于工程哲学和系统科学思想，总结既往工程管理经验体会，探索并提出了一个契合岛隧工程建设需要的"本质管理思想"。本质管理思想秉持"大道至简""本立道生"的哲理，倡导抓主要矛盾，坚持质量与安全的目标本质，并基于普遍联系定律推动其他目标实现，从而保证了工程的成功。

1. 现实需求：问题导向与时代精神

中国工程管理的发展，得益于大规模的工程建设探索实践，也得益于对先进工程管理理论、模式和方法的学习与总结。在工程管理实践中，管理方法、技术可以在不同工程项目中实现移植和改造，是"共性"的；而工程管理思想受工程本身的"个性"影响，与情境需求、时代特征、实施主体具有密切关联。岛隧工程是一项独具"个性"的、前所未有的工程，其工程管理思想的创新，不仅关系到工程建设的管理方针、纲领、原则等大局性问题，更是一种知识财富，对未来工程建设管理具有启发、借鉴价值。

就岛隧工程建设的时代背景和技术特性而言，由于时代发展与社会进步使物质条件、生产力手段发生了翻天覆地的变化，先进科技为工程建设所需的技术、装备、材料等提供了强有力的支持，繁荣的经济形势为工程建设铸就坚实的物质基础，因此，工程建设已不再是解决有无问题，而是基于综合国力的提升专注于"发展"，并用发展红利回馈于综合国力提升，这一过程更加需要工程管理思想的创新乃至革新。

2. 理论基础：工程哲学思想与系统科学思想

工程的实践性和系统性决定工程活动需要工程哲学和系统科学思想的指导。工程哲学思想引导工程师建立"人类应该怎样进行造物活动"的工程理念，从指导原则和基本方向上回答关于工程活动的组织管理问题。系统科学思想倡导整体性、开放性、多层次性的思维模式，重新思考我们理性的基础、行动的方式、认识世界的角度、改造世界的目标等，用联系的、发展的眼光看问题。

工程哲学思想是实践思维层次的指导思想。工程哲学将"工程实践"作为直接研究对象，从哲学的高度探讨其本性、过程及后果，其灵魂是理论联系实际，促进天、地、人的和谐。工程哲学思想对工程管理活动具有指导性，包括工程价值观建立、辩证性认识以及关键问题发掘等。

系统科学思想是实践方法论层次的指导思想，指工程管理必须贯彻、运用系统思维及系统科学的方法论。重大工程是一个复杂系统，它不仅是多学科、跨领域的科学技术集成体，还是多层次、跨组织的项目集群，更是受到内外部环境动态变化的影响。系统科学思想对工程管理活动的指导，包括工程系统观的建立、系统思维的培养以及系统工程方法的运用等。

3. 感性认识：工程管理经验的总结与凝练

思想与理论为工程实施提供方法论的指导，感性认知则为工程实施提供现实的切入点。在大量工程实践的基础上，工程师们对既往工程管理的成功经验和失败教训进行分析、总结、反思等，提炼工程活动的本质规律和工程管理的本质目标，这一依赖经验的认知，自觉或出于直觉地运用工程哲学思想和系统科学思想，通过合理的逻辑、方法对问题抽丝剥茧，虽然道理朴素但暗合兵法，是本质管理思想的雏形。

4. 本质管理基本内涵

本质管理的"本质"综合了中、西方语境下的不同含义。"本质"的英文是"Essence"，是一种哲学名词：如亚里士多德认为"事物的本质就是它的'种属'，也是它的'形式'"；黑格尔认为"作为认识者'自我的对象'在意识中被认识以及被显现的过程，同时也是该对象或事物之'本质'自我认识以及自我显现的过程"。马克思主义哲学认为"本质是事物的内部联系和根本性质"；毛泽东在《实践论》中指出："任何运动形式，其内部都包含着本身特殊的矛盾。这种特殊的矛盾就构成一事物区别于其他事物的特殊本质。"可见，"本质"都是从属于某一对象的，用以揭示对象"是什么"。

"本质"除去上述含义外，还拥有作为一个"词语"的、独立的含义，可以与其他对象并用，但绝非附属。《说文解字》中注"木下曰本"，指代树木的根部（Root），引申为事物的源头和基础；"以物相赘曰质"，从贝，与财富相关；"质"的另一层含义与"本"相近，两者组词时词义偏"本"。故而，"本质"有3层内涵：①根源或基础（Root，Base），如"求木之长者，必固其根本；欲流之远者，必浚其泉源"；②关键环节或核心（Key，Core），如"射人先射马，擒贼先擒王""打蛇打七寸"；③出发点或起源（Origin），如"君子务本，本立而道生"。

"本质管理"既要求认识工程的"本质属性",又要求把握工程的"本质方法"。前者阐述"工程所涉对象"的属性、存在的依据（或原因）及存在的意义，是后者立足的基础，其对立面是直观的、浮于表面的"表象"；后者阐述工程管理方法的落脚点和基本方略，包括秉要执本、正本溯源、敦本务实、抓关键环节等原则，其对立面为非关键的、琐碎的"细枝末节"。本质管理的解读如图1-5所示。

基于"本质管理"的解读，可以将"本质管理思想"界定为：以"秉要执本、敦本务实"为核心的工程管理思想，它在认知工程所涉对象的本质及管理方法的落脚点和基本方略的基础上，恰当运用科学、合理的管理方法和技术，有效实现"从源头、到过程、到结果（目标）"整个管理链受控。本质管理思想的内涵包括以下几个方面：

（1）工程活动的关键要素："人"是工程要素的本质，人驱动其他要素

康德曾说"人是目的"，即实现人的价值是工程活动的出发点，这既包含为人提供未来活动的场所，更包含培育人、发展人的根本要求。此外，人也是手段，工程活动要素包括人员、资源、技术、资金等，工程必须依靠人实现，人是驱动其他要素的主体，管理好人的思想和行为即实现了源头控制。在动态变化的环境下，发挥人的主观能动性和创造性是突破困境的唯一途径。

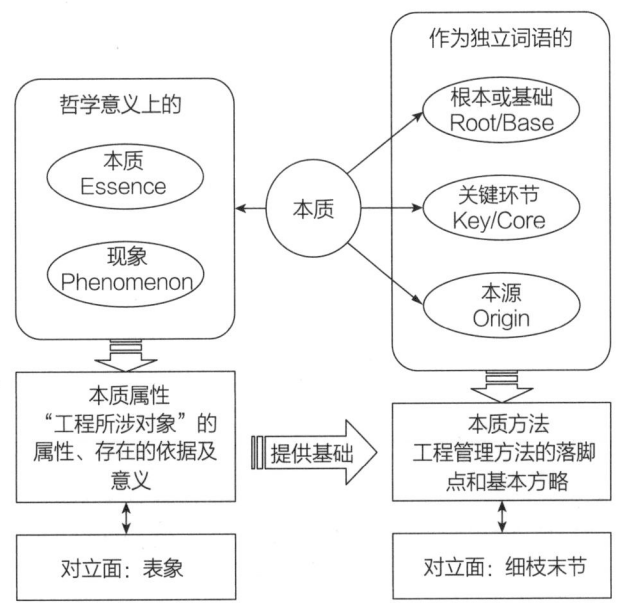

图1-5　本质管理的解读

（2）工程的根本目标："质量"和"安全"是目标管理的本质要求

工程目标包括质量、安全、成本、进度等，其中"安全"包括人的职业健康安全、工程的安全、生态环境的安全。质量与安全是工程建设的重中之重，是所有工作的中心，这是"科学发展观"的根本要求；工期与投资构成工程建设的边界条件，由其确定的进度与成本不仅构成工程的约束条件，也通过计划为工程建设提供航向和节奏，其本质在于发挥工具作用。一般情况下，多目标齐抓共管，综合实现；特殊情况下，成本与进度要为质量和安全让路并提供支持，通过可靠的质量与安全反馈和调节成本与进度计划，从而使之处于受控状态。

（3）工程方法选择："中国情境"是工程方法应用的本质前提，兼收并蓄是工程实践的基本途径

现代工程实践立足于大量工程成功经验，在选用或创新工程方法时，应充分认识与把握工程所处的社会环境，包括文化传统、时代特征与体制特点等。在技术方法选择上，要考虑建造技术代际及装备配套问题；在管理方法选择上，要重视中国传统思想的实用性与创造性，同时借鉴西方管理思想及其科学方法，用综合集成的思维处理问题，因地制宜、兼收并蓄。

（4）工程组织管理："效率"是组织设计的本质原则，信息技术应用是提高工作效率的关键

组织通过群体与资源的聚集实现其分工优势及规模效益，是工程管理的基础。在工程建设中大量信息需要及时反馈，大量工作需要及时沟通，时间的高效性要求减少管理层级，采用扁平化的组织结构，但工程的规模性使得工作量巨大，工作质量要求减小管理幅度，需要高效、合理的组织结构。利用信息技术优化管理手段及信息处理能力，有利于增大管理幅度，提高工作效率。

1.3 岛隧工程的管理纲领

1.3.1 本质管理思想对岛隧工程管理的指导

本质管理思想形成并运用于岛隧工程建设管理实践，经历了一个由浅入深、由片面到综合的发展过程。岛隧工程本质管理思想形成及表现如图1-6所示。

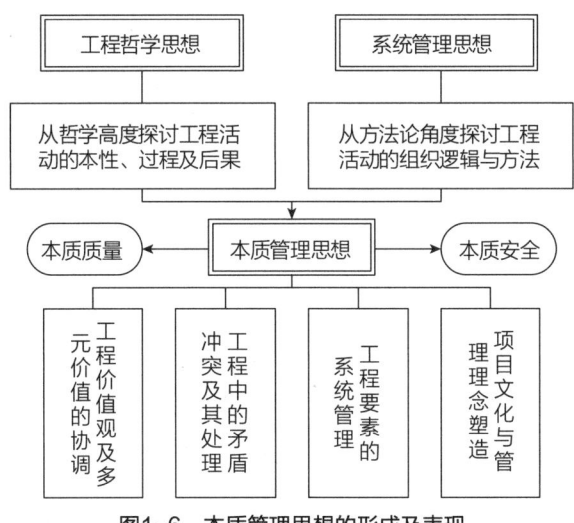

图1-6　本质管理思想的形成及表现

1. 工程价值观及多元价值的协调

可持续发展是现代工程的主旨思想，在这一认识基础上，现代工程价值观包括政治性工程价值观、经济性工程价值观、社会性工程价值观和生态性工程价值观，分别以富国利民、经济效益、社会责任、天人和谐为核心。在现代工程价值观指导下，战略价值、经济价值、社会价值、生态价值、科技价值、人才价值及人文价值构成工程多元化价值。工程的根本目的是为人类活动提供空间场所，工程活动围绕中心价值展开，同时也通过恰当的管理和运作分层次、有秩序地实现其他价值。

在岛隧工程建设中，中心价值即实现工程的质量和安全的目标，提供高质量的使用体验。岛隧工程建设以工程质量、工程安全、生态安全、职业健康安全为重心，通过风险管理、技术创新、装备智能化、文化建设等工程活动共同保障工程多元价值的实现。

2. 工程中的矛盾冲突及其处理

普遍联系与永恒发展是物质世界的存在状态，也是人类社会生活的本质特点，联系与发展的观点是认识世界与改造世界的基本前提。就认识方式而言，对立统一规律（矛盾律）是全部唯物辩证法的实质与核心，揭示了事物普遍联系的本质内容，是理解其他发展规律的钥匙。在本质管理思想指导下，岛隧工程管理团队从矛盾冲突着手，以问题导向为手段，认识问题的对立面并寻求对立面的统一，从而推动工程管理实践的发展。

在岛隧工程建设中，主要矛盾冲突包括：时间矛盾（探索性工程时间不确定与工期硬约束的矛盾）、技术矛盾（技术储备不足与世界级技术难题的矛盾）、立场矛盾（业主与承包商看问题的立场、视角差异导致的矛盾）、损益矛盾（国家利益与企业效益的矛盾）等。本质管理思想要求用协同而不是对立的心态处理上述矛盾冲突，以工程的中心价值（即质量与安全）为准则，寻求多方合作、大胆创新、小心论证，以包容和理解为沟通原则，将矛盾转变为工程实践的发展动力。

3. 工程要素的系统管理

工程建设的基本要素包括人员、材料、设备、技术方案等，其中，人是实践主体，资源是物质基础，技术方案决定资源向工程实体转化的路径及结果。各要素各司其职的同时也互相联系，作为主观实践者的人对其他要素有支配作用，体现主体的主观能动性和创造性的技术方案是工程实现的关键，材料、设备等客观实体则是工程质量的本质来源。

本质管理思想认为，岛隧工程的关键要素是人，要通过项目文化激发人的主观能动性和创造力，约束人的行为；并借助设备工具延展人的能力，同时排除人的不稳定因素。另一方面，材料、设备、技术方案等要以本安型、高可靠度为原则，控制各要素的源头（材料、设备进场，技术方案提出）及过程（材料加工、设备运转、技术方案执行），保证质量与安全要求，建立可靠的工程根基。

4. 工程文化塑造与管理理念传播

工程文化塑造工程的灵魂，既是工程实践的本质需求，也是工程实践的本质意义。一项工程的实现依赖于文化的凝聚和激励作用，同心协力、众志成城方可攻坚克难；同时，形成工程文化，取得工程文化建设成就，将对时代精神和社会文化产生积极影响。需求与价值的统一决定工程文化的中心地位。

抓住"以人为本"的本质要求，塑造岛隧工程文化，包括独具特色的质量文化、安全文化、风险文化等，并用语句朴素但意蕴隽永的"金句子"体现，如"鸡蛋里挑骨头""不安全我不干""每一次都是第一次""千人走钢丝"等，既深入人心，又口口相传，成为工程团队和全体人员的共同追求。

1.3.2　岛隧工程管理纲领

岛隧工程管理团队基于本质管理思想，形成了"构建平台、风险驱动、创新支撑、品质至上、以人为本"的岛隧工程管理纲领，为解决工程管理难题提供路

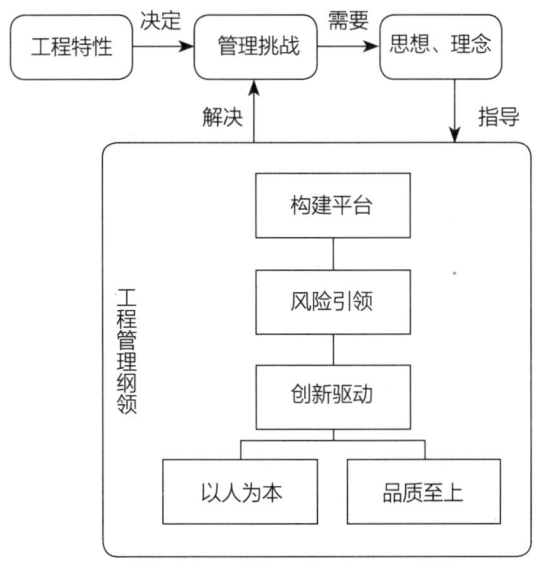

图1-7　岛隧工程管理纲领的形成逻辑及内容

径与方法。岛隧工程管理纲领的形成逻辑及内容如图1-7所示。

1. 构建平台：设计施工总承包平台

岛隧工程采用设计施工总承包模式，提供了一个设计施工一体化管理平台。总承包商构建高效扁平化的总承包管理组织架构，制定完善的管理制度和管理流程，建立良好的沟通协调机制、资源整合机制和持续改进机制，设计与施工达到充分沟通与协同互动，保障了工程建设的顺利开展。

2. 风险驱动：以风险管控为管理核心

以风险管控为管理核心的项目管理方式，改变了以往工程项目风险管理流于表面形式和仅仅用于局部个案的状况。风险驱动就是将"风险识别、评估、处置"作为工程管理的重要和首要环节，落实到项目管理全过程和全方位，培养全员风险意识，引入"风险决策"机制，实行风险隐患一票否决制，通过制度和文化强化风险管理的驱动和统控作用。

3. 创新支撑：以技术、管理协同创新为支撑和保障

技术和管理协同创新应对世界级的技术挑战和高标准工程要求，体现科技生产力和人的能动性。一方面通过技术创新应对技术挑战，创新设计方案，运用新材料、新工艺、新装备、新技术，以硬实力突破工程技术困境；另一方面通过管理创新应对管理挑战，创新"联合攻关""动态联盟""全程联动"等管理模式，

以软实力突破工程管理困境。技术、管理协同创新支撑并保障岛隧工程品质目标
的实现。

4. 品质至上：追求高品质工程目标

"品质至上"体现了工程使用价值的第一位性，同时也回答了"建设什么样
的工程"这一根本性问题。"世界级跨海通道"和"地标性建筑"不仅体现在独
特的地理位置和超大的建筑体量上，更体现在工程的品质上。将高品质和国际视
野作为工程建设的目标追求，通过精细化施工、科学化管理，实现岛隧工程安
全、实用、绿色、环保、美观的品质目标，体现我国工程人的专业技能、责任意
识与工匠精神。

5. 以人为本：尊重人的价值

工程的目的是为人类活动提供空间场所，为人类服务，同时，人又是最宝贵
的资源，在工程建设中占据支配性地位，人的智慧和劳动是工程实现的本质条
件，因此，必须以人为本，尊重人的价值，通过塑造良好的工作环境、职业健康
体系来保障建设人员的身心安全，通过健全的激励与约束制度来激发人的主观能
动性和创造性，通过劳动竞赛、先进表彰、职业技能培训等文化活动，共同塑造
高素质人才和建设团队。

1.3.3　本书结构

"构建平台、风险驱动、创新支撑、品质至上、以人为本"的管理纲领既是
岛隧工程管理的精髓也是本书的红线，其逻辑关系及与本书章节的关系如图1-8
所示。

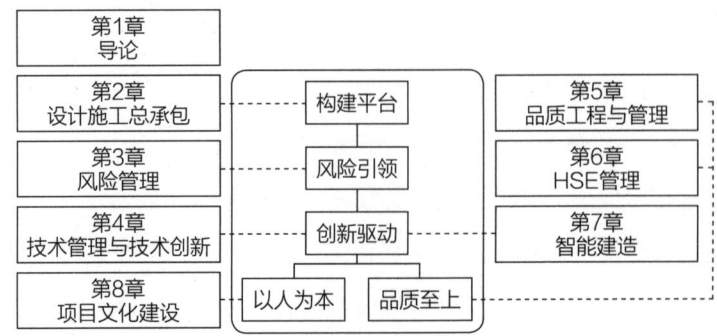

图1-8　岛隧工程管理纲领与本书章节关系图

本书章节结构与主要内容如下：

第1章"导论" 阐述岛隧工程概况、建设背景、工程特性及管理挑战，基于现实需求、理论溯源、经验总结等提出本质管理思想，并基于本质管理思想，提出"构建平台、风险驱动、创新支撑、品质至上、以人为本"的管理纲领，成为贯穿于全书的红线。

第2章"设计施工总承包" 在采用设计施工总承包模式背景下，建设团队充分认识该模式的内涵与特点，通过组织建设、制度建设、流程设计、机制完善等活动构建设计施工一体化管理平台，打造了精良的建设团队，实现了设计施工联动、资源整合，使工程建设活动有序展开，协调推进。

第3章"风险管理" 从岛隧工程高风险的本质属性出发，将"风险管控"作为工程活动的起点和导向标，构建科学的风险管理体系确保工程风险受控，全面制定并落实风险管控措施，实现"三全"（全员、全方位、全过程）要求，体现主动应对、预防管理的工程思维。

第4章"技术管理与技术创新" 工程技术的研发创新与应用耦合是岛隧工程成败的关键，以设计施工总承包模式为依托，打破设计与施工之间的壁垒，通过构建管理体系、激发创新动力、配置内外资源，在技术管理和技术创新过程中攻坚克难，支撑和保障工程顺利建设。

第5章"品质工程与管理" 立足于工程质量这一工程生命之本，阐述品质工程的内涵，通过人员教育、装备升级、材料优选、工法创新、作业环境优化等措施实现高品质，同时多维度地深化品质理念，全面实现岛隧工程的品质管理目标。

第6章"HSE管理" 围绕工程本体安全、生态环境安全、职业健康安全的大安全管理，建设团队采用HSE管理模式，以本质安全为主导思想，从多方面完善技术手段、制定管理措施，通过系统的安全管理和监管落实，高质量地完成岛隧工程的安全目标。

第7章"智能建造" 阐述岛隧工程建造手段的创新与应用。面对恶劣的自然条件和高品质、高精度、高效率的建设需求，必须在建造手段上与时俱进。为解决工程建设中各方面的挑战，建设团队开发了数十个智能建造系统，分别涉及建筑信息建模、管节预制测控、外海沉管施工保障、基础施工测控、沉管浮运安装等内容，既拓展了人的能力，又保障了工程质量与工程安全。

　　第8章"项目文化建设"　　岛隧工程建设团队围绕"以人为本"的工程管理核心价值观,构建"一心三层"文化体系,"一同四相"工作方法,通过项目文化建设,培育了以"铁人精神""工匠精神""科学家精神"为核心的岛隧精神,打造了培养各类人才的集智平台,塑造了工程参建者的品牌形象。

第2章

设计施工总承包

港珠澳大桥岛隧工程采用设计施工总承包模式，工程实施过程中，以中国交建为总牵头人的总承包联合体通过不断探索、创新，形成了富有中国特色的设计施工总承包管理架构与实施要点，取得了大量宝贵经验，供行业内的建设单位、工程承包单位及其他相关单位参考借鉴。

2.1 项目管理目标与总体部署

2.1.1 管理目标

岛隧工程的高风险性决定项目管理团队需根据工程实际情况，动态优化管理目标。按照"高起点、高标准、细谋划、布好局、开好篇"的工作思路，预先制定质量、进度、成本、安全、环保等管理目标，并抓住主要矛盾，始终将质量和安全管理作为项目管理的关键点，进度与成本目标服从于质量和安全目标，以质量和安全管理的突破带动进度和成本目标的实现，最终使得各目标相互协同，全面达成。

1. 质量管理目标

港珠澳大桥质量管理总目标为：建成后的港珠澳大桥主体工程设计使用寿命达到120年，工程满足国家及港珠澳大桥主体工程专用标准体系要求，验收合格率达100%；工程品质、质量管理、现场管理等方面均达到国际水准，确保将港珠澳大桥主体工程建设成为粤港澳三地最优品质的跨海通道。

岛隧工程质量管理目标具体为：

（1）实现"建设世界级的跨海通道、为用户提供优质服务、成为地标性建筑"三大建设目标。

（2）满足《港珠澳大桥专用质量检验评定标准》及相关标准规范的要求，确保达到合同规定的质量标准。检验批、分项、分部工程施工质量检验合格率达到100%，单位工程一次验收合格率100%。

（3）争创詹天佑大奖、鲁班奖、国家优质工程奖。

（4）无重大质量责任事故。

2. HSE管理目标

针对岛隧工程环境复杂、安全风险大等特点，借鉴石化行业的"HSE管理体系"，确立了"以人为本，全员参与；安全第一，预防为主；保护环境，清洁生产；科技创新，持续改进"的HSE管理方针，以"零伤害、零污染、零事故"为最高目标，在职业健康、安全和环境保护方面达到"国际同行业先进水平"。HSE管理目标见表2-1。

HSE管理目标 表2-1

管理目标	主要内容
HSE管理体系	实施体系化的全员、全覆盖、全过程HSE管理
HSE工作落实机制	四级联动保障机制
HSE设施建设原则	HSE设施与主体工程保持"三同时"的原则
HSE应急预案体系	"总（综合）预案、专项预案、应急处置"三级预案体系、"四不放过"事故处理原则
HSE检查评价体系	HSE管理制度、HSE合规性评价、流程管理和标准化作业、作业许可、HSE监测、HSE管理统一用表

3. 进度管理目标

进度管理总目标是在确保工程安全、高品质建成的前提下，将项目总工期控制在85个月内。

4. 成本管理目标

充分利用设计施工总承包平台，通过发挥技术创新与管理创新的作用，将岛隧工程的主体建设成本控制在调整的概算水平内。

2.1.2 总体部署

岛隧工程项目总经理部根据工程特点和管理目标，从保障品质至上、工期最优、成本合理、风险可控的宗旨出发，对工程进行总体部署。

1. 施工进度计划

根据总工期目标，项目总经理部以"四大战役"的形式确定总体进度计划，各战役的标志节点分别为东西人工岛钢圆筒打设完成、第一节管节沉放、隧道贯通和岛隧工程建成，见表2-2。

建设阶段里程碑事件 表2-2

阶段	里程碑事件
第一战役 （2011） 开局之战，在外海筑成两座人工岛——东西人工岛钢圆筒打设完成	2010年11月，港珠澳大桥施工总营地开工建设；2011年9月，总营地建成
	2011年1月，西人工岛及隧道基槽粗挖开始；2012年4月，沉管隧道基槽粗挖施工完成
	2011年5月，西人工岛首个钢圆筒振沉；2011年12月，东人工岛最后一个钢圆筒振沉完成
第二战役 （2012~2013） 创新之战，独创方案完成深海初吻——E1管节沉放	2011年10月，西人工岛陆域形成；2012年2月，东人工岛陆域形成
	2012年2月，建成世界最大规模的沉管预制厂
	2012年8月，首节沉管管节E2~S5节段混凝土浇筑完毕，沉管预制正式投入生产
	2013年4月，西人工岛小岛结合部形成对接条件
	2013年5月，首个管节E1实现与西人工岛暗埋段对接
第三战役 （2013~2017） 持久之战，安装33节沉管及最终接头，实现隧道贯通——隧道贯通	2016年4月，东人工岛具备沉管管节对接条件
	2016年10月，E33沉管管节与东人工岛完成对接
	2016年12月，33节沉管全部预制完成
	2017年3月，顺利安装最后一节沉管E29
	2017年5月，顺利安装最终接头，实现港珠澳大桥6.7km海底隧道合龙
第四战役 （2017） 决胜之战，一天当作三天用，在人工岛耸立两座地标——岛隧工程建成	2016年5月开始西人工岛首层立柱施工，至2017年7月底完成结构封顶；2017年3月开始装饰装修，2018年2月上旬完成全部工作
	2016年5月开始东人工岛首层立柱施工，至2017年8月底完成结构封顶；2017年2月开始装饰装修，2018年2月上旬完成全部工作
	2017年9月开始进行西人工岛房建区广场铺砖，至2017年底完成全部广场铺砖任务； 2017年11月开始景观砾石铺设，至2017年底全部完成； 2017年12月完成环岛道路铺装
	2017年10月开始进行东人工岛房建区广场铺砖，至2017年底全部完成； 2017年11月开始景观砾石铺设，至2018年1月完成全部铺设任务； 2017年11月开始组织绿化土进场，至2017年底完成全部绿化施工任务； 2017年12月完成环岛道路铺装

在节点计划基础上，项目总经理部会同各工区，制定详细的工序施工进度计划，再由设计分部根据施工进度计划，考虑相对合理的设计周期，编制设计出图计划，确保施工供图需要，并反馈施工，经核定后作为设计施工一体的工作计划，由项目总经理部批准并督促落实。

2. 规划工程总平面

岛隧工程总平面规划以达到国际水准为目标，统筹考虑业主要求、施工组织设计、工期、物流等因素，统一部署、集中管理。

工程总平面规划遵循以下原则：

（1）地理位置优越，因地制宜，方便管理，利于资源统筹和充分利用。

（2）水域使用与现有航道、锚地的相互协调。

（3）交通、通信、水、电等条件均基本满足使用要求。

（4）便于业主综合管理和协调，实现业主和总部及各分部互动的功能。

（5）遵循高效、安全、环保、节能及信息化的原则，体现效能。

（6）必要的面积及功能预留。

岛隧工程建设涉及区域主要包括项目总营地（项目总经理部）、桂山岛沉管预制场、岛隧施工现场三大部分，工程总平面布置如图2-1所示。

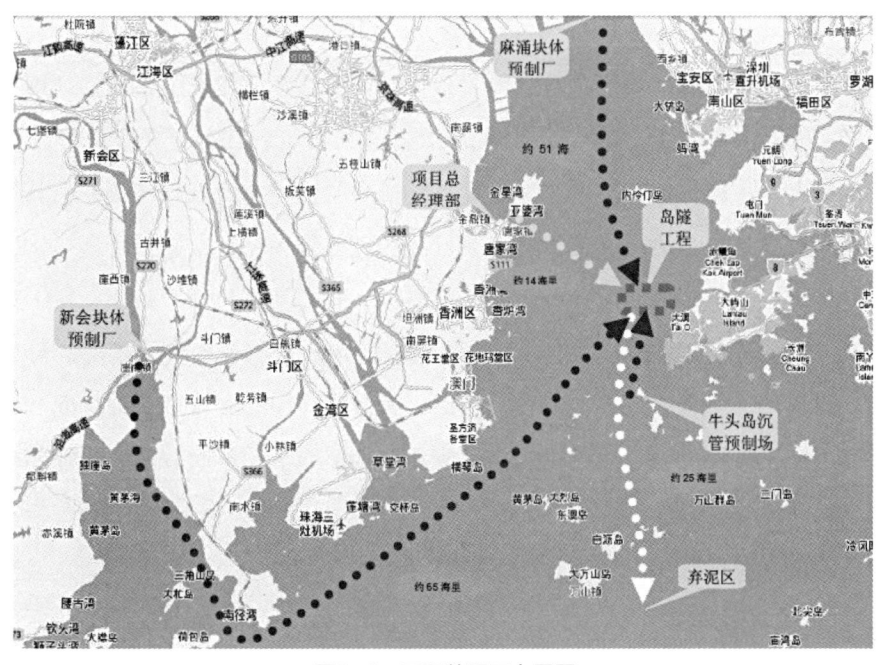

图2-1　工程总平面布置图

项目总经理部（项目总营地）是办公和生活基地，建设有交通码头，用于连接项目总营地和施工现场与其他临时设施；牛头岛沉管预制场包括预制厂房、深浅坞、寄存区、材料码头、搅拌站、办公和生活用房等功能区，主要通过水上交通连接其他区域；岛隧施工现场主要由岛上施工上料码头及搅拌站等组成。各临时设施的设置及功能分区合理，为工程的顺利实施奠定了基础。

2.2 总承包管理架构

联合体中标后，中国交建迅速组建联合体项目总经理部，负责实施设计施工总承包管理。项目总经理部秉承"整合全球优势资源，以精细化勘察为基础，以科研为支撑，以专用设备开发为保障，以标准化管理及风险预控管理为手段，设计与施工联动，施工驱动设计，总部、设计分部与工区密切配合、统一协调"的原则，设置高效的组织机构、建立完善的管理制度、制定清晰的管理流程、构建科学的运行机制，保障各项工作顺利开展，充分发挥设计施工总承包优势，保障工程管理目标的实现。

2.2.1 管理组织

岛隧工程设计施工总承包管理组织是在联合体指挥部授权下，建立"项目总经理部+设计分部+工区"的组织形式，以适应岛隧工程任务复杂、范围广的特点，便于突出生产作业管理主线，提高直线指令的反应速度及管理效率。其中，联合体指挥部是项目最高决策机构，项目总经理部作为项目层面的管理机构，由项目总经理、分管副总经理和各职能部门组成，职能部门包括"八部一室一中心一顾问"，分别为工程部、总工办、质检部、HSE管理部、物资设备部、计划合同部、财务部、综合事务部、中心实验室、测量管理中心和管理咨询顾问。设计分部和施工工区构成项目执行机构，形成一个自上而下、层次分明、职能明确的组织架构。

岛隧工程设计施工总承包管理组织架构如图2-2所示。

1. 联合体指挥部

中国交通建设股份有限公司联合体（简称"中交联合体"）由7家单位组成，

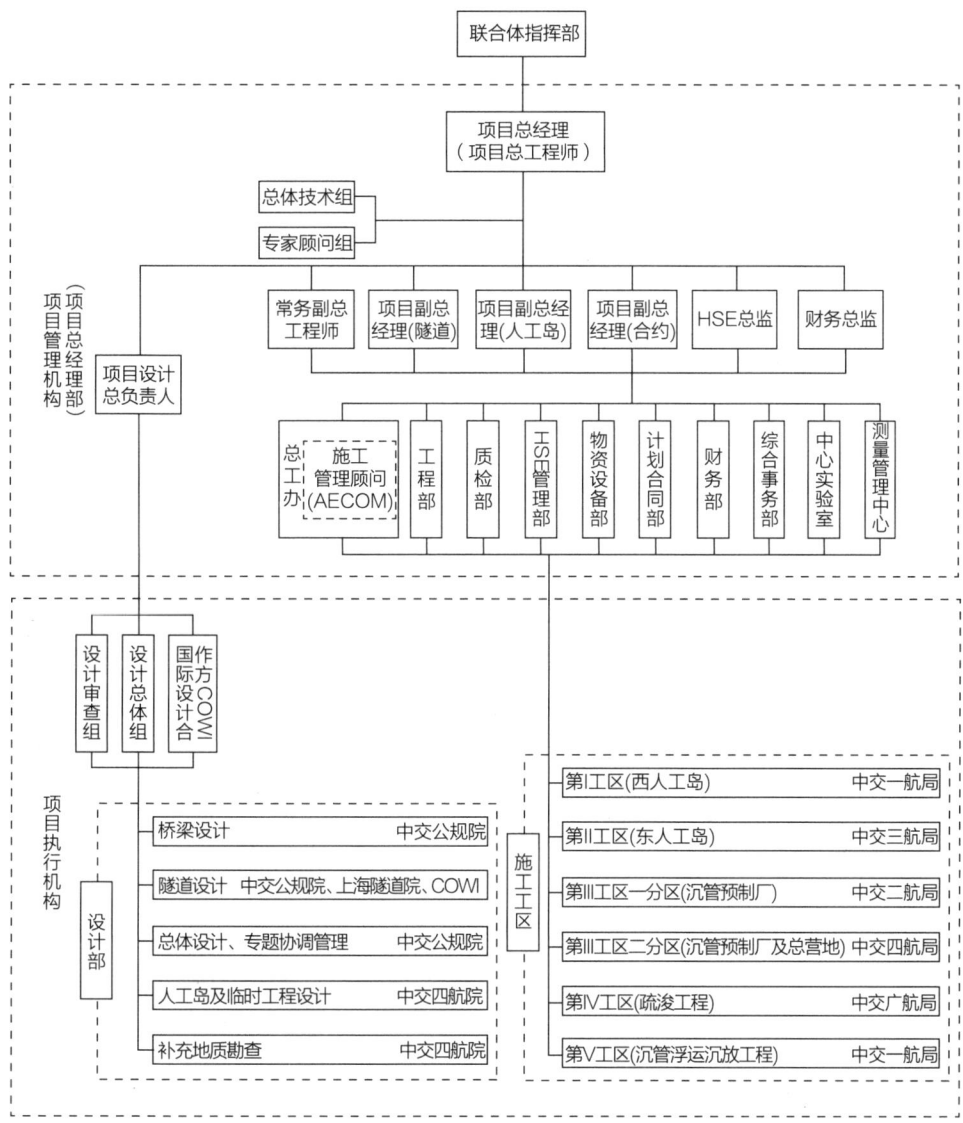

图2-2　岛隧工程设计施工总承包管理组织架构

中国交建为总牵头人和施工牵头人，与艾奕康有限公司（AECOM Asia Company Ltd）、上海城建（集团）公司共同组成施工团队；中交公路规划设计院有限公司（简称"中交公规院"）为设计牵头人，与丹麦科威国际咨询公司（COWI A/S）、上海市隧道工程轨道交通设计研究院、中交第四航务工程勘察设计院有限公司共同组成设计团队。中交联合体组建符合招标文件要求，有助于吸纳国际先进的大型工程管理思想及手段，实现优势互补，以更有效地控制风险，提升项目建设品质。中交联合体组成如图2-3所示。

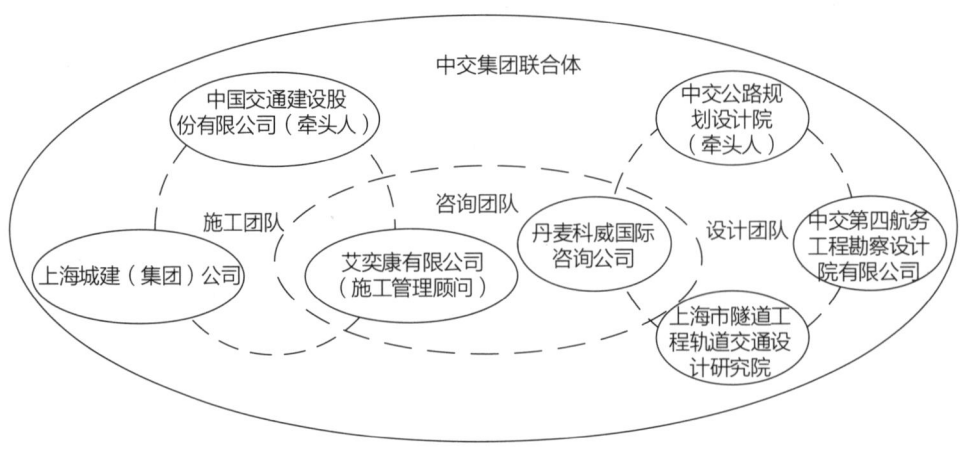

图2-3　中交联合体组成

联合体指挥部由联合体各成员单位主要行政领导组成，牵头人任指挥长，共同对项目实施过程的重大问题进行协调、决策。联合体指挥部授权项目总经理全权负责项目具体组织实施，项目总经理兼任联合体指挥部副总指挥兼会议召集人。

2. 项目总经理部

项目总经理部由项目总经理统筹，全面控制项目设计和施工质量、HSE、进度和成本管理；项目总工程师负责项目技术、质量管理；项目副总经理分别负责项目实施过程中的勘察设计、合约计划、人工岛施工生产和隧道施工生产工作，其中分管勘察设计的副总经理即项目设计总负责人；HSE总监负责职业健康、安全、环保管理工作；财务总监负责项目财务管理。各职能部门分工协作，负责对接业主需求、对施工工区职能部门的对口联系与管理，共同开展岛隧工程设计施工总承包管理。

项目总经理部是岛隧工程的统筹、协调主体，全面统筹技术、风险、质量、HSE、成本和进度管理，协调设计与施工接口。具体统筹、协调职能如下：

（1）对技术、风险、质量、HSE、成本、进度、信息等管理工作的全面统筹

项目总经理部组织设计、施工团队群策群力，共同研讨工程关键技术问题，创新思路，寻找设计施工综合最优方案，并推进落实；统一建立中心测量队、中心混凝土试验室和对外网站及信息办公系统，成立风险管理委员会和质量领导小组；统一编制风险管理、质量管理和HSE管理体系文件，并对外统一开展工程款计量收取、合同结算、价格调整和大宗、甲控物资采购工作。

（2）对设计、施工的接口协调

项目总经理部在保证设计独立性的基础上，协调设计、施工工作。总工办是

设计与施工的归口管理部门，负责项目总经理部、工区及设计分部之间的协调，具体包括组织工区或项目总经理部职能部门提资设计条件的审核；组织对设计所需的相关科研数据及成果的审核；组织设计方案和施工方案的讨论、施工图设计初稿的内审工作；组织工程变更的审核等。

3. 设计分部

设计分部以设计总负责人为核心，由设计总体组、设计审查组、国际设计合作方和设计分项组组成。设计总体组是设计团队的核心，负责总体设计及协调；设计分项组由结合部桥梁设计组，隧道设计组，总体设计、专题协调管理组，人工岛及临时工程设计，补充地质勘察组构成。

设计分部在项目总经理部的统筹、协调下与施工工区配合，按照国家相关规定完成岛隧工程施工图设计，履行设计单位职责。勘察设计方面，设计分部负责勘察技术及质量管理，提出勘察技术要求、审阅勘察工作大纲、检查勘察外业质量及进度，与业主、监理单位进行勘察技术、质量方面的协调；设计类科研管理方面，负责设计类科研项目的日常组织管理与协调，包括组织科研项目的立项审批、科研单位比选以及科研工作大纲评审、过程检查和成果验收、资料归档等工作，并在科研项目开展过程中与业主做好沟通协调；专项设计方面，负责设计质量管理和设计接口管理，严格执行二校三审制度，接受项目总经理部内部及设计单位审查、设计独立审查、咨询人全过程咨询以及业主委托的各级审查和评审，协调好与港珠澳大桥其他标段的设计接口。服务施工方面，参与施工方案编制，对施工方案是否满足设计要求进行全面复核；负责选派设计代表驻现场跟踪设计方案的实施，根据现场情况及时进行设计优化、修改或变更。

4. 施工工区

施工工区按照单位（项）工程划分为西人工岛、东人工岛、沉管预制厂及总营地、疏浚工程、沉管浮运沉放工程五大工区，各工区按照施工需要建立各自的生产体系，按要求完成工区施工任务。工区内部设常务副经理、总工程师、生产副经理、HSE总监以及工程部、HSE管理部、质检部等职能部门，接受项目总经理部各部门的对口管理。各工区项目常务副经理全面主持工区各项工作，签订和履行《项目管理目标责任书》，组建项目管理组织机构，在项目总经理部管理制度体系基础上，制定本工区各项管理制度，配套各种资源并合理利用；接受项目总经理部及业主、总监办和相关部门的指导和监督，定期或不定期地报告进度、质量、成本、HSE及其他各项管理工作情况。

2.2.2 管理制度

为规范设计施工管理行为，提升岛隧工程管理水平，项目总经理部依据《设计施工总承包联合体协议》、港珠澳大桥管理局印发的《建设项目管理制度》及相关规定，立足于与各参建单位原有管理模式相互兼容，与联合体各成员单位多元文化相容，与国际惯例接轨，综合事务部牵头组织编制各项工程管理制度，明确工作界面，形成《港珠澳大桥主体工程岛隧工程设计施工总承包管理制度汇编》（简称《管理制度汇编》）。《管理制度汇编》包括技术管理、计划合同管理、进度管理、成本管理、物资设备管理、综合事务管理等管理办法，从制度上对日常管理工作及施工团队和设计团队相互配合协调工作作出规定，规范勘察设计及施工工作相关表格及成果文件的编写格式。

随着工程的开展和对工程规律的认识，项目总经理部根据工程实践需求对管理制度进行两次修订和完善，共形成A、B、C三版《管理制度汇编》文件。A版《管理制度汇编》是在项目中标后，根据招标文件要求和投标承诺，组织专门小组编制的包含113项管理制度及各部门、各岗位工作职责的第一版制度汇编。在此基础上，为更好适应项目管理需要，使接口更加顺畅、流程更加清晰、职责更加明确、行为更加规范，项目总经理部于2011年下半年组织对管理制度进行及时修订，于2012年1月1日发布B版《管理制度汇编》，包含管理制度和管理职责两部分内容，其中管理制度包括52项管理办法，每项管理办法都涵盖组织机构及职责、流程、附表以及与工作内容有关的其他规定。涉及项目HSE、质量、试验检测方面的相关管理要求和程序则包含在《HSE管理体系文件》《质量管理体系文件》和《试验检测体系文件》中，并根据管理需要对文件作出修订和完善。2016年3月8日发布的C版《管理制度汇编》是对B版的全面修订和补充，如：将B版中的"施工作业现场文明施工管理办法"修订为包含HSE管理、工程质量管理、工程进度管理和标准化文明工地建设四方面考评内容的"综合考评管理办法"，新增"钢筋保护层雷达测定仪使用管理办法""科研及技术成果奖励办法"等内容。

依据C版《管理制度汇编》构建的岛隧工程设计施工总承包管理制度体系如图2-4所示。

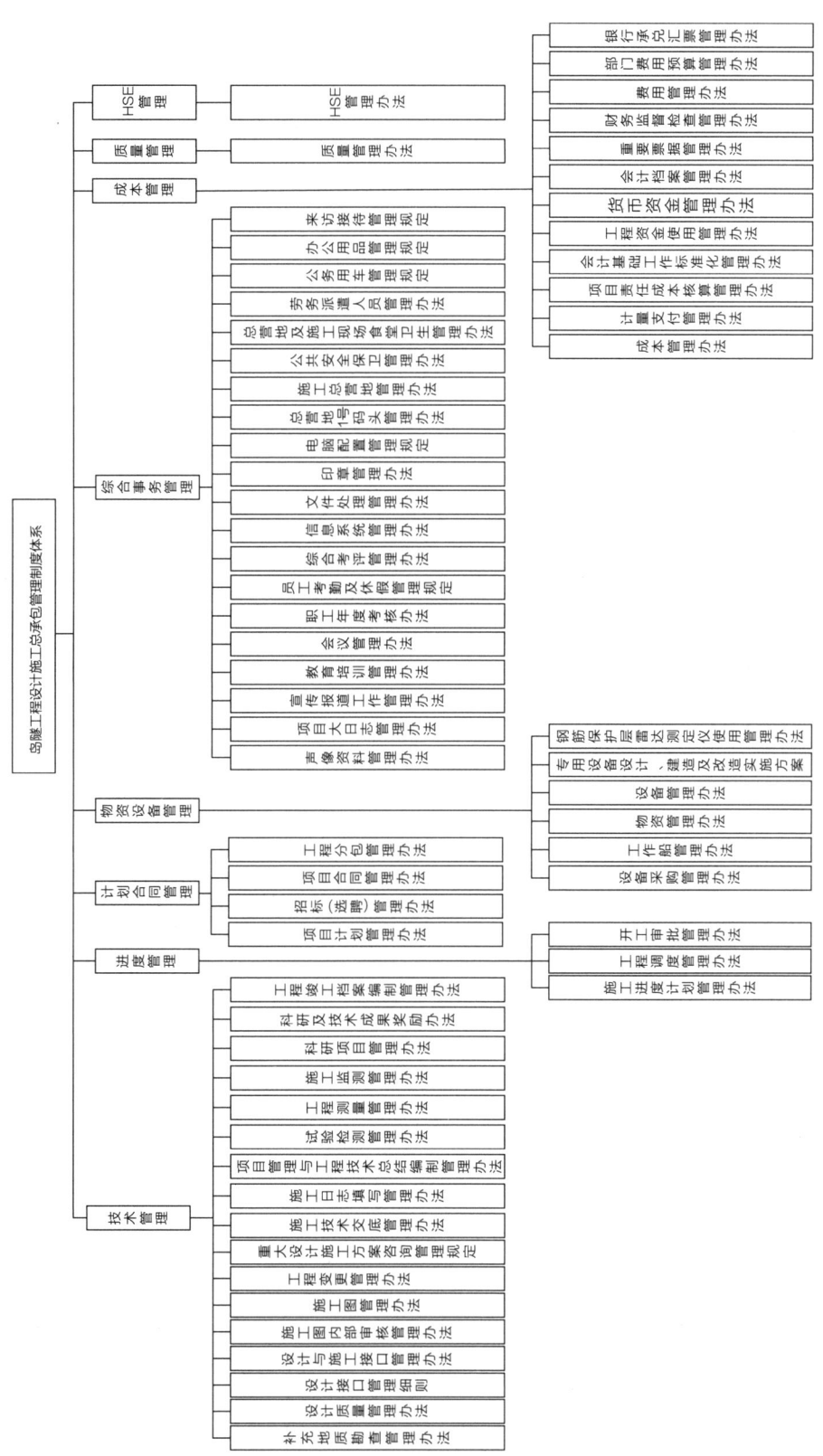

图2-4 岛隧工程设计施工总承包管理制度体系

2.2.3 管理流程

管理流程旨在统筹规划项目的业务过程，直观呈现项目管理过程的关键环节及各环节之间的衔接关系，规定关键环节的输入内容及每一环节结束时需达到的控制性成果，有助于明确工作要点，理顺各方的协作配合关系，保障项目实施顺畅。

传统的设计—招标—建造模式与设计施工总承包模式的管理流程有较大区别，传统模式将设计与施工分离，主要包括初步设计、施工图设计、工程招标、施工图交底、施工组织设计编制、施工和工程完工等环节，如图2-5所示。传统模式有利于保证设计方案对潜在投标人的公平性和竞争性，以通用型工艺、工法和装备性能参数开展施工图设计，但不利于创新方案的产生，也可能因设计方案

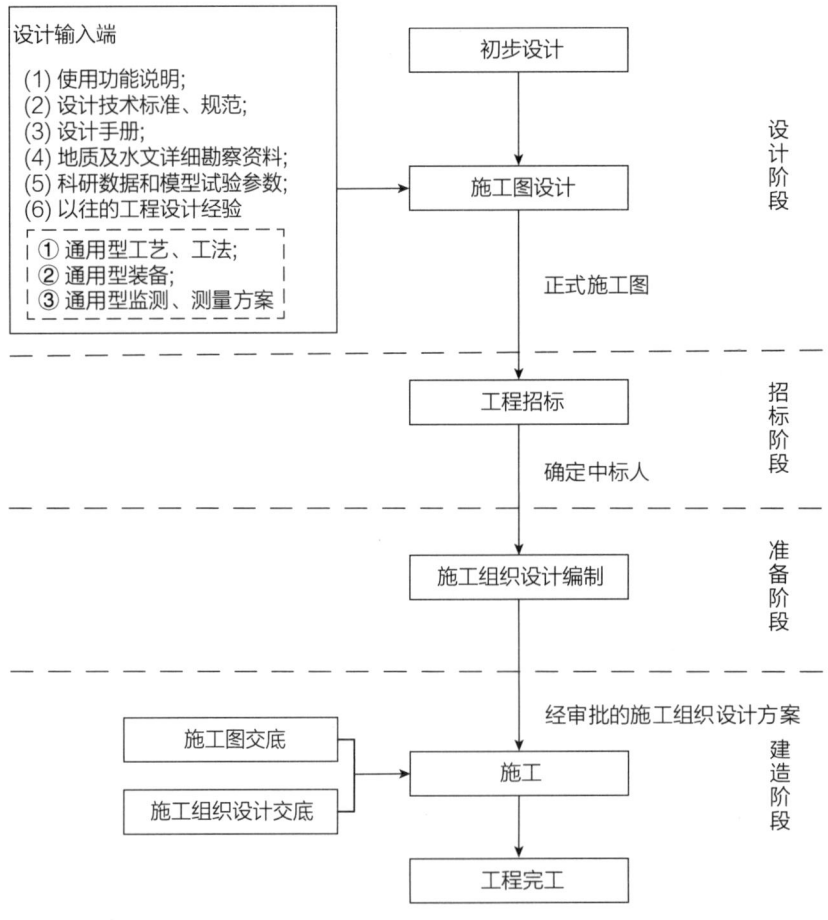

图2-5 设计-招标-建造模式的管理流程图

36

与现场情况不符、施工适应性差（非为施工量身定做）而导致施工过程中产生大量设计变更以及颠覆性的重大变更调整，增大业主方协调难度，影响项目总体目标的实现。

岛隧工程设计施工总承包管理流程在满足我国基本建设管理程序要求的基础上，统筹考虑设计与施工，通过合理设置管理环节，保障设计与施工的互联互动，将施工工作往工程进程的前端延伸，将设计工作往工程进程的后端延伸，不断优化设计施工方案，保证项目的风险可控，岛隧工程设计施工总承包管理流程如图2-6所示。

岛隧工程设计施工总承包管理流程具有以下特点：

（1）设计、施工团队同时进驻项目总经理部，在设计施工一体化工作计划的指导下，以符合工程实际、与施工单位资源相匹配的工艺验证试验参数、工艺工法和重大专用装备性能参数为基础，同步、交互开展施工图设计和施工组织设计（含施工方案）。通过设计与施工的充分交流，不断完善设计方案和施工方案，保障设计为施工量身定造，同时缩减正式施工图下发后的工程招标和施工组织设计编制时间，保障工期。

（2）设置风险分析环节，由项目总经理部组织对施工图和施工组织设计初稿作出全面的质量、HSE、工期和成本风险评估。通过否决存在重大风险的施工图纸和施工组织设计文件，将后期可能发生的重大工程变更消化在施工图设计阶段，保障项目目标的实现，同时，新方案形成过程能催生技术创新。

（3）对通过风险评估的施工图和施工组织设计展开项目总经理部评审，由设计、施工团队互审施工图和施工方案，既能提高施工图质量和可实施性，减少施工阶段的工程变更，又便于施工领会设计意图，完善施工组织设计，实现设计与施工的平滑过渡。

（4）设计代表全过程参与施工，监督设计方案的全面落实，及时解答、解决工区有关设计方面的问题。针对施工条件发生变化或施工可行性差（难以通过调整工艺完成）等问题，局部完善正式施工图并报业主审批，保证施工的顺利开展。

设计施工总承包管理流程对项目总体实施起到了宏观指导作用，多方面保障了设计与施工的密切配合。在分期、分批施工图设计过程中，每一批图纸的设计与实施均按照上述流程完成，保障项目的顺利推进。

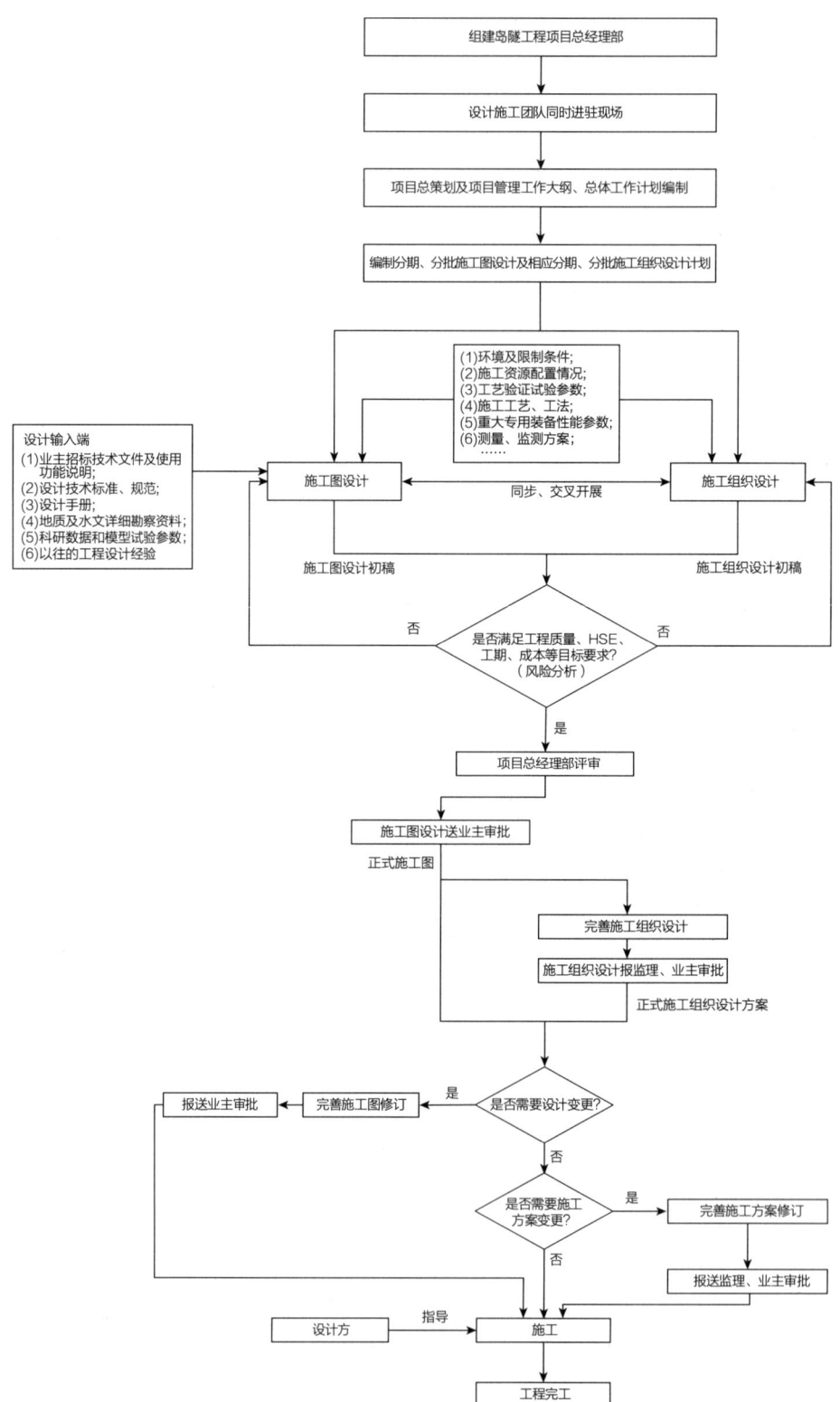

图2-6 岛隧工程设计施工总承包管理流程图

2.2.4　运行机制

运行机制是岛隧工程设计施工总承包管理的基本内功和动态工作机制。项目总经理部针对岛隧工程项目特点和总承包管理需要，建立沟通协调机制、资源整合机制和持续改进机制，以促进项目组织成员的高效协作、保障工程建设的顺利推进。

1. 沟通协调机制

协调是岛隧工程项目管理的一项重要职能，是推进项目有序管理的润滑剂。由于工程实施涉及企业多，各企业在企业管理模式、企业文化、技术标准和企业目标等方面均存在差异，且实施过程中各参建主体频繁共享信息，设计、施工计划、资源配置均在动态调整，组织内外不可避免地存在冲突和分歧，对协调管理提出了较高的要求。沟通是协调的重要手段，是解决组织成员间障碍的基本方法，协调的程度和效果常依赖于各项目参与者之间的沟通方式。

岛隧工程项目管理内外部环境瞬息万变，必须依托科学合理的沟通协调机制，实现有效的沟通、协调管理。岛隧工程沟通协调机制是指为加强项目各参与方的沟通与协调，制定并实施系统化的特定方式、流程与规则，以创造各参与方和谐合作的氛围，确保项目总目标的实现，沟通协调机制的框架模型如图2-7所示。

当项目组织机构确立后，岛隧工程设计施工总承包系统边界基本形成，系统内部的联合体成员之间、设计与施工专业之间相互作用。同时，业主和关注工程建设的社会各界等构成系统外部环境，与总承包系统发生信息交互。在外部环境的信息输入下，设计施工总承包系统内部的成员子系统之间，设计、施工专业子系统之间会产生合作或矛盾、冲突。当出现冲突（矛盾）时，项目总经理部基于已有信息分析冲突形成的原因，借助丰富的沟通方式和顺畅的沟通程序，对目标设定、界面划分及利益分配等作出优化，改进各方之间的协作关系，促进项目的顺利推进。

2. 资源整合机制

资源整合是岛隧工程建设管理的客观需求，建设团队快速识别、整合各类资源，化解实施过程中不断产生并变化的工程问题。岛隧工程资源整合是一个动态、复杂的过程，是根据特定的工程需求和一定的技术手段，将跨行业、跨区

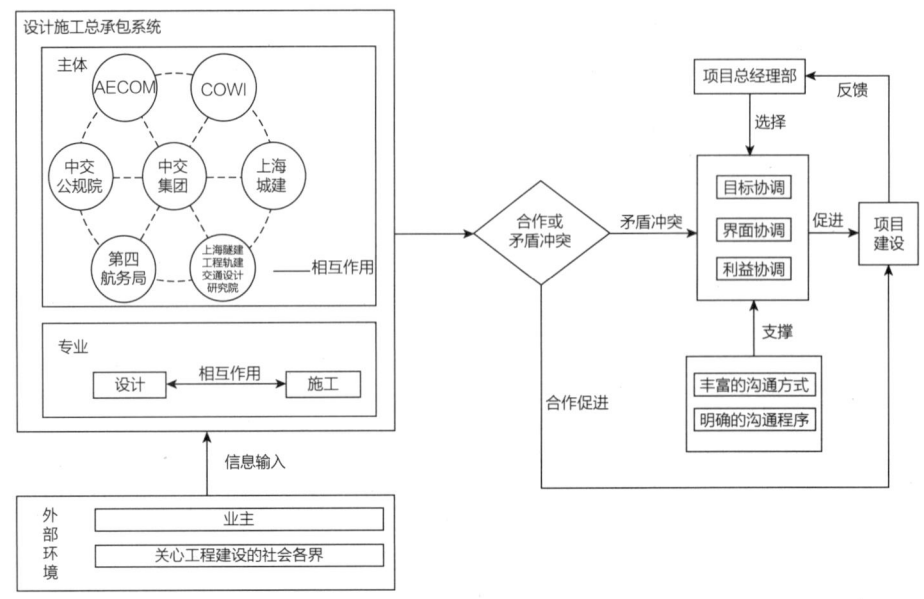

图2-7　岛隧工程沟通协调机制框架模型

域、跨学科的企业资源聚合起来，开展工程创新，化解工程难题，实现工程目标的过程。岛隧工程资源整合机制则是将零散、无序的资源系统性整理与集成的规则与程序。这些规则与程序能够使建设团队很好地吸收和利用整合的资源，使其通过重组、融合等方式成为新的资源，进而形成具有竞争力的新技术、新装备，资源整合机制的框架模型如图2-8所示。

　　合理的分工是高效完成资源整合的基础，项目总经理部与项目执行机构依据资源整合的复杂程度，确定资源整合主体，其中，复杂程度高的资源整合过程由项目总经理部主导完成，反之则由项目执行机构自主完成。资源整合主体通过及时、准确地识别资源整合需求，依托规范的资源整合环节，借助丰富的资源整合

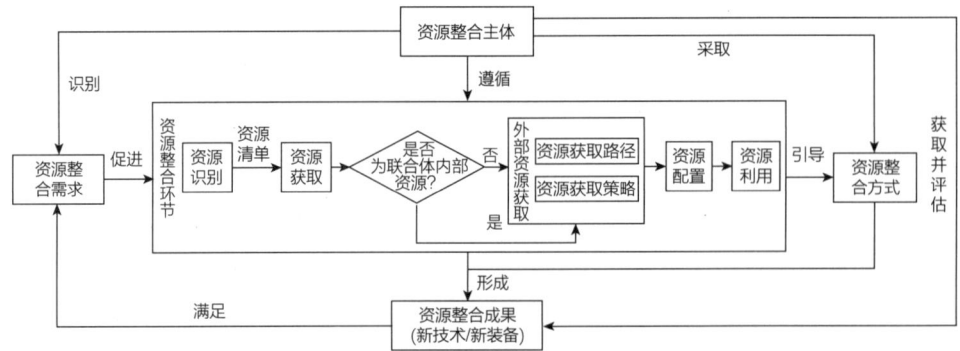

图2-8　岛隧工程资源整合机制框架模型

方式与手段，获取资源整合成果。资源整合成果能否满足需求，还需资源整合主体进行评价，以结果反馈的形式，不断优化和改进资源整合过程。

3. 持续改进机制

岛隧工程规模大、建设期长、接口多（且接口关系复杂），决定了持续改进机制在整个建设管理中的重要地位及发挥作用的巨大潜力。持续改进是建设团队不断寻求改进机会的持续过程，即针对改善项目实践而开展的、全项目范围内的、有计划、有组织的系统过程。工程建设团队通过不断总结、分析实施过程，提出经验与教训，进而指导下一阶段工作的开展，形成动态的、螺旋式的上升，持续改进机制的框架模型如图2-9所示。岛隧工程不断完善基础管理、培育项目文化、开展技术创新、追求品质工程、推行智能建造等，均体现了持续改进的管理思想与促进作用。

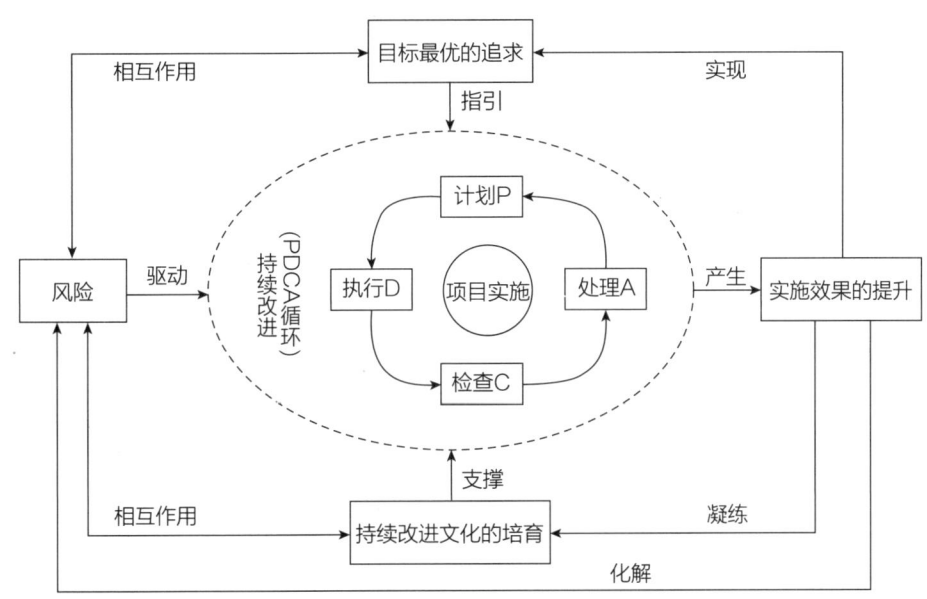

图2-9 岛隧工程持续改进机制框架模型

岛隧工程持续改进机制是以目标最优为指引，在项目组织中建立持续改进的信念，并借助风险管理手段，推动PDCA管理循环，以达成工程管理目标。高目标要求是岛隧工程持续改进的动力源泉，通过在项目组织中建立不断寻求最好方式、方法的信念，创造出不满足现状、逐步改进的行为机制，实现全员参与改进，以量变触发工程实施效果的质变。同时，项目总经理部引入风险管理手段，以风险库集成项目风险信息，并通过总结上一环节风险、分析本环节风险，动态更新风险库，形成"计划（确定风险排查计划）→实施→检查效果（总结风险管理经验，找出问题）→行动（对检查的结果进行处理，推广成功的经验并标准化，总结失败的教训）"的PDCA循环，将工程实施过程中的风险降到最低，确保工程目标的实现。

2.3 总承包实施要点

岛隧工程设计施工总承包实施过程，紧密围绕工程管理目标，回答好五个方面的问题，即做成怎样？谁来做？做什么？用什么做和怎么做？持续优化，不断把工程做到最好是岛隧人的价值追求；谁来做是工程实施主体的问题，需要一支精良的建设团队长期为工程建设攻坚克难；做什么是实施对象的问题，高风险性是岛隧工程的突出特点，工程实施过程中不断地辨识风险点，以风险驱动各方面工作；用什么做是资源问题，化解风险需要综合集成人、材、机、工具、方法等多种资源；怎么做是实施形式的问题，全程联动是满足工程特点以及总承包模式要求的本质所在。

岛隧工程设计施工总承包管理要点包括风险辨识、优化思想、团队建设、全程联动、资源整合五个方面，关系如图2-10所示。其中，风险辨识处在前端，驱动其他四方面的工作，反过来，其他四方面工作能够化解风险；团队建设、资源整合与全程联动均在优化思想的指导下完成，并在实施过程中不断丰富优化思想的内涵；全程联动处在较为核心的位置，团队建设、资源整合均是联动的基

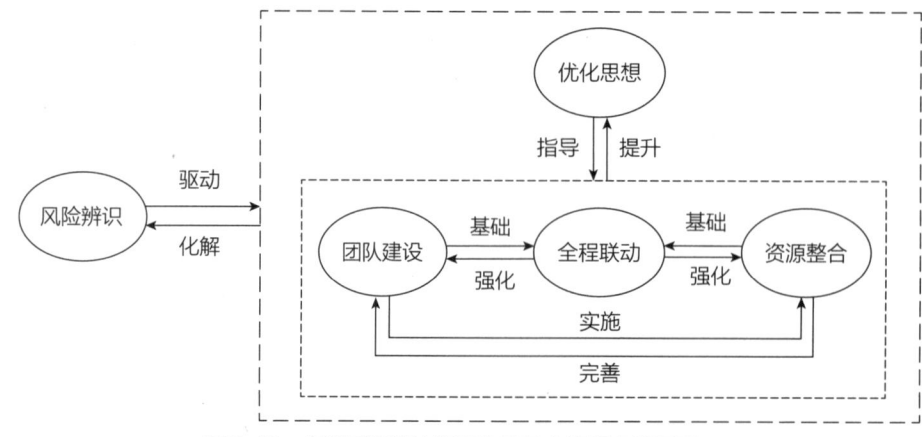

图2-10 岛隧工程设计施工总承包实施要点关系图

础，以联动实现来进一步强化团队建设和资源整合；建设团队是完成资源整合的主体，整合的资源能优化团队组成。

2.3.1 以优化思想求得工程最优解

优化思想是基于岛隧工程特性提出的工程思想，项目的高风险性和工程师缺乏经验等特点使得建设团队难以预测项目所有可能出现的情况。随着工程认知的逐步加深，建设团队重新审视既有技术方案、生产流程和实施环节，不断探索更好的方案，作出动态调整。优化始于对工程负责的态度，关键在于找出问题（风险点），针对问题作经验分析、试验研究，继而舍弃存在隐患的方案，深入研究更有利于保障工程目标实现的新方案，落脚于新方案的实施。

优化思想贯穿岛隧工程实施全过程，旨在控制风险、确保施工安全和提升工程品质。项目总经理部统筹重大方案优化，设计分部、各工区自行完成局部优化调整；充分发挥设计施工总承包模式优势，以设计、施工经验与试验先行获取的结论为支撑，识别风险点，并依托项目总经理部、设计分部和工区的分工协作，设计、施工、科研和装备制造的联动，项目总经理部与权威专家团队的联动，项目总经理部与业主的联动确保新方案的形成、论证与实施。以人工岛成岛方案优化和沉管隧道结构设计优化为例，两项重大技术方案的优化均源于对既有方案的风险辨识，继而驱动"新方案提出→技术论证→业主方认可、审批→组织实施"的优化过程，驱动对各种资源的整合以及互联互动，成功将新方案付诸实施，更好地保障了工程目标的实现。案例分析如下所示。

【案例2-1】人工岛成岛方案优化 ————————————————

岛隧工程建设团队在对人工岛成岛的初步设计方案作出研究后发现，初步设计采用的抛石斜坡堤方案存在三大主要风险点：其一是质量风险，抛石斜坡堤方案无法满足100%止水要求；其二是工期风险，根据总工期要求，人工岛需要在一年内快速成岛，而常规成岛方式需要两到三年时间完成，留给沉管安装的时间不足四年，这对受环境因素影响极大的岛隧工程而言远远不够；其三是环保风险，常规方案实施过程中的大量抛石会污染海洋环境，不利于白海豚生存。综合以上因素，建设团队决定创新人工岛成岛方案，在结合以往圆筒方案设计的基础上，提出使用深插式大圆筒方案。

新方案提出后，建设团队面临诸多新问题，大圆筒成岛究竟可不可靠？业主方能否认可新方案？钢圆筒如何制造、运输、振沉？这些问题均需逐一攻关、化解。项目总经理部耗时近半年作具体设计、论证、试验，组织专家团队作钢圆筒建岛不成立的反向研究，取得权威专家的认可。在此基础上，项目总经理部组织振华重工在上海长兴岛基地制造直径达22m、重量达500t的钢圆筒，用24艘近90000t的远洋船保证钢圆筒运输，确保快速成岛的效率。同时由中交一航局（Ⅰ工区）组织振华重工与美国桩基设备有限公司（APE）联合攻关，制造适用于超大型钢圆筒振沉的世界级八锤联动振沉系统，保障一天完成3~4个钢圆筒的振沉，最后用不到7个月的时间完成了原计划需2~3年完成的工作，并更好地保障了施工安全、质量和环保。

【案例2-2】沉管隧道结构设计优化 ————————————

岛隧工程沉管隧道的初步设计方案采用经浅埋隧道检验过的柔性结构，但岛隧工程实为深埋隧道，沉放最大水深为水下40多米，采用柔性结构存在安全隐患。鉴于此，权威隧道专家提出"深埋浅做"方案，通过在沉管顶部回填与水密度相近的轻质填料或在120年运营期开展维护性疏浚来控制顶部回淤物厚度，需要多花费数10亿元人民币。以增加大额投资的方式来化解原定方案存在的安全隐患，这是岛隧工程建设团队所不能"将就"的，经过探索后，半刚性结构应运而生。

新结构的成功应用必然经历考验。项目总经理部耗时近一个月完成《半刚性沉管结构方案设计与研究报告》，并在2012年底至2013年8月，邀请国内外6个专业机构进行"背对背"的分析计算，从模型试验及原理上证明了半刚性结构的可行性。2013年8月中旬，6个实验团队的数据在业主方组织的权威专家论证会上通过，半刚性方案得以实施。

2.3.2 打造精良的工程建设团队

工程是人造物，造物先造人，高品质的工程建设首先是打造一支精良的建设团队。岛隧工程具有开创性、大规模、长工期和施工工况复杂等特点，项目成员来源广、作业环境及工作内容差异大，在长期高压、远离陆地孤岛的环境中易产生心理、生理疲倦，以上情况对项目团队建设提出了更高要求。如何保证建设团队在长达七年的时间内始终保持为工程建设攻坚克难的创造力、战斗力和执行力是重要课题。

打造精良的建设团队，首先是以"兼收并蓄、集众人之所智"为原则，丰富项目团队的组成，提供具有包容性的"集智"平台，保护每一位成员的创造力，在思维碰撞中产生创新成果，应对工程建设难题。其次，根据项目组织机构中各层级的不同需求，本着尊重所有成员的原则，针对性地采取管理措施，其中，联合体层面，作为总承包牵头方的中国交建综合考虑各方利益，高效协调联合体成员关系；项目总经理部层面，本着发展人的理念，帮助项目成员嵌入梦想，培养设计施工总承包管理人才，同时借助直接有效的行政指令和调动内在积极性的激励手段，保持成员的战斗力和执行力。最后，培育具有岛隧工程特色的项目文化，借助文化"润物细无声"的力量，将工程建设方方面面的内容化为渗透进所有工程建设者骨子里的力量。

2.3.3 以风险辨识为手段识别需求

岛隧工程的开创性、探索性和高风险性使得其在建设实施过程中面临诸多难以预测的问题，需要全体成员全过程保持风险意识，通过风险辨识来识别技术重点和管理要点，创新项目管理思路，驱动项目管理活动。

不确定性事件和意外事件可能对岛隧工程实施造成障碍，项目总经理部快速将这些障碍转化为新的需求，继而形成一系列需要解决的、描述详尽的新问题，如2.3.1节【案例2-1】：人工岛成岛方案优化中，质量风险、工期风险和环保风险是常规成岛方式面临的障碍，新需求是构思一个快速成岛方案，由此衍生的新问题是大圆筒快速成岛究竟可不可靠？业主方能否认可新方案？钢圆筒如何制造、运输、振沉等？根据面临的新问题来思考合适的解决之道，策划拟需要的人、材、机、技术等资源，并在世界范围内开展最优资源搜索；快速组建精良的攻关团队，明确责、权关系，采用高品质的材料、装备和先进的技术，以"头脑风暴→实验论证→实践论证"的过程来破解难题，实现"保工程"的目标。以上过程就是风险驱动的过程，是以辨识风险为起点，驱动组织的高效运转、各类资源的迅速整合，最终化解风险的过程。

2.3.4　整合最有利资源保目标

岛隧工程高风险、高标准特点，决定工程实施必须具备开放、包容的心态，借助国际最优人才资源、技术资源和装备资源，保证工程建设目标的实现。岛隧工程资源整合是放眼全世界，以"以我为主"为前提，聚世界最优资源"为我所用"，通过丰富的资源整合形式和规范的资源整合过程，实现中国交建全产业链资源和国内外跨学科优质资源的整合。

1. 丰富的资源整合形式

（1）设备、材料全球采购

工程所需重要高精度装备的设计及研制需要全球领先的科学技术。物资设备采购环节，项目总经理部坚持优中选优，在全球范围内搜寻最高质量的供应商，通过国际合作保障关键设备、装备、材料的投入使用，确保工程品质，如：为保证沉管管节的预制质量，项目总经理部从德国PERI公司采购高精度的全自动液压模板系统，由PERI公司提供相应的沉管预制模板设计及技术服务，并派驻地专家全程跟进项目，持续提供优质的技术服务与支持。

（2）重大技术方案国内外咨询

岛隧工程建设团队在充分发挥联合体内部资源优势的基础上，通过外聘国内外知名技术专家、联合国内科研机构进行专题咨询等，对设计、施工方案开展持续优化，破解工程难题。如：工程建设期间，项目总经理部与国内知名泥沙专家组建"隧道基槽泥沙回淤专题攻关组"，创设了回淤预警预测系统，为工程决策提供了泥沙回淤的准确信息；联合日本三清公司，历时一年多研发出被称为沉管安装对接"海底之眼"的无线声呐深水测控系统，通过计算机和无线声呐设备精确判定沉管在海底的位置、角度，大大提高安装的速度和准确度。

（3）国外专家驻地咨询

岛隧工程的建设难度直逼技术极限，但国内的工程师们没有外海沉管隧道的设计、施工经验，由国外具有丰富沉管隧道施工经验的专家进行技术支持显得尤为重要，如：世界知名沉管安装专家花田幸生、隧道基床整平技术专家冲山祯雄，以及来自德国、荷兰供应商的技术服务专家等，通过分享其在其他项目上的经验，以及在大型跨海大桥项目中所运用的创新设计方法，不断地与岛隧工程建设者交流、协作与磨合，为工程建设带来了丰富的现场经验和前沿的技术，推动了超级工程的顺利进行。

2. 规范的资源整合环节

岛隧工程资源整合遵循资源识别、资源获取、资源配置和资源利用的规范过程。

（1）资源识别

资源识别是建设团队对工程需求进行分析后，确定工程开展所需资源，并根据联合体内部的资源体系，识别资源缺口的过程。在这一过程中，项目总经理部通过敏锐的资源"嗅觉"，识别出联合体所需的关键资源，明确资源的属性，如拥有该种资源的企业、所需资源的类别等。

资源需求旨在解决工程问题，而一个工程问题的解决往往需要集结众多高精尖的设备、装备和技术。在资源识别阶段，项目总经理部注重对资源进行分解，罗列资源清单，以平行、多渠道地获取资源。

（2）资源获取

资源获取是建设团队在资源识别的基础上，通过资源获取方式与渠道向资源拥有方获取所需资源的过程。资源获取是资源整合不可缺少的关键环节，联合体获取资源主要考虑从盟员内部获取，以及利用盟员的社会网络撬动外部资源。

中交联合体成员的影响力为岛隧工程的国内外资源获取创造了丰富的渠道，能够迅速地在世界范围内搜寻到最优资源。同时，资源获取也存在障碍，一方面是国外先进沉管隧道设计、施工技术的垄断，技术获取需要高昂的成本；另一方面是当工程实施环境发生变化时，直接应用国外的先进技术往往会造成"水土不服"，建设团队需要在权衡之后，动态调整资源获取策略，对资源的获取作出取舍或调整、优化。

（3）资源配置

资源配置是联合体在获取了所需的资源后进行资源匹配、重组的过程，通过资源间的匹配、互补，重新组建形成一种新资源并获得独特的竞争力。这是资源整合的中心环节，体现了获取的资源如何发挥最大价值。

资源识别是对资源的分解，资源配置则是还原的过程。通过设置合理的路径，将无序的资源系统化，如：岛隧工程半刚性结构的论证获取了国内专家的理论支持、国外专家的咨询意见、国内外团队的实验室资源等，通过以上资源的组合与相互作用，最终证明沉管的半刚性结构是合理的。

（4）资源利用

资源利用是使用新资源的过程，通过充分发挥新资源使之形成一定的能力、技术或生产出新的装备，实现资源的价值最大化，推动工程的顺利开展。

2.3.5　全过程联动协调统一

设计施工总承包模式将设计与施工融于一体，通过设计、施工、科研、装备制造的联动实现全员步调一致、催生大量技术创新。此外，总承包环境下，总承包人与业主、外协单位和其他关心工程进展的社会各界的联动也尤为重要，能够推动各方形成良好的互动，保障工程建设的顺利开展。

全过程联动首先是统一认识，以保工程、实现工程目标为共同追求。在目标一致的前提下，项目总经理部积极做好界面协调和利益协调工作，明晰各方责、权界限，平衡好各方利益，保障各主体紧密联系、团结协作。

1. 目标协调

岛隧工程的建设目标是所有参建单位的共同目标，各参建主体必须确保项目建设目标的实现。工程实施过程中，往往出现参建单位的企业目标与项目建设目标不一致或各参建单位之间目标不一致的情况，导致参建单位作出不利于项目目标实现的行为，需对项目的目标系统进行协调优化，要求各参建单位顾全大局，充分协作以实现项目管理的各项目标。

目标协调首先是对质量、HSE、成本和进度等管理目标展开分解，落实各成员单位在各阶段的目标管理责任，并持续追踪目标的完成情况，将检查结果反馈给目标设置和实施的成员单位，借助有效的奖惩制度，确保各阶段的目标完成情况。

2. 界面协调

岛隧工程的界面数量多、界面关系复杂，做好界面协调是保障各项工作衔接顺畅、有序推进的重要工作。在前期工作分配阶段，清晰划分界面，明确各方责权利关系，不遗漏或重复安排工作；对交叉开展、协调难度大的工作，设立专门的协调部门或协调人员，督促不同专业的工作承担者积极共享信息，协同推进工程建设；对存在前后衔接关系的工作，下一环节工作的承担者主动提前介入或了解本环节工作的执行信息，为工作的承接做好充分准备。

岛隧工程设计与施工的界面协调由项目总经理部总工办负责，综合采用专题工作组、互审、交底、互设常驻代表、会议、公告和联系单七种协调互动方式，并通过每日调度会、每周计划会、每月评审会对设计施工界面进行管理，落实计划、协调、检查、评审和持续改进等工作，设计施工界面协调方式的核心内容见表2-3。

岛隧工程设计施工界面协调方式 表2-3

编号	互动方式	核心内容
1	专题工作组方式	设计施工分别派人组成工作组；针对重大或复杂问题；主要用于施工图设计前期及施工期间遇到较复杂的问题
2	互审方式	设计前期阶段，施工方对设计依据的施工方案进行审定；设计完成后，设计方对施工图进行审核并提出反馈意见；设计方对主要材料采购方案、施工方案从安全性、耐久性、是否符合设计要求、是否满足项目目标方面进行全面复核
3	交底方式	主要包括设计前期的施工方案交底和施工前的设计交底
4	互派常驻代表方式	融入对方，亲身体验，获得最直接的信息
5	会议方式	依据任务安排及进度计划确定会议内容及时间，主要用于检查任务落实情况、计划执行情况，检讨存在的问题并制定解决方案；讨论重大技术、管理问题，协调设计施工之间的矛盾分歧
6	工作联系单方式	日常协调、配合的主要方式
7	公告方式	设计和施工按规定内容及格式实时在网络平台上发布提示信息，展示各自最新工作进展情况，便于对方主动安排互动事宜

3. 利益协调

联合体成员的协同合作，一方面是基于实现项目目标的需要，一方面是受获取利益的驱动。岛隧工程难度大、成员单位众多，各成员单位存在不同的利益诉求，如何合理、公平地协调各方的利益，恰当地满足各方的利益诉求是保证工程顺利开展的重要工作。

利益协调首先是明确"项目利益高于企业利益和个人利益"的原则；其次，畅通利益诉求渠道，项目总经理部充分了解成员单位的利益主张，在项目整体利益得到满足的前提下，针对性地、恰当地满足各方的正当利益，以激励各方更好地协同实现项目利益；再者，当参建企业发生利益冲突时，项目总经理部对冲突作出公正、合理的判断，做好利益平衡工作。

2.4　总承包管理成效与体会

2.4.1　总承包管理成效

经过七年的努力，岛隧工程设计施工总承包取得了良好的效果，工程造价和工期均控制在合理范围内，工程质量和安全管理成效显著，同时也产生了大量的技术创新和科研成果，是设计施工总承包模式在国内超大型交通基础设施建设工程中的成功应用。岛隧工程设计施工总承包管理成效主要体现在：

（1）东、西人工岛深插式大直径钢圆筒快速成岛方案在保障工程安全和工程质量的基础上，较初步设计方案缩短工期2年多，节省了工程成本，减少开挖淤泥量500万m³，减少回填和挤密砂桩海砂用量730万m³，把对海洋水域的污染降到了最低，有益环保。

（2）桂山沉管预制厂深浅坞采用L形布局，因地制宜的工艺布置方案，较原方案减少石方开挖量300万m³，省去827m长的坞口外侧管节寄放区的防波堤结构，减少预制模板4套，虽然结构混凝土增加5.5万m³，厂房面积增加18000m²，但综合造价节约近3亿元。

（3）桂山沉管预制厂采用工厂法预制沉管管节，沉管预制不受天气影响，真正实现连续作业，预制工艺的生产效率能保持均衡与稳定，保证了管节的预制质量和进度可控。

（4）隧道基础采用复合地基+组合基床形式，使得沉管隧道整体沉降控制在6cm以内，远低于国际通用沉管隧道基础沉降指标20cm，创造了一个新的沉管隧道工后不均匀沉降性能指标，大幅提高目前世界上的同类质量控制标准。

（5）集成开发了沉管浮运安装成套技术体系（含14套系统），掌握了沉管安装施工作业核心技术，打破了国外公司的技术垄断和专利封锁，完善了国内施工企业的产业链条，促进了行业与相关领域的提升与发展。

（6）半刚性管节结构设计方案，解决了沉管隧道深埋问题，实现了重大技术创新，同时为后期运营维护节约了大额费用。

（7）创新发明了整体式主动止水最终接头方案，一天内即可完成海上施工作业，大大节省了海上、水上作业时间，极大地提高了最终接头安装对接作业的精准度和应急处理突发事故的能力，开辟了崭新的沉管隧道最终接头解决途径。

（8）岛上清水混凝土建筑成为高品质工程的标志。

2.4.2 总承包管理体会

1. 总承包人与业主的共同价值追求是核心驱动力

设计施工总承包是一个系统，业主和总承包人是系统中的两个关键要素，在发挥各自优势的基础上合作并进则能实现模式的成功应用，而共同的价值追求是业主和总承包人合作的核心驱动力。主要表现在：

（1）业主与总承包商相互尊重、相互理解、相互体谅，在契约安排中，双方的风险分配合理。

（2）业主转变思维，给予总承包商以充分的信任，提供创造和施展的空间；总承包人以恪尽职守的态度勇于担当和奉献，以国家利益为先、以工程利益为重，用完美的工程回馈业主的信任与支持。

2. 总承包人的实力与担当是先决条件

对总承包人的选择是设计施工总承包实施过程中的关键环节，需要根据工程实际需要，审慎考虑总承包人的实力和担当，二者缺一不可。

（1）与工程规模相适应的设计、施工总承包资质

与工程规模相适应的企业资质是工程承包企业参与招投标的门槛，也是选择工程承包人的首要依据，如：中国交建拥有多项特级、甲级、综合甲级和一级资质，其中包括港口和航道工程施工总承包特级资质、公路工程施工总承包特级资质和设计综合甲级资质等，能够满足岛隧工程建设的需要。

（2）技术储备与管理能力

工程总承包人需拥有满足工程需要的财务、风险承担能力，同时具备完整的项目管理体系、高素质的项目管理专业人员。

岛隧工程项目总经理部云集了中国交建最优秀的设计团队和施工团队，汇集了全球最顶尖的装备，保障了项目的优质实施。中国交建的全产业链资源、全球资源整合能力和丰富的工程建设经验为高难度、高风险的岛隧工程项目建设管理提供了支撑。

（3）与承担工程相匹配的设计、施工经验

相关设计、施工经验与业绩主要考察承包人是否承担过与工程性质和规

模类似的工程项目，通常而言，有经验的承包人能够更为顺利地实施项目，如：中国交建作为设计施工联合体的牵头人，其在水运工程建设方面一直处于世界前列，建设了诸多"世界之最"工程，为岛隧工程建设提供了一定的经验储备。

（4）企业的社会责任感

工程承包人需具备契约精神，以合同为依据，完成工程建设，但重大工程的建设者需要在契约精神的基础上承担社会责任，始终将实现工程目标作为第一位，以主人翁精神做好"大国工程"。

岛隧工程建设过程中，以国家责任为先是中国交建始终坚守的信念。外海沉管隧道是一个世界级难题，中国是海底隧道工程的新进入者，中国交建并非是无知者无畏，而是一开始就做好了"知其难而为之"的思想准备，虽然实践过程中面临的困难还是远远超出预期，但不轻易言败、不畏艰险的精神一直支撑着交建人扛起责任。E15管节曾因回淤问题"三次浮运两次返航"，面对问题时，中国交建以积极主动解决问题的态度与业主携手合作，组织攻关与科研，集结国内对珠江口水情长期跟踪研究的知名泥沙专家到珠海，展开对回淤原因的分析和认定，并成功研制出深水高精度清淤设备。

3. 设计施工联合体管理是关键抓手

设计施工联合体是一种相对松散、管理难度大的组织形式，由于联合体的部分控制要素超出了企业管理的范围，联合体中各方利益与冲突不能以行政命令的方式解决，而只能通过横向协商在"双赢"的基础上加以调解，联合体管理对项目的成败具有重要意义。

（1）合理划分联合体成员的责权利关系，促进联合体成员快速融合

中交联合体成员的合理分工和有效协作，可以实现工程设计方、施工方及管理咨询方的优势互补和合作共赢，增强联合体的抗风险能力，但由于联合体成员的经营理念、经营策略、企业文化等各不相同，难以在短时间内融合为一体。为促进联合体的快速融合，一方面，在选择联合体成员时，中国交建对意向企业的资源与能力、信誉及彼此间的兼容性作出了全面考量，选择有合作经验的企业作为盟员缩短了成员间的磨合时间，为联合体良性运行奠定了基础；另一方面，联合体组建初期，合理地划分联合体成员的责权关系，分清成员的主、次角色，保证牵头人在联合体组织的权威性，同时，依据工程的实际进展和成员对联合体组

织的贡献值，动态调整联合体组织分工。

（2）加强联合体成员的沟通协调，有效化解联合协作的过程矛盾

巨型复杂工程的联合体组织不可避免地存在矛盾与冲突，协调与沟通成为重要的管理行为。联合体成员尊重彼此的企业文化，营造沟通合作的氛围、畅通沟通渠道、丰富沟通方式。当冲突发生时，成员主动辨识冲突的关键点，依据工程实际情况对冲突作出理性分析，化解过程矛盾。

（3）构建学习型组织，快速适应工程建设需求

岛隧工程技术复杂、外海施工环境瞬息万变，联合体成员一方面加强成员企业间的相互学习，促进企业优势资源的快速整合；另一方面根据工程需求获取联合体外部资源，集成资源形成新技术、新装备，服务于工程。

4. 政府与业主的支持与理解是重要保障

岛隧工程设计施工总承包的成功实施得益于政府和业主对工程的全力支持和科学决策。港珠澳大桥业主转变管理思维，给予总承包人创造的空间，并加强监管。业主倡导同参建各方构建开放、平等、协同、互信的伙伴关系，将该理念付诸实践，贯彻工程建设始终。

（1）注重对工程的总体控制和监管，保障工程建设"少走弯路"

业主对工程实施全过程进行管理，在招标之初即制定了完善的初步设计方案、技术标准和项目管理制度，特别要求潜在投标人以国内联合国际为原则组建中外合作联合体投标，增强总承包人的抗风险能力；构建了岛隧工程设计施工总承包合同框架，提出"设计施工联动，施工驱动设计"和"伙伴关系"理念，通过一系列架构的设置保障总承包的顺利实施，并在实施过程中督促总承包人履行合同义务；引入荷兰隧道工程公司作为沉管隧道的主要设计、施工咨询方，开展岛隧工程施工图审查工作，严格把控施工图质量。对于总承包人提出的新方案，业主审慎把关，以复合地基方案为例，自2011年4月总承包人提出沉管地基变更方案起，历时近一年，业主在将方案经多方论证后，才予以批准实施，为方案的顺利实施提供了保障。

（2）致力于创造有利环境，确保工程的顺利推进

在高标准、高复杂性的大型工程中推行设计施工总承包模式，业主投入了更多的精力来保障工程顺利实施。首先，在国内法律法规暂未对设计施工总承包模式的有效运作构成有力支撑和保障的情况下，业主通过借鉴国际总承包有关范例

创新模式的同时满足国内基本建设程序管理要求，为工程实施创造有利条件，数次赴项目总经理部听取项目工作开展情况及存在的难点和问题，如：工程前期资金和海上作业手续办理等问题的解决，均得到了业主的支持。其次，业主帮助协调处理工程实施过程中遇到的障碍、难题和突发的意外情况，以安装E15管节时遇到的基槽回淤问题为例，当基槽回淤问题出现后，业主组织所有利益相关方及政府有关部门，以专业、公平、合理的方式分析问题，寻找平衡所有相关方利益的解决办法。广东省领导曾数次到访现场主持协调会议，坚持以确保国家战略工程的质量和安全为先，积极调动各方力量支持配合，在采砂企业的支持下，以暂停采砂来保证工程的顺利实施。

（3）给予总承包人贡献智慧的空间，实事求是地看待工程发展过程

业主结合工程实际情况，设置了公平合理的风险共担机制，转向相对宏观管理和目标管理。业主给予总承包人信任，理性看待总承包人提出的新方案，并通过广泛听取各方意见、多番论证，作出了科学的决策。岛隧工程钢塔吊装方案、人工岛成岛方案、隧道基础方案、最终接头方案的提出与顺利实施均得益于总承包人的智慧和业主的科学决策，上述方案经实践证明是经得起检验的，以人工岛成岛为例，从2011年5月15日西人工岛打下第一个钢圆筒，到2011年12月7日东人工岛第120个钢圆筒振沉完毕，用时不足7个月，创造了"当年开工当年成岛"的人间奇迹。

探索性工程实施过程难以预测，在工程推进过程中存在实际情况与总承包合同约定不符及按总承包合同约定执行不畅的问题。该种情况下，业主充分考虑工程实际，实事求是从保障工程顺利推进的角度对总承包合同作出一定调整。在概算和工期方面，由于国内无外海沉管隧道建设先例，部分子项没有相应的定额和造价信息，且长达七年的建设期内物价水平波动大，工程工况复杂程度远超预期。鉴于此，业主客观看待原概算体系与岛隧工程实际情况的不符之处，结合对工程实施过程和工程品质的综合考量，最终调整了概算和工期。

港珠澳大桥岛隧工程设计施工总承包丰富了总承包管理的实践成果和理论成果，为沉管隧道工程建设以及大标段设计施工总承包模式的应用提供了成功的案例，为完善我国设计施工总承包法律法规体系、管理机制等提供了借鉴与参考。

同时，岛隧工程设计施工总承包为国内总承包企业的发展壮大提供了平台，培育了企业总揽全局、抵抗风险的能力，为企业在国际市场赢得了赞誉和认可，有助于企业"走出去"，在"一带一路"市场中发挥更大的作用。

第3章

风险管理

基于岛隧工程开创性、探索性和不确定性等工程特性，项目总经理部深刻认识到风险对工程的影响以及风险管理对于工程成功建设的重要性。为确保工程目标的顺利实现，项目总经理部以风险驱动为核心思想，明确风险管理准则，构建风险管理体系，制定风险管控措施，做到风险管理全员参与，全方位、全过程覆盖，最终实现岛隧工程风险全面受控，且形成了一系列丰硕成果，对高风险、超大型的工程项目风险管理有一定借鉴作用。

3.1　工程风险认知与管理准则

3.1.1　工程风险认知

岛隧工程建设标准高、技术成熟度低、工程环境复杂、设计施工经验欠缺，与一般重大工程相比，岛隧工程风险具有来源广泛、关系复杂和不确定性高等特性。

1. 风险来源广泛

沉管隧道是连接水体两端陆上交通的隧道型交通运输载体，涉及隧道工程、水利学、市政工程、船舶运输等多学科领域，面临巨大技术风险和挑战，如超大管节预制、复杂海洋条件下管节浮运和沉放，高水压条件下管节对接以及接头水密性及耐久性、隧道软土地基不均匀沉降控制等。岛隧工程沉管段长约5.7km，最大沉放水深44m，更是使工程难度直逼技术极限，设计、施工存在许多不确定性。另一方面，岛隧工程位于外海开放性海域，气候、水域通航、水文环境等动态变化的建造环境亦可能成为诱发工程风险的不确定性因素。建造环境主要风险体现在：（1）外海施工环境复杂：工程建设区域离岸边30km；（2）珠江口交通繁忙：每天近4000艘各类船舶来往；（3）易导致环保问题：工程位于白海豚保护核心区，白海豚种群数量有1000余条；（4）四个"深"：深埋、深水、深槽、深厚软土。岛隧工程沉管隧道对接精度要求高，作业环境艰苦，工程界面繁杂，作业人员的技术熟练度、身心健康以及作业流程的规范性等均成为影响工程成功实施的因素。

2. 风险关系复杂

岛隧工程中沉管隧道为"串联"结构，几百道工序环环相扣，各工程单元间具有一定的连锁反应，牵一发而动全身。任何一个环节失误都会导致整个工程的失败，都可能给整个工程带来巨大风险。其次，岛隧工程风险因素繁多，且因素之间关系呈现出非线性和模糊性特征。某一风险因素的变化，往往会引发关联因素甚至整个工程状态的变化，而其作用路径和影响程度并不清晰，难以对其进行准确把握。同时，在工程建设过程中，风险因素会随着时间、空间的变化而动态变化，打破原有风险因素之间的平衡，构建起新的风险因素作用关系，使风险关系更为复杂。

3. 风险不确定性高

岛隧工程的建设周期长达七年，不同类别风险因素在工程不同阶段、不同部位的影响程度存在差异，且由于风险关系的复杂性，岛隧工程风险具有高度不确定性，风险预测难度大，可控性弱。此外，岛隧工程在建设中面临的小概率高风险事件挑战多，工程风险难以科学、完整、定量描述，设计施工团队处于不断摸索的过程，边设计、边研发和边施工使工程方案存在较大的风险隐患，不可预见因素多，需要在工程建设的整个周期内，不断加深对风险的认知，严格谨慎地加强风险管控。

3.1.2 风险管理基本准则

在全面认知岛隧工程风险特性的基础上，项目总经理部提出适应本工程需求的独特风险管理准则，使风险管理成为驱动工程成功建设的引擎之一。

1. 让"失误零容忍"成为常态

岛隧工程以"失误零容忍"的态度开展风险管理工作，尽可能地消除工程建造过程中的风险管理盲区，不留一丝隐患，确保工程风险处于可控状态。从细节出发，对风险源进行多次逐级排查，从项目领导、工程骨干到一线班组，每一道工序、每一个细节、每一个岗位，都排查到位，如每一次沉管安装，都积极发动全体人员集思广益，对安装过程中可能出现的风险进行全面辨识和反复确认，保证工程的顺利实施。对未知领域和问题，通过多次试验、反复论证、专家评审等措施来推定方案的可行性，尽可能实现对风险的可知可控。在工程建设过程中，时刻谨记一旦风险管控不到位，所产生的风险损失是不可估计的，且直接影响工程的成败。

2. 以风险驱动工程难题破解

岛隧工程风险管理不仅仅是为了应对风险，更是被作为发现工程问题的方法，推动工程顺利高效建成。项目总经理部通过风险识别与分析，明确项目目标管理需求，突破困境，破解难题。同时岛隧工程全体人员在项目实施过程中，以风险为思考起点，每走一步必先审视风险点在哪里，发现需求、发现难点。由此在风险评估和寻求解决措施的过程中，风险管理能够引导各项实施方案的编制、资源的调配等，从而有效破解工程难题。通过这样一种"以风险驱动问题的发现与化解"的方式，促进工程受控与高效实施，实现从本质上解决岛隧工程管理难题。

3. 将风险管理贯穿工程全过程

项目总经理部以风险管理为主线，将风险融入其他各个管理模块中，如技术管理、HSE管理、品质管理和文化建设等。同时，将风险管理作为日常管理工作的重点，在每一项日常工作中都融入了风险管理的一系列做法，全面开展风险意识的培养、风险源的识别、风险评估和处置等工作。将风险管理贯穿融入工程全过程的每一个环节，在各个管理模块中融入风险的血液和灵魂，从而达到纲举目张的效果。

4. 风险管理全过程动态循环

由于认知的局限性，在工程伊始，难以辨识出岛隧工程全部潜在风险，而环境的开放性更是使岛隧工程时刻面临风险因素的动态变化，需时刻保持"危机感"，保持"怀疑"的态度挖掘可能存在的风险，并化解风险。将风险识别、分析、评估和处置的风险管理流程全面落实，通过PDCA动态循环，持续关注风险源的实时状态，及时作出响应，采取有效控制措施，不断推动各类风险管理活动的开展，巩固并扩大风险管理的成果。

3.2 风险管理体系构建与运行

在风险管理基本准则指导下，项目总经理部从工程实际出发，形成一套具有岛隧工程特色的风险管理体系。岛隧工程风险管理体系是全面开展风险管理工作的纲领，包括文件体系、组织架构以及运行框架等。

3.2.1 风险管理文件体系

2007年开始，项目总经理部启动关于风险管理文件体系的研究，2012年形成风险管理文件体系，文件体系的构建与流转运行，进一步规范和推动了风险管理的贯彻落实。

1. 文件体系的构建

为实现风险管理的有序性，推动风险管理的系统化和全员参与程度，项目总经理部依据国际隧道协会《隧道工程风险管理指南》和BS/ISO 31100规范，结合《岛隧工程设计施工总承包合同文件》，并参考其他相关的法律法规和规范条例，在广泛深入调查总结以往国内外类似工程风险案例的基础上，建立了一套岛隧工程风险管理文件体系。文件体系由四个层级构成，包括《岛隧工程项目风险管理计划》《施工作业风险管理指南》《施工作业风险管理手册》和《风险管理动态评估报告》，主要内容及作用见表3-1。岛隧工程以文件规范工程实施全过程的风险管理活动，对过程中的风险源保持完整记录，使风险管理工作处于系统、严密的受控状态。

风险管理文件体系的层级构成 表3-1

层级	名称	编制颁布	主要内容及作用
第一级	岛隧工程项目风险管理计划	项目总经理部	风险管理计划为岛隧工程日常风险管理工作的总体纲领性文件，指导工程进行风险管理，内容涵盖风险管理的各个方面
第二级	施工作业风险管理指南	项目总经理部	风险管理指南为专项任务指导性文件，旨在通过标准化的方式，建立各工区涵盖施工全过程的风险辨识、评估、处置的循环动态管理体系
第三级	施工作业风险管理手册	各工区编制总部审核颁布	风险管理手册为现场施工人员实操作业指导书，制定了每一项风险的类别、等级划分和应对措施。用于指导一线管理人员和作业人员进行风险管理
第四级	风险管理动态评估报告	各工区编制总部审核颁布	动态评估报告包括风险动态评估、动态总结等，用于指导一线管理人员和作业人员进行风险管理

2. 文件体系的流转

岛隧工程风险管理严格按文件体系执行，同时持续辨识风险，将潜在风险不断纳入风险管理文件体系中，以增强风险管理的实操性。风险管理文件体系流转

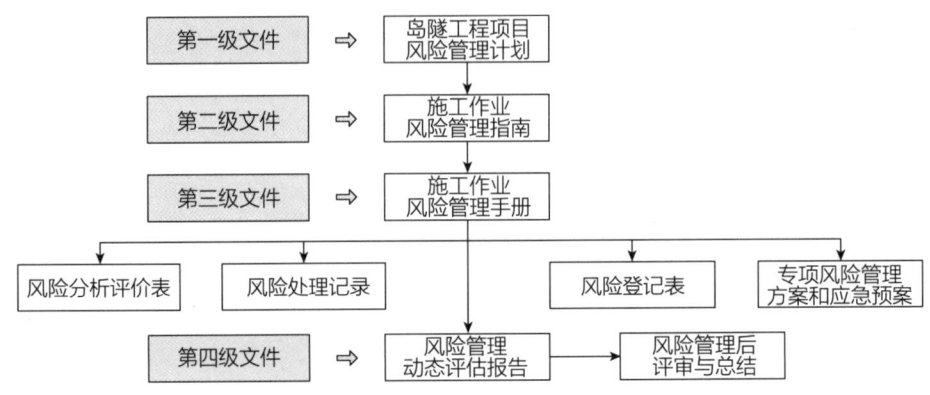

图3-1　风险管理文件体系流转运行图

运行如图3-1所示。

　　风险管理计划和指南为指导性文件，项目总经理部将《岛隧工程项目风险管理计划》下发到各个工区进行风险管理指导，各个工区根据自身施工任务特点编制风险管理手册和风险管理动态评估报告。风险管理手册和动态评估报告用于在工区现场实时动态跟踪，在准备阶段、施工阶段和施工总结阶段全过程持续跟进。风险管理手册根据不同的作业队进行分册编排，包括风险分析评价表、风险处理记录、风险登记表、专项风险管理方案和应急预案，方便现场作业人员使用，达到各专业班组能快速查找风险源、有针对性地落实处置措施的目的。沉管安装施工风险管理手册如图3-2所示。现场人员依据风险管理手册，排查每一个环节的风险，并不断更新反馈，每月上报，风险评估专家咨询会根据《施工作业风险管理手册》对重大风险进行排查评估，并制定相应的处置方案；风险管理动态评估报告每季度一报，其作用是进行全面评估评审、查漏补缺，实时掌握更新项目当前的风险状态。

　　风险管理文件体系由项目总经理部从上至下贯彻和运行，实现总部指导，全员落实。另一方面，随着项目施工过程进展不断更新文件，实现以文件体系为载体进行风险管理数据存储，并指导一线工人实时排查。通过动态跟踪循环，不断完善文件体系中的风险内容。

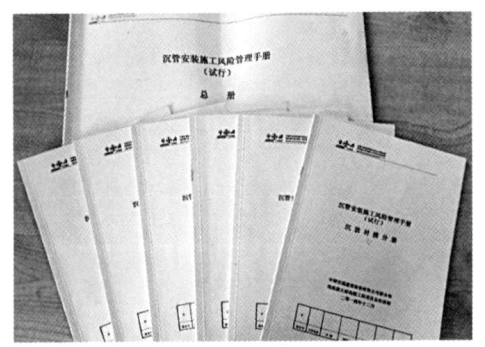

图3-2　沉管安装施工风险管理手册

3.2.2 风险管理组织架构

1. 架构设置

为提高管理效率，减少风险管理层级，岛隧工程采用扁平化管理组织架构，将各个职能部门纳入风险管理的组织架构中，以打破部门边界，快速应对风险。岛隧工程风险管理的组织架构分为决策层和作业层，如图3-3所示。

决策层以项目总经理为最高领导，包括质检部、HSE管理部和计划合同部等关键职能部门，其中HSE总监履行风险经理职责，还以专业小组的形式防范施工中的重大风险，包括基础组、舾装组、结构和线型组、测控组、综合保障组、海事保障组和作业组七大专业小组，以利于深入挖掘风险源和控制风险。

作业层为各工区所属的任务组和作业班组，每个工区均有相应的工区作业队经理进行相关作业施工的统筹。

2. 职责划分

两层级扁平化组织架构减少了管理层级，实现了以施工任务为中心、将风险点辐射到各部门的管理诉求，有利于决策层和作业层间的信息交流沟通，提高工作效率。决策层和作业层的职责划分如下：

（1）决策层：主要任务为统筹风险管理工作，对岛隧工程施工风险进行全面管控，监测和检讨风险管理体系中的流程方法和措施，持续改进项目风险管理体系，确保风险管理体系行之有效且处于持续改进的状态。在整个施工管理过程中，决策层对每一道关键工序都进行实时动态决策确认，结合专家意见对重大风

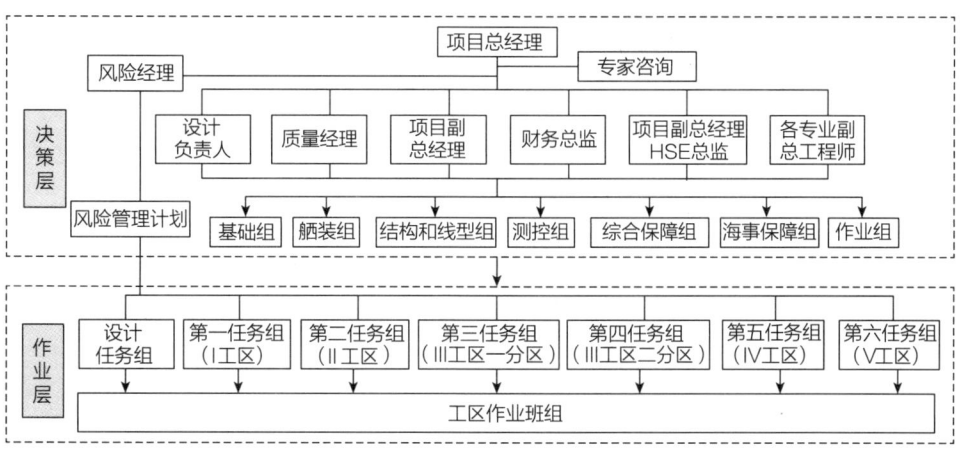

图3-3 风险管理组织架构图

险进行把关。

（2）作业层：负责具体施工作业，及时编制更新风险登记表、风险管理报告等，定期召开风险管理例会，将风险排查、风险处置和应急保障落到实处，及时汇报突发重大风险，动态反馈风险处置结果。

岛隧工程风险管理以决策层为"大脑"统筹决策、以工区作业组为具体施工单元，两级扁平化风险管理组织打破了传统组织架构链条冗长的格局，使管理层与生产一线直接对接，减少链条，实现总部工区纵向一体化，实现部门—部门间、工区—工区间横向互动，消除风险管理界面。最终使风险信息传达最全，决策效率最优。

以沉管浮运安装为例，决策层为项目总经理部和七大专业小组；作业层即由工区的各个作业队伍组成，以过程中的工序进行划分，包括基槽开挖、抛石夯平、清淤、整平、回填、浮运、安装、测量、起重和舾装。在进行管节安装的过程中，由决策层结合专家咨询对每一节管节进行风险排查统筹，并且深入施工一线进行现场管理。作业层对照沉管安装风险管理手册辨识每一节管节的施工风险，并及时反馈给出一般关注和重点关注风险。通过扁平化的风险管理组织架构，使每节管节安装时出现的风险都能及时发现、及时反馈、及时解决。

3.2.3 风险管理运行框架

在一般风险管理理论中，风险管理包括风险识别、风险评估、风险处置和风险监控等环节，岛隧工程遵循风险管理程序，按照PDCA循环，整个风险管理的流程周而复始地循环进行，不断持续改进，不断审查总结，以实现阶梯式上升，提升管理效果。

基于风险管理理论和PDCA循环，以"全员参与、全面识别、科学评估、综合防范、持续改进"为风险管理方针，以文件体系与组织架构为保障，形成了岛隧工程风险管理的运行框架，如图3-4所示。

1. 风险识别

岛隧工程管理团队从2005年尚未正式开工前已开始进行相关风险管理问题的思考，尽早挖掘和认识工程隐患，做到超前谋划。在进行风险识别时，主要采取

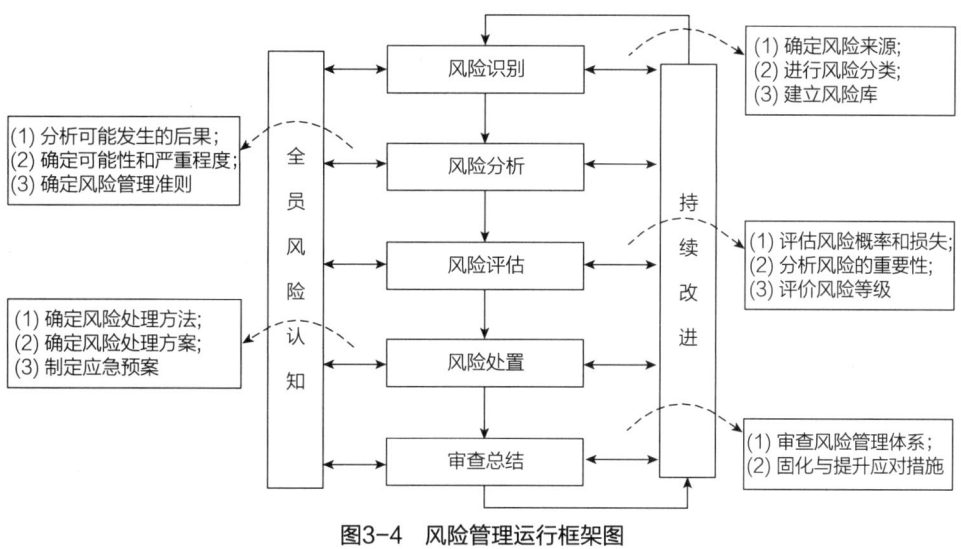

图3-4 风险管理运行框架图

头脑风暴法与专家调查法相结合的方式，由项目总经理部和相关领域的专家全面参与。风险识别基于东西人工岛、沉管隧道、非通航孔桥和干坞工程等主要工程，分工序、分工区排查，涉及各个施工工艺流程的每个环节、所有船舶、每个施工队伍甚至现场每名员工，做到全覆盖，并结合不同季节、施工区域、工艺特点和施工阶段有针对性地开展风险识别和排查，以全面辨识所有可能存在的风险。

在全面辨识风险的基础上，抓主要矛盾，对风险进行系统识别，根据风险特性的不同分为通用风险、专项风险和特属风险，见表3-2。

风险分类表   表3-2

风险类别	含义
通用风险	施工全过程存在的共性风险
专项风险	由于施工环境和特点各异，其所具有的不同于共性风险的独特风险
特属风险	通过对该管节的特点分析，梳理出相关风险条目，形成该沉管特属风险

2. 风险分析与评估

风险分析的目的是对风险可能造成的后果及其严重程度进行判断。风险评估由经验丰富的施工人员综合现场施工情况确定，从风险单项评级和风险综合评级两个层面进行评估，风险单项评估是将各风险源对健康安全、环境、时间、质量和成本的影响划分为低、中、高三个等级，见表3-3。综合风险评估即得出风险

源的综合风险等级，最终风险等级依据发生概率和后果严重程度综合评判，如图
3-5所示。

风险严重程度等级表			表3-3
严重程度 / 后果类型	低	中	高
健康安全			
处于危险状况的人数	3~9人轻伤 或<3人重伤	3~9人重伤 或<3人死亡	≥10人重伤 ≥3人死亡
环境			
环境事故等级	一般事故	中等事故	严重事故
时间			
关键活动和竣工延期	<2周	2周到3个月	>3个月
质量			
质量事故等级	质量问题	一般质量事故	三级严重质量事故
成本			
经济损失（元）	100万以下	100万~1000万	1000万~5000万

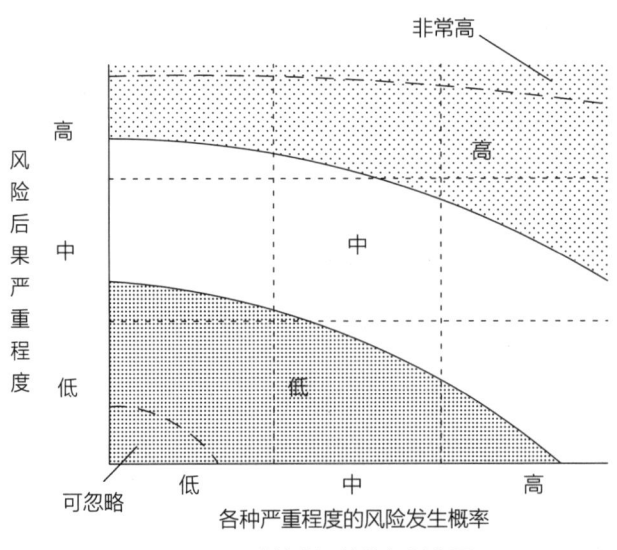

图3-5　风险综合评估等级划分图

3. 风险处置

风险处置主要依据风险评估等级确认是否需要采取措施，以及采取措施的等级。岛隧工程采用国际范围内流行的ALARP原则，即在保证工程可合理实施的前提下将风险降到最低范围的原则，如图3-6所示。根据风险等级，在组织架构上分级处置，低、中等级的由工区负责，高风险的联合决策层和专家组共同商议处置；同时，根据风险类别，针对通用风险、专项风险和特属风险分别采取不同的处置方式。

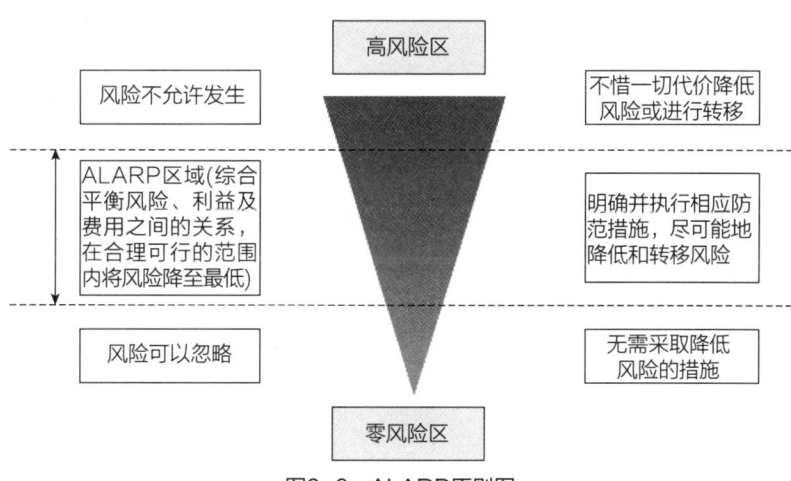

图3-6 ALARP原则图

4. 审查总结

岛隧工程风险管理遵循审查总结，闭合循环管理，既包括对风险管理体系的持续监督审查，以保证体系的有效性，同时，通过监测和试验计划，阶段性地对风险管理的效果进行评价，将措施固化、标准化，为下一环节的风险管理提供指导，实现持续改进。

3.3 风险管控全方位实施

在风险管理体系构建和运行框架下，岛隧工程风险管控融入了工程建设各环节、各层级、各部位，统一全员风险认识，实现以风险为导向的动态循环管理，不断推动决策科学化和持续改进，实现风险管控全覆盖，确保岛隧工程风险可控，实现对工程质量、安全的不懈追求。

3.3.1 塑造风险文化，统一全员风险认知

风险管理的关键是统一思想认识，将风险意识传递到施工现场每个一线作业人员，从领导到一线工人共同拧成一股绳，对每一项工作都时刻保持危机感，将"控风险"作为日常行为习惯，从而提高自我管理的意识和主动性。

1. 形成千人齐走钢丝共识

将安全、质量和环保的管理理念融入风险管理中，以项目总经理为风险管理最高指挥，统一管理层、各工区和各一线作业人员对于风险的认知，从工程成功的角度认识风险管理的意义，形成"千人走钢丝"的共识，如图3-7所示。千人走钢丝强调全员"忧患意识"的形成、"谨慎""失误零容忍"的行事态度以及自我风险素养的提升。为了控制风险，岛隧工程将每一道工序、每一新材料或新设备的使用都作为头等大事来抓，编预案、谨慎实施，细致把控。同时每一项施工标准要求极致：世界同类基础工程整体沉降一般在15～25cm，而岛隧工程沉管隧道基础整体沉降不超过5cm；隧道内部装饰设计常规用两张图纸就足以表达，而岛隧工程细化出30多张图纸；一枚纽扣大小螺栓的增加或取消都要经过反复比选、充分论证。岛隧工程时刻强调走钢丝的意识和态度：既不能回头，又不能失足一步，只能时刻保持如履薄冰、如临深渊的紧张状态。开展风险管理工作，无论是对人员、对装备，还是对管理都不能有丝毫的放松和懈怠，强调这是每一个员工都应达成共识的首要问题。

图3-7　千人走钢丝

"千人走钢丝"强调超前谋划，通过提前找问题，提前解决问题，才能使工程不出现问题，每一个员工持有"怀疑"的态度，在每一项工作开始前先考虑风险是否会发生，以及应当采取怎样的手段去控制可能发生的风险。在岛隧工程中，所有施工方法都提前预判其可行性和可操作性，强调试验先行，对于高风险的重要分项或工序在施工前进行多次演练，在一次次超前谋划中辨识给定的方案和工艺的正确与否，甚至采取反向论证来发现可能出现的风险。复合地基的创新就是经过大量调研与计算试验，最终建立了一套完整的复合地基设计施工方案。对重大风险进行专题研究，通过将大部分风险控制在设计阶段和施工工艺可行性研究阶段，避免了施工中更多不可控因素的发生。同时，为能及时应对突发风险，提前制定综合和专项风险应急预案，确认应急响应的流程，形成应急响应机制。

2. 由上至下全员互动参与

（1）总部工区互动参与

在岛隧工程中，风险管理不是某一个部门的职责，而是全体员工的行动指引。在风险管理过程中，项目总经理部管理人员和各工区一线人员共同参与关键工序和重大事项的风险辨识和预控工作，项目总经理部管理人员每天到"三岛一隧"——东西人工岛、桂山岛、沉管隧道施工现场检查指导工作，与技术人员、一线作业人员共同参与现场施工工作，随时解决施工难题，确认风险的状态。一线人员实时反馈现场情况以及重点关注风险的排查情况，同时一线作业层也被纳入管理体系，共同参与风险排查过程中的建言献策。在互动过程中风险隐患被逐一发现，风险控制及时有效。通过由上到下的共同行动，每一个人都是风险管理的行动践行者，通过七年如一日的坚持，持续保持严谨的风险管理状态，统一风险认知，并落实到行动中，真正实现全员风险管控。

（2）风险管理，人人有责

为了提升员工自我管理的意识，实现员工主动进行风险控制，岛隧工程明确了全体员工在风险管理中的责任内容和范围，在工区内形成"风险管理，人人有责"的管理制度。为了让这样一种责任划分切实执行，工区主要负责人和各部门、班组签订目标责任书，将风险管理的目标从上到下逐级划分到每个员工，平时通过日常检查对责任书的内容进行考核。在安全行为的规范上，岛隧工程实行"一对一""一保一"的安全管理班组，不同的班组间形成相互监督、相互管理的模式。强化落实"一岗双责"责任制，坚持"谁主管、谁审批，谁负责""管生产必须管风险"的原则。"人人有责"确保每个员工感受到风险管理的责任和使命感，促使员工主动预防和控制风险的发生。

3. 培训考核实现全员风险专家

通过全员培训考核的方式将思想意识更加直接地转化到实际工作中。风险管理的全员培训实行管理层+作业层的双层培训模式，作业层方面制定培训课程和培训方案，从如何正确认知和如何实施到位等方面提升一线人员的风险管理水平，培训内容包括风险识别控制的实施方案、行为安全和安全观察等。通过开展风险交流会实现对整个风险管理流程理论知识的培训和文件体系应用的实操培训，使每个工区的人员能够掌握整套风险管理文件体系的运作。

其次是人员的安全风险培训，以日常HSE培训为重点，采用岗前培训、在岗辅导及再教育等多种形式进行。在各工区制定风险管理考核和奖惩机制，在平常施工期间，工区带班领导就风险管理体系现场考核施工人员，让风险管控具体到每个施工细节。

管理层培训课程主要采用研讨的方式，加强对整体风险管理框架和实施方案指导的能力，重在提高管理层风险管控的执行力和领导力。通过一系列培训活动，实现无论是管理层还是作业层都能从认知和实操两个层面全面掌握风险管理，从而达到"整个团队都是风险专家"！

风险文化是岛隧工程文化的核心内容，不仅通过"千人走钢丝"和"每一次都是第一次"等将风险文化渗透到每个岛隧人的意识中去，同时也在行动上真正落实和体观风险文化，保障风险管理工作持续有效开展。

3.3.2　以风险库建设实现动态循环管理

岛隧工程通过建立动态风险库，更全面地掌握工程中可能发生的风险。同时通过PDCA动态循环实现风险库内信息的持续更新，以指导施工现场风险排查工作。借助风险库"动"的思想，全员反复渐进式地进行风险辨识与评估，不断扫清工程的认知"盲点"，实现岛隧工程风险管理"初学者"向"践行者"的转变。

1. 集成风险信息

（1）风险库的形成与存储

将可能出现的风险事故、风险源及其相应的风险规避措施、预案等信息和资料共同存储，形成独属于岛隧工程的风险库，如图3-8所示。风险流程的动态循环促成风险库的构建与管理，借助风险库，每一个管理人员和一线作业人员可清楚地掌握本工程涉及的所有风险和风险控制的关键点，以风险库全程指导风险排查，通过风险信息集成共享，增强风险管理的可操作性，实现有根据、有目的地进行风险管理。在岛隧工程中，风险高发区和管理难点集中于沉管浮运安装环节，因此，在进行风险库分析时大多以沉管浮运安装环节为例进行阐述。

岛隧工程沉管浮运安装共形成5类通用风险、7类专项风险和5类特属风险，其中沉管浮运安装辨识出总风险共计403项，岛隧工程沉管浮运安装风险库的类别见表3-4。

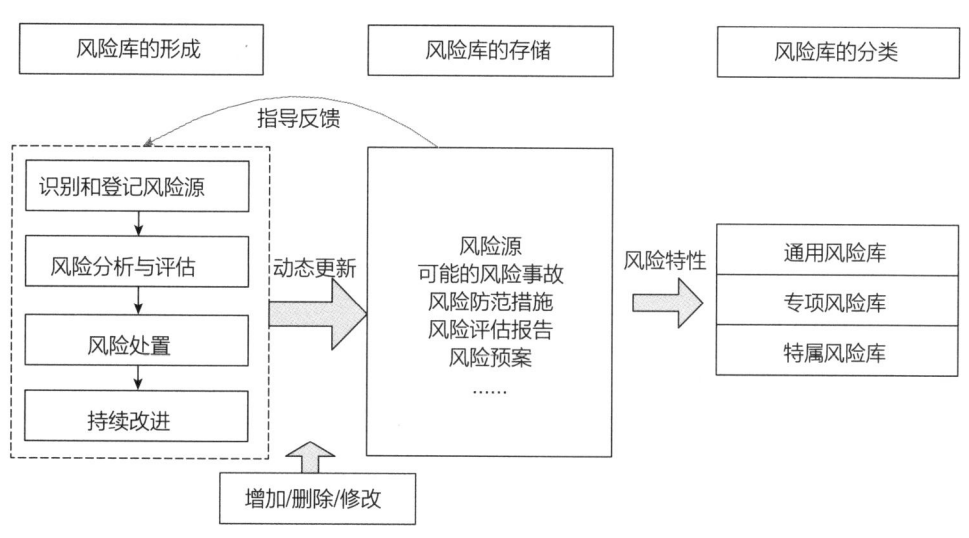

图3-8 风险库的形成和存储

岛隧工程风险库类别表　　　　　　　　　　　　　　　表3-4

通用风险库			
序号	风险类别	序号	风险类别
1	施工作业条件	4	作业人员
2	通航安全	5	施工装备
3	环境保护		

续表

专项风险库			
序号	风险类别	序号	风险类别
1	碎石基床整平作业	5	管节回填作业
2	管节出坞作业	6	测量与控制作业
3	管节浮运、系泊作业	7	作业窗口
4	管节沉放、对接作业		

特属风险库			
序号	风险类别	序号	风险类别
1	岛头区	4	强回淤
2	最终接头	5	曲线段
3	深水深槽		

（2）风险登记表

风险库中的主要记录形式为风险登记表，以碎石基床风险为例，风险登记表见表3-5。登记表的填写与更新由工区风险管理小组负责，各工区依托工作任务流程全面列举分析整个工程的风险点，将所有风险点分布到各部门，减少由于部门界面而产生风险遗漏的情况。各工区定期更新本工区与相邻工区的界面风险管理手册，实时动态管理，实现从风险分析记录、风险汇总到风险处理、形成评估报告等一系列行为，都有责任主体，都有翔实记录，如图3-9所示。

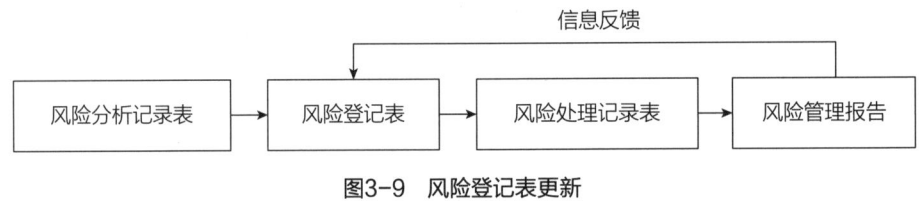

图3-9　风险登记表更新

在风险分析登记时，按风险对五大目标的影响进行等级划分，其中，健康安全风险主要来于孤岛外海环境下施工作业，有通航安全风险、人员海上作业心理疲劳、深海基槽回填等深海潜水及相关海上操作风险。环境风险重点为不利的海况与水流条件，包括异常波浪、台风等突发气象、地质风险、基床回淤等风险。质量风险、进度风险和成本风险是岛隧工程全程关注的三大风险，涉及人工岛和沉管浮运安装的相关操作环节，包括沉管浮运、沉管沉放、对接、拉合等过程的操作和监控，其中质量风险的把控尤为关键，通过确保施工精度，从源头上保证工程建设成功。

2. 持续动态更新

风险库中所存储的风险信息是动态的。岛隧工程建设边设计、边研发、边施工，随着认知的加深，新的风险被不断录入，风险库的信息内容趋向全面。同时随着工程的进展，当风险库的部分风险不再适用、风险本身的性质发生变化或者风险已被消除时，相关管理人员对风险库内容进行修改和删减。通过风险库信息内容上的不断完善，实现对风险管理有效指导。

（1）以多周期持续更新为思路

岛隧工程风险的高度不确定性决定了其风险管理是一个动态过程，需持续不断地对风险状态进行更新，而不能以经验为依据。在沉管隧道施工过程中，以单个管节安装为一轮风险管理周期，每一节管节都进行了风险流程的一整套做法，即时发现风险，即时处置，即时更新风险库中的信息。通过多个周期的动态循环，确保岛隧工程风险管理流程和项目各工序的特点更加契合，将风险控制在合理范围内，保障风险管理的稳步推进。

（2）风险流程持续更新循环

在岛隧工程中，每一环节的风险都各具特点，随着施工环境和时间的变化，前期风险评估可能过时失效，需秉持"每一次都是第一次"的理念，通过多次动态循环的风险流程，将风险全部纳入风险库中，风险信息的持续更新循环路径如图3-10所示。

当工区人员发现风险时，将风险登记入库，由项目总经理部和专家共同指导，对风险进行等级和类别划分，根据风险类别的性质制定风险防范措施，降低风险等级，并进行多次评估，对风险等级进行调整。

对于通用风险通过将对策融入日常管理或工艺流程，形成标准化管理制度或作业规程。例如，对于突发性灾害天气风险，将加强气象及水文预测预报工作作为日常工作制度，并形成快速应急反应机制；对于人员误操作的风险，关键岗位实行"一岗双控"，相互校核，并严格按照操作规程要求开展工作。

专用风险采用专题研究、方案优化、工艺调整、系统改进等手段，制定针对性的措施，以全面控制风险。

特属风险主要根据管节独有的特点，对风险处置措施进行检查确认，包括进行

<h2 style="text-align:center">风险登记表（以碎石基床风险为例）</h2>

风险编号	风险名称	风险描述	最初风险等级评定					综合风险等级	主要后果
			低、中或高						
			安全健康	环境	质量	时间	成本		
TE-1	清淤质量控制	抛石夯平层清淤不彻底，碎石铺设过程发生挤淤	低	中	高	中	中	高	（1）碎石垫层夹淤，纳淤能力降低； （2）挤淤严重时需重新清淤，影响作业窗口
TE-2	基床施工参数	参数计算及输入错误	低	低	高	中	中	高	（1）碎石垫层高程、平面偏差超标； （2）造成质量事故，影响施工工期
TE-3	整平船系统校准	（1）平面及高程系统标定出现误差； （2）船体倾斜仪故障； （3）整平头底部液压油缸校准误差	低	低	高	中	高	高	（1）碎石垫层高程、平面偏差超标； （2）可能造成质量事故，影响施工工期
TE-4	精度控制	碎石垫层铺设验收数据超标	低	低	高	中	高	高	（1）施工延期，不能进行正常施工； （2）影响作业窗口

表3-5

| 处置措施 | 处理后的风险评定 | | | | | 处置后的综合风险等级 | 责任班组/部门 | 完成日期 | 状态 |
| | 低、中或高 | | | | | | | | |
	安全健康	环境	质量	时间	成本				
（1）增加工前潜水探摸基槽频次，回淤物超标时及时进行重新清淤； （2）碎石垫层铺设过程中进行回淤监测，发现挤淤及时清淤	低	低	中	低	低	中	基础组		不闭合
（1）对施工参数的计算和输入进行多方校核，确保参数的准确性； （2）严格按照监控指令进行施工	低	低	低	低	低	低	基础组		不闭合
（1）采用不同方式多次进行整平船平面、高程、船体倾斜系统标定； （2）对整平头底部油缸行程传感器数据进行实测修正	低	低	低	低	低	低	基础组、设备组		不闭合
（1）施工参数输入用多人复核制度； （2）采用不同方式多次进行整平船平面、高程、船体倾斜系统标定； （3）碎石垫层铺设过程中对施工完成的碎石垫层进行多波速扫测并分析； （4）对超过设计要求的碎石垫层进行刮平或修补处理； （5）施工过程定位系统测量检查	低	低	低	低	低	低	基础组		不闭合

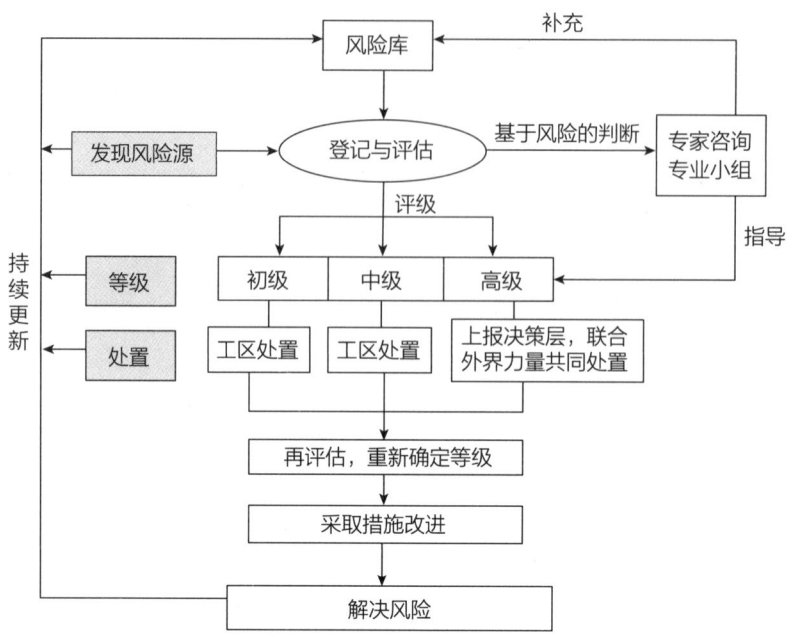

图3-10　风险信息持续更新循环路径图

数模研究、物模试验、跨界协作分析等。例如，对于首个曲线段管节安装，采用提早开展曲线段管节安装、测量工艺研究，编制专项施工方案，增加多种测控手段相互校核等方式，同时进行模拟推演和安装线型数模计算，实现工艺的进一步优化。

根据不同的风险等级，风险责任人或者部门实施不同的措施，其中风险等级处于低、中的风险可以直接在作业实操层面解决，如连续作业的人员疲劳问题、碎石质量的控制风险、拖轮故障等；高风险、重大风险则联合咨询专家共同研究解决，如台风、深水测控系统的标定和碎石垫层回淤等风险。

在采取相应的应对措施后，如果风险不能闭合，则作业层一线人员持续保持对该风险的关注，随时更新风险库中风险的状态和相应的应对方案，这一系列的措施都纳入风险库中。对于重大风险隐患，需要结合专家和专业小组的意见，补充相应可能发生的重大风险，确保风险信息的全面。

3. 全过程动态应用

风险库对施工作业中的风险排查起到关键指导作用。在每次施工任务开始前，作业班组以风险库为基础，根据上一施工环节的风险总结和本次施工内容的特点，进行风险源的辨识，更新风险库，根据风险库的内容进行自排自查，检查一般风险措施是否到位。通过风险评估专家咨询会对重大风险集中研讨，制定专属措施，同时更新风险库。施工后形成风险管理总结，指导下一施工环节的风险排查。

以E16管节为例，在E16管节浮运安装前，七大专业组对E16管节风险进行了全面排查。由于E15管节以东的基槽淤积十分严重，安装过程中回淤导致工期延误，负责隧道基础监控和质量管理的基础组对新产生的回淤风险源进行了详细的分析处置，新增了3项基槽回淤风险，具体为强回淤风险、清淤质量控制、碎石基床顶部清淤，并将新风险纳入E16管节的风险关注范围内，E16管节共排查5类通用风险、5类专项风险和3类特属风险，共计175项风险源。在风险库新增风险的同时，针对每一项新增风险相应制定对策措施，并落实到每一个作业班组，譬如，对于强回淤风险，由省政府主导，联合海洋渔业、海事部门暂停采砂工作，从根本上解决回淤泥沙的来源，开展基床处置清淤典型施工试验，采用专用清淤船清淤，对碎石铺设过程进行回淤监测。所有排查过程中的新增风险及对策措施相关记录都纳入风险库中。

在风险库的动态应用管理过程中，通过"多次排查、多次更新"实现风险信息的动态更新循环，以此指导施工，编制计划（施工前多次风险点自排自查）→计划实施（施工中风险源全面排查）→检查效果（风险管理总结）→成功部分纳入标准（将新风险源、有效的防控对策纳入风险库），PDCA循环不断深化风险认知，同时将风险降到最低。风险库的动态应用管理如图3-11所示。

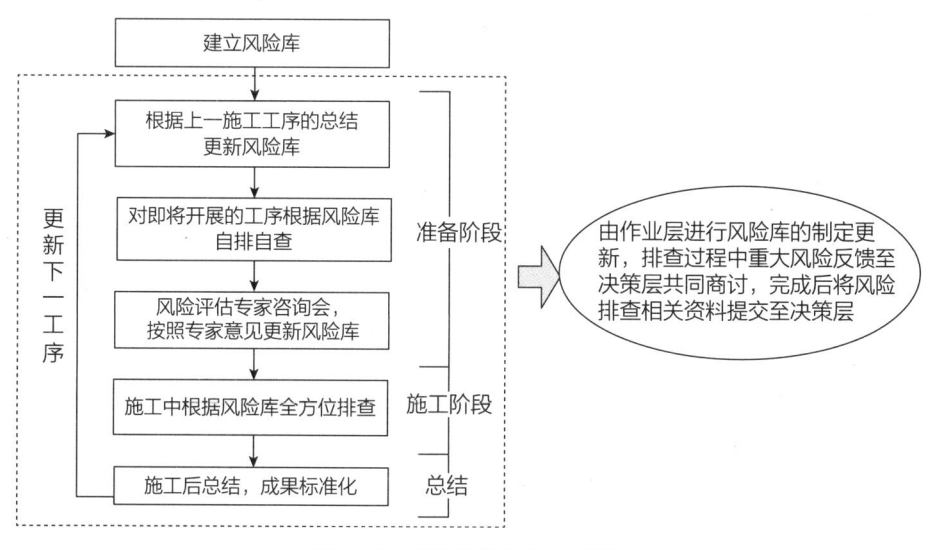

图3-11　风险库的动态应用管理

由此可见，不但强调施工前的风险自排自查，也强调施工后的总结，由项目总经理部牵头，联合管理层和作业层进行重大风险探讨总结。例如在E16管节中，将发现的重大回淤风险中形成的对策进行固化，以指导后续管节安装，避免类似风险的出现。每次管节安装、每次重大专项方案实施都是如此，以提升风险库的有效性。

随着工程的进展，风险库逐步丰富完善。岛隧工程33节管节是33个"第一次"，共包括了36次循环往复的风险库更新（其中包括E15管节的3次往返和最终接头对接）。在33节管节安装过程中，经历了由最开始第一节管节风险流程应用不成熟、风险认知不足，逐渐积累，风险库逐步丰富，到最终接头成功对接的过程，实现了风险管理质的飞跃，也确保了工程处于安全的状态。通过风险库的动态管理，做到百分之百的风险保证，促成一节又一节管节的成功安装，驱动一次又一次的科技创新，更激励了员工对于风险管理的自信，最终实现沉管隧道的完美贯通，创下世界奇迹。

3.3.3 以风险管理活动推动决策科学化

岛隧工程管理团队在每个关键节点以风险管理活动形式预判和评审当前风险，对风险处置结果进行确认，如果风险不在合理可控范围内就无法启动当前环节，需返回上一个环节及时调整，如此循环，以确保所有工序施工时都处于可控、安全的状态。以风险可控为指向标的科学决策为岛隧工程施工的顺利开展保驾护航。

1. 决策基本原则

（1）实行风险一票否决制

岛隧工程施工过程中的决策和风险辨识是紧密联系在一起的，若风险分析和措施无法达到要求，在进行决策时，就不能启动当前工序，必须经过调整解决，完全消除风险或风险降低至可接受范围后，决策层才能下达施工命令。在决策过程中实行风险一票否决制，以风险可控为指向标，真正实现"决策跟着风险走"。

（2）每一个节点实时决策

沉管隧道几百道工序环环相扣，同时每一个管节都是"新"的一节，都有其独特的风险特征，在进行决策前必须不厌其烦地确认和排查，通过多次风险确认会，保证每一节点的决策和实施都进行了风险的判断确认，每个环节都做到了零隐患。决策层和专家深入施工现场，进行现场讨论，实时决策，确保每个节点都能处于可控、安全的状态。

（3）以风险管理组织架构为依托

施工全过程决策是在风险管理组织架构下进行的，组织架构内的每个部门都发挥其职责，其中7个专业小组（具体见本章3.2.2节）在每个关键节点都需要对风险进行排查、判断，以确定能否启动当前工序，项目总经理部联合专家顾问进行决策。依托两级扁平化风险管理架构，在决策层和作业层的联合互动下，判断当前工序环节的风险状态，评判风险处置是否过关。

2. 风险决策流程

风险决策流程包括风险预判会、专家咨询会、决策确认会和风险总结会等，依靠风险库信息的不断更新，基于对风险的判断，明确风险处置措施和方案是否到位，处置效果是否可接受，以此作为决策依据，推动工序启动和开展。

风险管理组织架构中的7个专业组，囊括了岛隧工程施工过程中所有可能发生重大风险的专业。每个专业组就组内负责的风险源向项目总经理逐一汇报，确定风险状态都可控。项目总经理综合专家咨询意见，组织多次论证和确认会，对其中的重大难题寻求跨界协作，以确保风险均排查到位，在每一个细节都满足施工条件后，项目总经理才会下发启动当前工序的命令，如果不满足条件，需要返回上一道工序重新进行风险排查，或者采取有针对性的措施加以处置。

管节出坞前对所有风险都要逐一检查确认，合格则下发出坞命令，否则需采取措施直至达到所有出坞条件；当进行海上施工作业时，作业窗口不符合限制条件时，风险不过关，则召开风险讨论会，等待时机或者采取其他措施。以E15管节为例，在施工过程中，E15管节沉管基床遭遇了异常回淤，决策层紧急召开风险讨论会，最终果断决定中止沉放、返航回坞。

沉管隧道施工过程具有极高的复杂性和不确定性，管节一旦出坞，如同航天火箭发射，是一个失误零容忍的过程，决策下发命令如同航天火箭发射的按钮，一旦启动，没有弥补失误的机会。因此在每个工序环节上，决策起到了非常关键的风险把关作用。风险决策流程如图3-12所示。

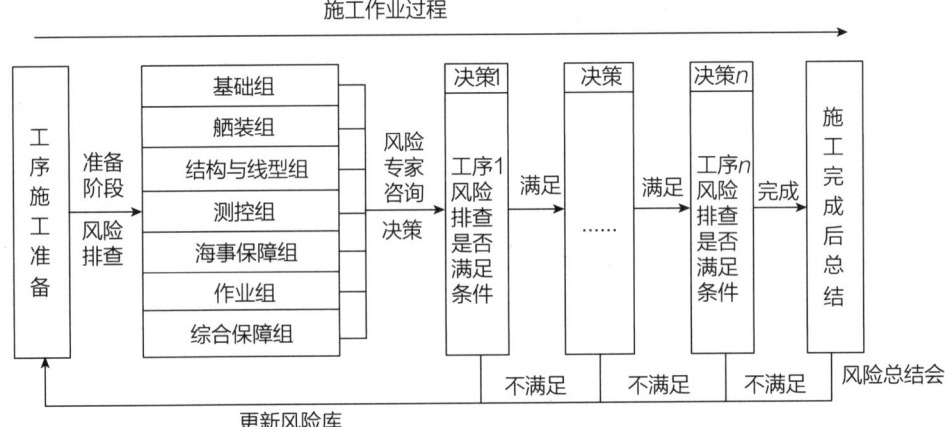

图3-12　风险决策流程图

3. 以风险管理活动推动决策

（1）准备阶段层层预判确认

在施工准备确认阶段召开多次协调讨论会议，对可能发生的风险进行确认，通过风险预判会、风险评估专家咨询会、风险确认会、经验总结会等多种形式的风险管理活动进行决策。决策层联合专家共同决策的主要步骤为：上一工序的经验总结→风险、施工条件初步预判→第一次初步决策→风险评估专家咨询会→施工前确认会→第二次决策确认→海上安全保障总决策汇报→下达工序启动命令，流程中的每一个步骤以持续的风险管理会议形式进行层层确认，直至确保目前的状态能够满足进入施工阶段的所有条件，准备确认阶段决策程序如图3-13所示。

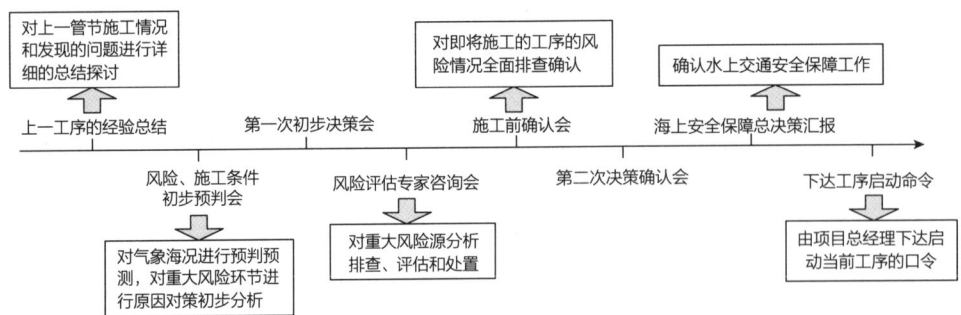

图3-13　准备确认阶段决策程序图

以E18管节安装准备阶段为例：

1）总结会：首先召开上一节管节安装总结会，对E17管节的施工情况、海事工作情况和气象窗口及对接保障系统进行综合分析和提升总结，尤其对其中发现的问题，如安装过程中出现的"分层流"影响拖航、浮运难度增大和设备老化等进行了反馈分析。

2）施工条件初步预判会：作业窗口组需要对浮运对接窗口的基础条件——气象海况预判确认，包括气象条件分析预测、海浪特征分析、沉管海流预报三部分。

3）回淤预判会：对于E18管节面临相比E15~E17更严重的淤积问题，召开E18管节泥沙回淤预判会，对回淤预报结果进行分析，并考虑减淤措施效果是否有效，确保淤积达到设计要求。

4）第一次初步决策会：对相关气象窗口条件、基础条件进行预判后便进行初步决策，由项目总经理部综合判断，海事部门联合确保通航安全，中心测量队进行测量船航道的确认，工区作业班组确保各项施工准备情况，以初步确定窗口时间。

5）风险评估专家咨询会：全面进行E18管节的风险排查，新增3项风险，根据专家会讨论及分析2项应急预案，并对重点风险进行了梳理。

6）施工前确认会：在初步气象窗口预判的基础上，组织气象保障单位进行最佳窗口的选择确认；最后在E18安装前七大专业小组召开确认会，对基础整平等五个方面的情况汇报，对所有的工作安排进行细节检查。

7）第二次决策会：由项目总经理决定是否进行管节出坞。

8）海上安全保障总决策汇报：后期需要对浮运安装计划的窗口推演分析和水上交通安全再次确认汇报。

9）最后由项目总经理下达启动E18管节出坞的口令。

（2）施工过程实时现场决策

在施工过程中，工序环节紧密相扣，风险点的控制也是无缝连接。在整个施工过程中，决策层直接在现场指挥决策，根据施工过程中各工序的先后顺序，每到施工中的一个关键阶段都召开决策确认会，对有可能发生风险的细节进行现场再次确认，内容包括：实时气象水文临近预报及海流实测情况、人员及设备系统的到位情况、各项安全保障措施以及施工时的各项指标是否处于正常状态等。决策层结合专家建议反复确认，实时监测，遇到特殊情况及时将指令直接下达到各作业队伍以调整施工中的思路和方案，作业队伍现场施工及时反应并采取相应的措施，同时将现场施工中的重大隐患及时反馈。

在沉管浮运安装施工过程中，每节管节安装都要进行多次决策，每一次决策都要进行气象水文情况、海事海上交通安全保障及海流实测情况的判断。在E18管节施工过程中，共进行了6次确认会，包括出坞前确认会、起拖前确认会、转向前确认会、沉放前确认会、水力压接确认会和沉放后工作安排会。施工过程决策流程如图3-14所示。出坞决策确认船机和浮运安装测控系统准备情况、航道和碎石基床扫测的准备情况等；浮运决策确认管节的检查情况和海事海上交通安全保障及航道封航情况；转向决策确认系泊情况；沉放与对接决策确认系统操作人员和巡视人员到位、管节运动姿态变化和监测情况；紧接着还有调整决策、锁定决策。整个过程中全体人员处于高度紧张状态，不仅要确保当前工序顺利进行，同时要确保下一工序的所有施工条件，随时对可能出现的风险进行响应。

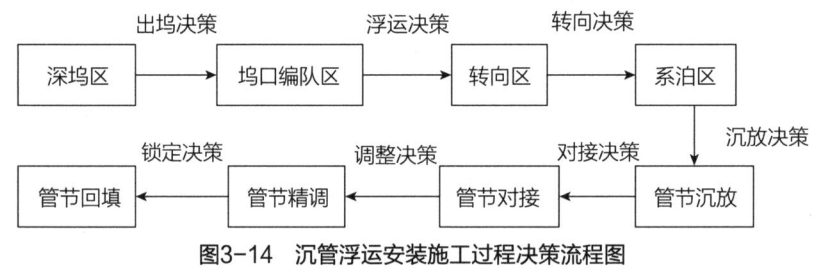

图3-14 沉管浮运安装施工过程决策流程图

（3）施工总结提升决策水平

在每一关键施工环节完成后，均组织一次施工总结会，对施工中碰到的难题和成功经验进行总结与深入探讨。例如，在E18管节顺利安装后召开总结会，对过程中遇到的强回淤、大径流和深水深槽等技术难题进行了回顾，总结了相关的应对措施和研究分析结果，并对接下来的管节安装可能存在的问题进行了讨论。

在总结会上对风险处置的效果进行分析评价，通过编写风险总结报告，反映风险管理问题，以螺旋式上升的方法将前一节管节总结的经验带到下一节管节施工中，避免出现同样的问题，为后续工序决策奠定更坚实的基础，循环推进了决策的科学性和准确性。因此，从第一节管节安装到最终接头成功对接实现了科学决策水平的不断提升。

3.3.4 依靠技术创新防范化解重大风险

岛隧工程每走一步都在探索，在探索的过程中当发现一般传统做法存在重大隐患且一般的风险处置手段无法解决风险难题时，需要打破常规的设计和施工方案，依靠技术创新防范化解重大风险。在岛隧工程建设中，设计方案与施工方案的变更量大，通过风险分析发现问题，催生出了新工具、新结构、新工艺和新技术，形成了多项技术创新成果。

同时依靠技术创新推动和保障风险管理，一方面技术创新能够从方案上确保本质安全，例如用新的设备代替潜水员水下操作，从源头上解决人员生命安全风险的发生；采用大圆筒成岛技术将作业面从水下转换到陆地实现了本质安全。另一方面通过技术创新实现了风险的可控，解决原始方案高风险、实施性不强等问题，增强方案的可操作性。技术创新成为化解重大风险的最优选择。

由此形成"以风险催生创新，用创新化解风险"的管理思路。

1. 突破传统沉管设计，确保风险源头化解

随着认识的深入，设计施工团队意识到适应于浅埋沉管的柔性结构设计在深埋沉管中存在极大风险隐患。深埋沉管隧道与一般浅埋沉管隧道的差异对比见表3-6。经过风险分析发现原设计方案存在以下问题：上覆荷载超过一般沉管隧道的5倍，巨大压力下，对接头抗剪能力要求高，当地基发生不均匀沉降时管节易错位，接头止水风险加大。

深埋沉管、浅埋沉管对比表 表3-6

项目	浅埋沉管	深埋沉管（以岛隧工程为例）
回填及覆土厚度	约2m左右	2m+21m（淤积层）
加载过程	施工完成，管顶荷载施加完成	施工完成，管节荷载完成约1/6，后期回淤荷载逐渐增加
管底应力	约40~50kPa	160kPa

采用原设计中的柔性结构方案，将面临不均匀沉降和错位漏水问题带来的工程安全隐患，甚至是工程的毁灭性破坏，必须从根本上突破原有设计，通过技术创新来化解风险。传统结构设计中，刚性结构整体性强，有利于解决错位漏水问

题，柔性结构可解决一定范围内的不均匀沉降，综合两种结构优势，岛隧工程在原设计基础上，创造性提出半刚半柔沉管结构设计思路。半刚性结构中，每节标准大管节由8个小管节拼接，保留甚至强化串起小管节之间的钢绞线，加强小管节之间的连接，使180m长、由8个小节段连接而成的标准管节的变形受到更大约束。通过突破传统沉管设计，采用半刚性结构使沉管隧道在海底既能够适应一定的变形，同时又能控制其变形，化解不均匀沉降所导致的风险。

2. 创新最终接头，保障施工过程可控

最终接头安装合龙是沉管隧道贯通的最后一道关键工序，也是风险最高的一次海上作业。初步设计中的水下止水法施工方案需要连续长时间潜水作业，且存在渗水漏水隐患。最终接头安装时施工海域正处于台风季节，珠江口洪季径流量增大，环境复杂，吊装作业窗口较少，无法满足长时间水下作业需求，按照施工组织安排，潜水员的生命安全难以确保，施工风险高。此外，最终接头处于外海深槽强回淤环境，在施工过程中极易造成回淤，影响整体的进度。

由于水下止水法存在一系列难以避免的不可控因素，施工质量、安全、工期等受到较大威胁，岛隧工程在施工图设计阶段着手进行风险管理，将施工中面临的风险纳入最终接头方案设计的考虑范围，以风险引导设计，通过风险辨识和持续的风险管理活动找出问题，以风险管理推动方案攻关，经过10余次专家咨询会、50多项专题研究、百余次攻关会议，探索出"主动顶推止水整体安装"的新型接头结构和新工法，该方案是世界范围内首次采用三明治结构的整体式安装，创新研发"小梁顶推"技术，利用电力液压系统顶推接头边缘的止水带，实现接头与沉管的初步吻合。主动止水技术无需水下潜水工作，变水下施工为工厂预制和管内干施工，实现窗口期可控、安全可控，有效解决了受限空间内大体量结构水下安装难题，并实现了安装后主动止水，解决了漏水隐患。用风险评估成果主导技术攻关，通过技术创新保障施工过程可控，有效控制施工风险，使风险管控与技术攻关融为一体（图3-15）。

3. 优化成岛方案，实现风险标本兼治

按传统人工岛成岛技术采用混凝土或者抛石斜坡堤施工存在诸多问题。其一是需要处理大体量淤泥，足足有近1000万m^3，不仅淤泥处理成本高，对于通航繁忙的珠江出海口来说，安全风险极大，还可能造成中华白海豚赖以栖息环境的破坏；更为关键的是，合同规定两年内必须完成第一节管节的所有对接条

图3-15 最终接头对接示意图

图3-16 人工岛围护结构图

件,而按照原方案,人工岛的完成至少需要三年,无法满足条件,工期风险高(图3-16)。

从风险控制角度出发,项目总经理部联合专家花费半年多时间做方案、设计、论证、实验,最终提出了深插式大直径钢圆筒方案。大直径钢圆筒方案采用120个深插式大直径钢圆筒插入不透水层,形成深海超大型钢围堰,优化结构设计,简化施工工序;同时,该方案能加快土体固结且工后沉降小;钢圆筒采用工厂内预制,优化施工组织,减少现场海上船机数量和人员海上作业时间。岛隧工程在207天内完成东西人工岛成岛,100天完成地基加固,工后沉降小于20cm,18个月内形成沉管对接条件,工期节省两年半。人工岛围护结构如图3-16所示。大直径钢圆筒方案将作业面从海上转移到陆上，以方案确保安全，实现了本质安全——"治本"，同时有效控制工期风险，解决施工中海底软基、通航环保风险——"治标"，实现了风险的"标本兼治"。

风险管理推动技术创新，把风险要素融入设计和施工技术中，通过创新形成低风险的项目设计方案和施工工艺，在设计阶段和施工工艺可行性研究阶段消除大部分风险，保证实施方案成熟、可靠、抗风险能力强。风险管理和技术创新的相辅相成促进了岛隧工程整体抗风险能力的提升。

3.3.5 反馈与持续改进引导施工标准化

1. 监测与反馈

风险处置的效果需持续监测和反馈，以保证风险可控。工区经理负责将每个收录于风险登记表的风险处置效果监测任务落实到个人，并保证监测所需的其他资源。工区HSE部负责协调保证监测任务的顺利开展。各监测负责人需在工区风险管理会议前一星期提交本月风险处置效果监测报告，并在会议上对监测工作进行反馈。工区经理和工区HSE部则负责在项目风险管理会议前一星期提交本工区本月风险处置效果监测报告，并在会议上对监测工作进行反馈。

2. 审查与持续改进

岛隧工程每6个月分工区对风险管理流程进行内审，对各工区的风险管理执行情况和表现进行评价，检查风险库中相关资料的记录是否完整，风险源是否及时更新并提出改进意见，使风险管理体系持续完善，确保风险管理体系运行的有效性、重大风险控制措施的有效性，达到持续改进效果。审查的内容包括：风险管理计划、最近3个月的风险登记表、风险分析报告、重大风险识别记录、风险管理报告、风险管理培训记录。

通过审查和持续改进确保风险管理计划有效实施并达到预期效果。内审不符合要求的都会被记入内审不符合登记表中，各工区据此作出相应改正，从而持续性地改善。岛隧工程结合施工实际，适时对风险管理工作计划进行修订，以持续优化风险管理体系。

3. 固化与提升

把日常"自觉的风险控制行为"形成"标准规范的风险管控制度"，以"标准化""规范化""流程化"的方式进行风险处理,通过采取对策措施,将风险降低至可接受程度,在此基础上,将对策措施固化,并融入日常管理或工艺流程中,形成标准化管理制度或作业规程,以指导现场施工,降低施工全过程风险。基于定期风险培训制度、风险管理责任制度和责任事故追究制度等日常制度,总结和深入探讨成功经验,标准化对策措施,以推动风险管理制度体系的不断完善。

3.4 风险管理经验体会

3.4.1 "风险驱动"是保障工程成功的"法宝"

岛隧工程将风险管理作为项目管理的驱动力,抓住项目管理中的主要矛盾,引导过程控制。在施工过程中,岛隧工程采用以风险为导向的决策机制,各级领导和专业组小组深入施工现场,对设计施工中的每个关键环节和每个重大方案的风险进行判断和决策,以风险预判结果作为启动工序的前提条件,一步一步对风险进行确认,实现"决策跟着风险走"的施工管理。风险不过关,各项施工管理活动需要重新审视,提升了施工管理的科学性。

岛隧工程开创了"风险驱动"管理模式,不仅获得了一系列风险管理成果,同时确保了工程的安全建设,实现了全过程施工"零失误"。在岛隧工程中,上百道工序精益求精,4000多人的施工团队无一人伤亡,大量突破性的技术创新和滴水不漏的沉管隧道等更为世人所称赞。

3.4.2 风险管控融入工程实施全过程

岛隧工程通过日复一日的坚持和风险管控解决了许多工程难题,提升了工程价值。全过程监管、全员智慧、全覆盖责任的风险管理为岛隧工程施工构建了一道防火墙。全过程监管,岛隧工程中每一节沉管施工都全面开展风险辨识、评估、处置、总结等活动,实施全过程监管,确保风险管理落到实处;全员智慧,从一线的班组到总项目部领导,每一次沉管安装都集聚和体现了全体人员的集体智慧;全覆盖责任,在风险管理过程中实行"一岗双责",领导带头,共同建言献策，人人辨风险，人人控风险，风险管控融入每一施工过程、落实到每一个步骤、传递到每一个员工。

3.4.3　风险文化塑造全员行为

在连续七年的奋战中，风险文化已成为岛隧工程项目文化中的重要组成部分。通过不断强调和宣贯"每一次都是第一次""不让隐患出坞门""千人走钢丝"等思想，培育和传递风险文化，使项目文化具有浓厚的风险特征，促成了全员风险意识的形成。基于岛隧工程风险管理体系，从管理的本质——"人"出发，以风险文化塑造行为，带动了员工的自觉行为和"工匠精神"。凡是有员工的地方都有风险的思考，全员的集思广益和建言献策，使风险文化渐渐地融入团队的骨髓，极大激发了整个团队的战斗力和执行力。

文化上的"软约束"比日常制度规范的"硬约束"更能有效实现风险管理的目标。养成风险思维的习惯，用好风险管理的方法，使风险文化得到更深远的推广和传播，能够给工程建设者以启发与思考，帮助我们到达安全建造的"彼岸"。

第4章

技术管理与技术创新

技术是工程的基本要素，工程是技术的集成体，技术创新是解决工程难题的关键手段。因此，技术管理是工程管理的重要环节，关系工程实施的效率及质量，技术创新管理水平关系解决技术难题的能力。在设计施工总承包背景下，岛隧工程技术管理的特殊性体现在设计与施工融合上，通过强化设计与施工的全程联动，充分发挥总承包模式的优势，以有效实现工程目标。岛隧工程技术创新管理在现有技术水平和技术管理基础上，识别需求，激发动力，整合资源，通过标准化的流程实现对技术创新全过程控制，解决工程技术难题并取得丰硕的技术创新成果。

4.1 技术管理

技术管理以工程技术为管理对象，服务于工程技术的优化集成，贯穿于工程项目实施的全过程。岛隧工程技术管理包括勘察设计管理与施工技术管理，两者既相对独立，又紧密联系，在技术管理组织的统筹下实施与联动，形成了独具特色的岛隧工程技术管理模式。

4.1.1 技术管理框架与特点

技术管理总体框架遵循科学性、规范性、环保性、安全性等原则，建构设计施工联动的技术管理组织，围绕勘察设计、施工、装备研发等要素展开资源协调与整合，形成全程联动与互动、风险驱动与指引、创新带动与提升、技术统领与协调等技术管理特色，推动工程建设的技术工作有序实施。

1. 技术管理原则

技术管理原则是技术管理的价值准则、决策依据。岛隧工程技术管理坚持科学性、规范性、环保性、安全性原则，并依此形成了一系列特色做法。

（1）科学性原则

科学性原则体现为尊重客观规律，运用科学的方法，按照技术的内在规律和要求进行管理，是岛隧工程技术管理的首要原则。岛隧工程技术管理的科学性原则主要体现在技术方案决策及实施细节控制两个方面。一方面，无论是设计方案还是施工方案，通过设计与施工的联动配合以及专家论证，方案不断优化更加合理，保证决策科学。另一方面，方案实施中，不轻易放过每一个细节，发现问题、客观分析、努力求证，不断改进和提高技术管理工作，体现了尊重科学的精神。

（2）规范性原则

规范性原则指技术管理要符合国家的相关法律法规，严格按照国家的标准、规范执行，这是确保工程安全和质量的有效途径。一方面，岛隧工程设计与施工深度融合，紧密合作，协调互动，但自始至终，双方均按照各自领域的技术标准执行，彼此保持着一定的规范独立性。另一方面，岛隧工程探索了大量新工艺、新技术，不断总结，形成规范性操作，指导后续施工，为沉管隧道建造技术领域完善相关规范奠定基础。

（3）环保性原则

环境保护是可持续发展理念的重要组成内容，是品质工程的基本要求，也是企业应承担的社会责任。环保性原则是指在技术方案构想与实施的全过程中，将环境保护的要求纳入考虑范畴，制定对策，采取措施，切实保护环境。岛隧工程技术管理坚持环保性原则，采用先进的设计理念，在设计、施工全过程中注重环境保护，如通过创新设计大型钢圆筒快速成岛技术方案，降低了施工活动对海洋环境和中华白海豚的影响，起到了很好的效果。

（4）安全性原则

安全性原则要求把结构和人员的安全放在首要位置，确保技术本身安全、可靠。岛隧工程项目总经理部坚持安全性原则，形成了一套方案设计、方案实施、安全交底的规范做法。方案设计时，设计人员不仅要保证结构安全，还要考虑施工安全问题；制定施工方案时，安全性是施工方案重点审查的内容之一，针对施工方案反复讨论互动，保证施工方案的安全性；通过各级安全技术交底，使每一个现场操作人员深刻掌握安全技术实施要点。

2. 技术管理组织

岛隧工程技术管理组织是以项目总工程师为技术首领，总经理部技术管理相关部门为核心，工区技术管理部门为基础的组织。其中，项目设计总负责人负责勘察设计管理，项目总工程师负责施工技术管理并协调设计总负责人。整个组织划分为勘察设计管理组织和施工技术管理组织，由总工办协调和统筹。技术管理组织结构如图4-1所示。

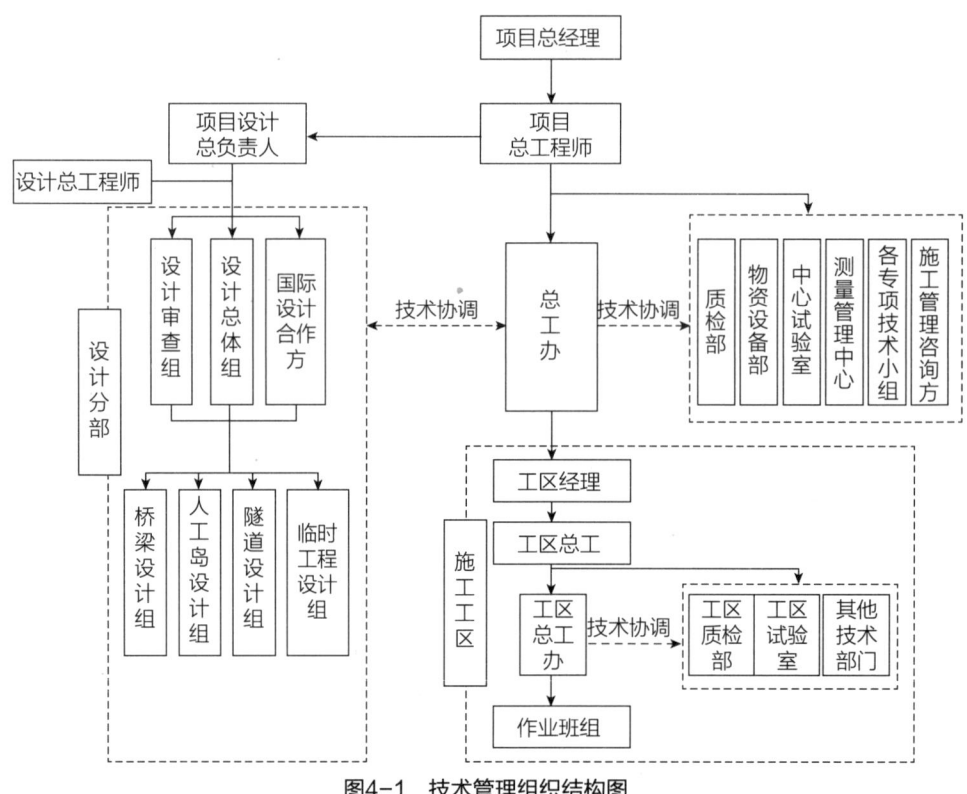

图4-1 技术管理组织结构图

勘察设计管理组织包括项目设计总负责人、设计总工程师、设计分部，主要负责施工图设计、出图、审查、优化、交底等工作。项目设计总负责人，全权管理设计分部，负责各项设计工作任务的完成，对项目总经理负责，接受项目总工程师的技术协调。设计总工程师负责设计工作的技术指导、审核把关，对项目设计总负责人负责。

施工技术管理组织由项目总工程师、技术管理部门及工区总工程师、工区技术管理部门构成。项目总经理部在工区建立起二级技术管理组织，由工区总工程师和工区总工办构成。项目总工程师负责协调和解决设计和施工中出现的重大问题，保证项目技术目标实现。总工办负责协调设计与施工的联动配合，协调质检部、物资设备部、施工管理咨询方等技术相关部门，指导工区开展技术管理工作。工区总工办负责本工区内的技术管理工作，是总工办技术管理对口部门。

总工办是项目总部技术管理部门，负责与业主、监理单位的沟通与协调，负责设计、施工、科研的接口管理，组织编制项目总体施工组织设计，组织单位

（项）工程施工组织设计、重大施工方案的内审，组织施工图内审和工艺优化，组织施工图图纸会审，审核工程变更，负责科研及工艺试验管理，负责技术总结和标准化管理。

为了便于各类专项技术的协调管理，项目还成立了各专项技术小组，作为技术管理组织的有益补充，如科研工作领导小组，负责技术创新管理。

3. 技术管理要素

岛隧工程技术管理包括勘察设计、施工、装备研发、技术创新四要素。四要素紧密联系，相互支持。勘察设计与施工互相优化，装备研发促进勘察设计采用新的设计方案，装备研发促进施工技术采用新工艺，技术创新支撑着勘察设计、施工、装备研发的发展突破。技术管理四要素关系如图4-2所示。

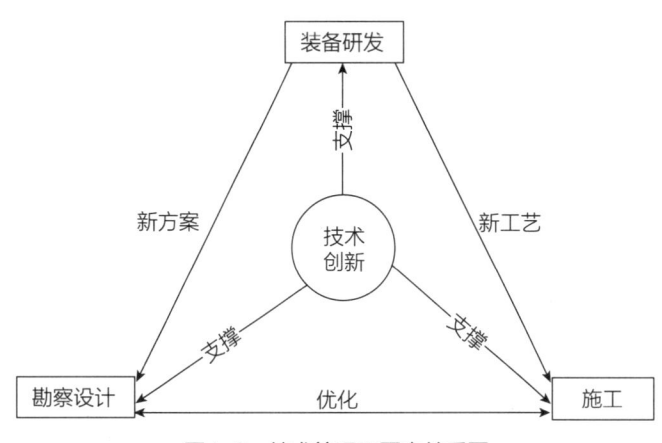

图4-2 技术管理四要素关系图

（1）勘察设计与施工相优化

勘察设计、施工要素联系最为基础，通过技术交底、图纸内部审查、图纸会审，不断优化设计方案；设计人员参与施工方案论证，指导和优化施工技术。勘察设计与施工技术互动，最大程度发挥设计与施工人员的专业优势，使勘察设计和施工要素达到整体最优。

（2）装备研发，推动勘察设计产生新方案

设计工作开展之前，设计人员会了解专用装备的性能、工艺参数等信息，根据装备特点考虑设计方案。一项新装备的研发，会促使设计人员考虑采用新的设计方案，装备技术水平在一定程度上影响着设计技术水平。

（3）装备升级，促进产生新施工工艺

装备水平对施工技术的作用效果十分显著，尤其在海洋工程上，在大海上没有装备依托，技术无用武之地，装备水平决定了施工的难度等级。一项新装备的面世，会带来性能和技术参数的改善，或提高效率或改进质量，促进产生新的施工工艺。

（4）技术创新支撑设计、施工、装备的技术发展

设计、施工与装备每一项技术的突破都离不开技术创新的支撑。通过设立科研专题对关键设计方案、关键施工技术、装备研发技术进行攻关，创新解决技术难题，技术创新支撑着勘察设计、施工与装备研发的开展。

4．技术管理特点

岛隧工程技术复杂，技术管理过程中体现了联动思维、风险思维、创新思维、协调思维。

（1）全程联动与互动

全程联动与互动体现在两个方面：设计与施工联动、总部与工区互动。

1）设计施工联动

一方面，施工参与设计。在项目设计阶段，通过设计征询及施工提资、施工图纸初稿内部审核、设计技术交底等程序，施工人员参与设计工作，施工人员不仅关注设计图中是否出现了错误或矛盾的地方，更多的会从设计方案的施工可行性、经济合理性等方面提出修改意见和建议。设计单位根据意见不断完善优化设计方案和施工图纸，提高设计质量。

另一方面，设计融入施工。在项目实施阶段，设计单位参加施工组织设计、重大施工方案等内部审查会，从安全、耐久、设计符合性、满足项目目标等方面对施工技术方案进行复核，确保施工技术方案的科学性。设计人员参与关键工序的控制，使设计意图准确贯穿于整个施工过程，透彻分析和预测施工中可能发生的技术问题。

2）总部工区互动

措施之一，技术方案分级管理。岛隧工程技术管理工作实行分级管理：对于一般施工方案，由工区自行编制，报项目总经理部备案；对于重大技术方案、危险性较大的分部分项工程施工方案，由工区完成方案编制，项目总经理部进行内部审查，实行总部与工区双重把关；对于特大重大方案，由项目总经理部牵头编

制，并组织实施，利于控制风险确保安全。

措施之二，技术管理规范化。岛隧工程系统复杂，专业繁多，涉及桥梁、隧道、水工、房建、机电等多个专业，施工队伍来自中国交建集团内不同的子公司。项目总部在各工区技术管理工作的基础上，专门制定了适用于岛隧工程技术管理工作的管理办法，涵盖了技术管理内容的各个方面，规范了技术管理工作的具体流程，并在所有工区贯彻执行，使技术管理工作规范化、标准化。

（2）风险驱动与指引

岛隧工程的高风险、高不确定性，决定了其技术管理与一般项目存在着本质不同。岛隧工程风险特点要求技术管理必须具有100%保证率，否则项目将归于失败。风险成为技术管理的最大敌人，同时也成为技术管理的最大推手。

1）风险驱动着资源的配置方向

面对最大的敌人，要求必须将风险放在极为显著的位置，通过识别、评估风险，排定风险优先级别，根据优先级别配置资源，找到技术管理过程中最先要解决的技术难题，或是技术攻关或是增加保护措施，采取措施降低风险或化解风险。之后，对风险再次进行评估，评价缓解程度，继续排定风险优先级别，进行新一轮的资源配置。所以，风险驱动着资源的配置方向。

2）风险指引着实现技术目标的路线图

作为最大的推手，要求思维转换，转危为机，风险是双刃剑，既是可能导致损失的隐患，也是可以转化为可利用的机会。在技术管理的起点和目标之间，风险识别指出了实现目标道路上的一个个绊脚石，同时它也是实现目标的里程碑，指引着实现目标的路线图，给出了技术管理的努力方向，使技术管理活动越来越接近目标。

好钢用在刀刃上。只有以风险驱动技术管理，才能运用技术管理去化解风险。风险驱动与风险指引是技术管理工作的突出特点，不仅丰富了技术管理方法，还丰富了风险管理内涵。

（3）创新带动与提升

技术管理作为一个重要管理分支，与合同、计划、成本、设计、安全、品质管理等共同构成工程总承包管理体系的框架，是工程项目管理中的一项基本内容。技术管理的控制水平和有效性是衡量企业技术发展和技术进步的重要标准，是企业可持续发展的技术保障。

技术创新管理是技术管理工作的一部分，岛隧工程技术管理包括技术交底、图纸会审、施工组织设计、施工方案、工程变更等内容，技术创新是当常规的设计技术、施工技术无法解决技术难题时，开展的一项突破性的、特殊性的技术工作。技术管理是本，技术创新管理是技术管理开出的最灿烂的花朵。

面对岛隧工程重大技术挑战，项目总经理部充分发挥技术管理优势，开展全方位、多层面、多学科的科研工作，列出技术攻关专题研究项目，组建若干技术攻关小组进行技术攻关。技术创新保证了工程的整体质量、安全，节省了成本，化解了风险，带动技术管理不断克服工程难题，提升了总承包企业的技术水平和实力储备，增强企业核心竞争能力。

（4）技术统筹与协调

1）技术统筹

首先，技术统筹是对勘察设计、施工技术、技术创新的通盘考虑。岛隧工程在方案设计时，即考虑施工可行性；遇到技术难题，设置专题进行科研攻关，必要时研发新装备实现设计理念。设计、施工、科研是技术管理三个有力抓手，通过三者之间统筹安排，达到技术整体最优。技术管理工作体现了很强的方向性和全局性。

其次，技术统筹还是对各工区具体施工技术的总体部署。项目总经理部通过编制总体施工组织设计，指导各工区编制具体施工技术方案，既充分调动了各工区的主观能动性，又确保了技术总体可控。技术管理工作体现了很强的指导性和计划性。

2）技术协调

技术协调需要考虑的因素多，涉及的专业领域广泛。一方面，设计施工联动、科研试验并行，丰富了解决技术难题的途径，另一方面，岛隧工程作为中国交建直属直管项目，技术管理部门要向中国交建汇报总体技术方案，协调质检部、测量管理中心等有关职能部门，还要监督、指导和服务各工区二级技术管理有效实施，组织接口多，技术协调难度大。

4.1.2　勘察设计管理

勘察设计管理包括勘察工作、图纸设计、设计优化等内容。岛隧工程设计遵循"大型化、工厂化、标准化、装配化"的原则，创新总体设计思想，以精细化勘察为龙头，从设计方案制定、施工图设计，到全面贯彻落实设计优化。同时，充分发挥设计施工总承包优势，与施工充分交流互动，出色地完成了勘察设计管理工作。

1. 总体设计思想

总体设计思想贯穿勘察设计管理始终，决定了勘察设计管理工作的根本要求和原则，是勘察设计管理的核心。岛隧工程设计团队全面贯彻"追求方案合理，坚持技术创新，实施设计精细化"的总体技术思想，在工程建设过程中，始终以安全、质量、风险管理为主线，以追求科学合理技术方案作为控制风险、质量的抓手，同步推进勘察、设计、科研攻关、装备制造、施工生产，整合优势资源，为实现技术创新提供重要保障。

（1）追求方案合理

合理的设计方案是工程安全、质量、工期、投资控制的基础。由于岛隧工程的开创性，设计工作无经验规范可循，给设计工作带来极大难度。设计在前期方案制定时，综合考虑安全、环境、质量、风险等方面的因素，整合优势资源，充分发挥科研的支撑、风险的引导、施工的驱动、环境的约束作用，确保方案的施工可行性与合理性。

（2）坚持技术创新

技术创新是推动工程建设不可或缺的车轮。设计团队充分借鉴国内外设计宝贵经验、重视工程建设条件和专题研究工作，以需求为驱动，设计施工联动、设计科研并进，多专业、多学科技术借鉴融合，在设计施工总承包土壤下，催生大量技术创新。

（3）实施设计精细化

细节决定工程的品质和成败。工程建设难度越大，要求越高，就越要练好内功，夯实基础。岛隧工程设计团队立足工程设计使用寿命120年的高目标，以对工程高度负责的专业态度，精益求精，关注细节，从精细化勘察先行、设计方案制定，到设计图纸过程控制全面渗透、落实设计全过程的精细化。

2. 精细化勘察先行

岛隧工程补充地质勘察项目由中交四航院组织实施，由中外团队联合管理，包括西人工岛、东人工岛、隧道、东人工岛非通航孔桥、西人工岛非通航孔桥等建筑物的补充勘察工作以及大临工程（南沙预制场、桂山预制场、总营地等三部分）的施工图勘察。岛隧工程项目总经理部为确保工程质量，力求真实地、高精度地反映实际状态下各种岩土参数，提出精细化地质勘察要求，在勘察过程中，就高执行国际标准，采用高精尖勘察设备与多种勘察手段，实行全过程精细控制。

（1）实施特点

1）高标准

岛隧工程勘察工作执行国际上最严格的勘察标准：BS5930：1999，BS1377：1990 1~9部分，国际土力学与岩土工程协会ISSMGE试验程序（1999），以及香港GEOGUIDE 2和GEOGUIDE 3。以具有丰富国际勘察经验的中交第四航务工程勘察设计院有限公司为具体勘察实施单位，联合香港辉固公司完成海上CPTU现场测试工作，以设计方的国际合作公司丹麦COWI公司驻场监督勘察外业工作和试验室试验工作。

2）精装备

勘察工作采用高精尖装备。采用大型钻探设备如液压升降钻探平台、分离式液压驱动钻机能有效减少波浪对钻探的影响，从而为获得高质量的原状样、可靠原位测试数据奠定基础。

3）多手段

采用的勘察手段多。运用多种原位测试和室内试验方法，包括海床式CPTU、电测式VST、国际标准的标准贯入试验、悬挂式波速测试等原位测试设备以及室内试验，对岩土层进行全方位多手段的力学特性测试，从而获得各种原位测试数据。将不同的结果进行对比分析，为设计提供各种可靠真实的岩土设计参数进行优化设计。

4）细控制

对勘察过程进行全过程精细控制。一方面是勘察工艺流程环环相扣，并严格按国际标准要求实施；其次是根据拟建构筑物变形特性及地质特点制定详细专项室内试验方案，并由设计全程监督；最后是依据CPTU测试结果详细分析每段每米厚，甚至每厘米厚的土层物理力学指标，并通过各种测试结果相互验证。

（2）实施成效

岛隧工程勘察工作在工期紧、标准高、作业环境限制多等条件下，从2010

年9月提前进场开始大临工程的勘察，历时9个月，随着最后一个CPTU作业完成，于2011年5月24日，比调整计划提前5天，"高质量、零伤亡、零事故、零污染"地完成了补充地质勘察全部外业工作，实现了精细化勘察目标和质量安全环保、职业健康的承诺，让项目总经理部"当年动工、当年成岛"的诺言变成现实，为设计和施工提供了精细的地质资料，为后续设计工作的展开奠定了坚实基础。

3. 设计方案全方位把控

作为承包商，为实现设计意图，需要在已有工具箱中找到合适的工具或设备组件，从而实现设计的表达。将设计从蓝图变为现实意味着工程详尽细节的完善，而岛隧工程是一项前所未有的开创性工程，既有的工具箱中并无可用或合适的工具，因此面临着制造新工具的难题，也给设计工作带来很大的挑战。

岛隧工程设计团队根据设计技术难度分布，对设计方案进行分级管理，设计方案制定时充分整合科研、施工资源，全面考虑风险和环境的约束条件，不断采用先进技术保障工程安全和质量，利用先进工艺确保工程进度和品质，达到工程的安全可靠、经济合理、环境和谐、质量一流。岛隧工程设计技术难度分布如表4-1所示。

岛隧工程设计技术难度分布表　　　　　　　　表4-1

项目特点	典型项目	占工程比例
应用惯例和标准组件	人工岛陆域形成、消浪结构、沉管预制厂土木结构、沉管回填、沉管附属工程等	35%
需要试验突破	沉管基础、沉管岛上段、软基加固、沉管基槽开挖等	50%
需要技术创新	深插钢圆筒、半刚性沉管结构、外海沉管安装系统、沉管最终接头等	15%

由表4-1可知，岛隧工程需要试验突破技术难关的部分占总工程量的50%，且为应对特殊挑战而实现技术创新的项目占总工程量的15%，设计团队基于"认识—研究—验证—实践—再认识"的思路，贯彻"选择工具、辨别工具、制造工具"的思想，反复研讨，辨识并排除工程设计的风险，在一次次的试验中检验选定的工程理论与工艺正确与否，采用试验先行甚至反向论证的方法，一次次推翻原有的设计方案，让所有风险可知可控。

（1）科研支撑设计

为保证工程建设的安全、优质，必须充分发挥科研试验的优势，贯彻"科研支撑设计"原则，确保设计质量。

以半刚性沉管结构为例，岛隧工程海底沉管隧道由33节管节相互连接而成。由于传统刚柔两种结构体系的沉管隧道适用于浅埋沉管隧道，覆土厚度一般3m左右，而岛隧工程沉管隧道是世界上唯一的深埋沉管隧道，覆土厚度最大超过20m，传统的结构体系不可行。面临困境，项目团队创新地提出"半刚性"的概念。形成方案后，为了论证半刚性结构，从2012年底到2013年8月，设计团队邀请国内外6家专业研究机构进行"背对背"的平行分析计算，从模型试验及原理上验证半刚性结构的可行性。通过科研验证，最终半刚性结构得到了各方的一致认可，为设计提供了可靠的支撑。

（2）风险引导设计

岛隧工程是一个全方位开创、全过程高危的工程，外海筑岛、深海对接、工厂化预制等，都是超出传统经验的创新性技术。设计方案制定过程中全面增强风险意识，在设计源头上把控风险，做到技术超前，通过强化技术保证，最大程度降低工程风险，一次次"化险为夷"。

以复合地基为例，岛隧工程初步方案设计中沉管地基是"钢减沉桩"，项目总经理部组织在青岛做了一次静载状况下的典型试验（1：1试验），实验结果不尽如人意。面临危机，设计团队密切与总部、工区配合，开展了大量现场调研、试验研究和理论分析，开展一系列专题研究，最终形成了一套国内首创的完整的复合地基设计施工方案。

（3）施工驱动设计

设计与施工在投标阶段共同研究初步设计文件、共同制定优化设计及施工方案和施工图设计方案等，为进一步保证设计方案的可行性，设计分部及时向施工征询设备（包括特定的大型船机设备）的性能及工艺参数、施工工法等信息，通过施工驱动设计，实现设计信息、施工验证信息全部、同步共享，使施工方的一些合理化建议能被设计方采纳，从源头上保证设计方案的施工可行性，使设计方案更加经济合理，加深设计深度。设计征询及施工提资流程如图4-3所示。

设计方案制定过程中，设计施工互动，同步推进设计施工方案，施工问题及时反馈给设计，设计参与审查施工方案，施工参与施工图初稿会审，不断优化完善设计施工方案，具体推进流程如图4-4所示。

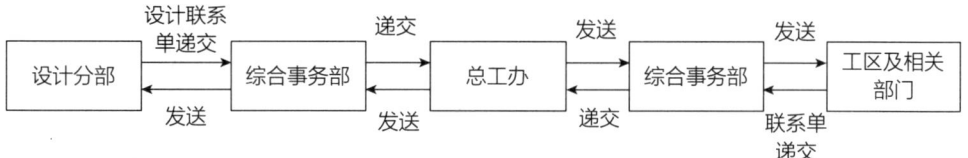

图4-3 设计征询、施工提资流程图

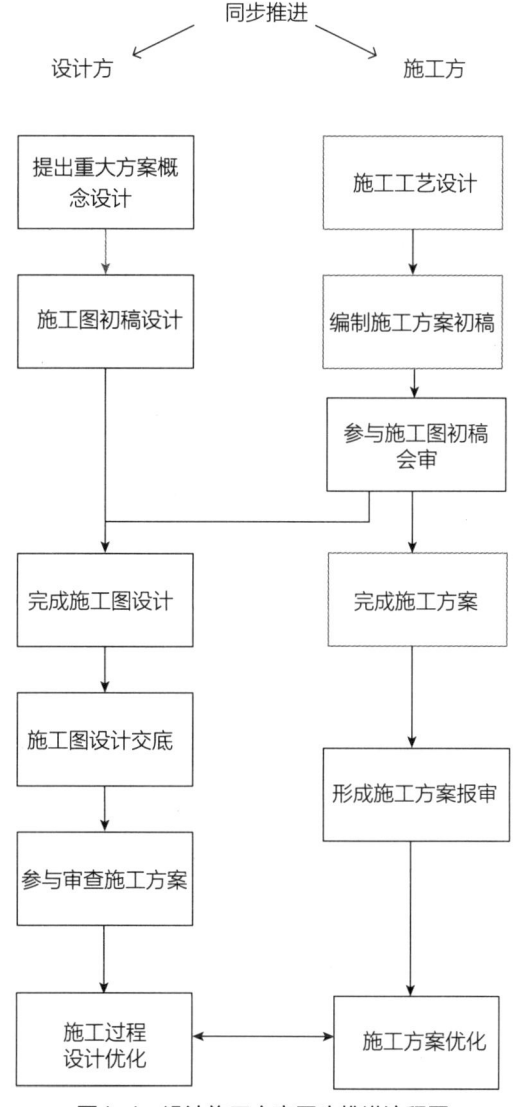

图4-4 设计施工方案同步推进流程图

（4）环境约束设计

岛隧工程全面贯彻人与自然和谐相处的思想，设计阶段充分考虑环境因素，顺势而为。以清水混凝土设计为例，针对外海环境高温、高盐、高湿、高风压的特点，设计团队秉承着易维护、易保养、耐久性高、确保设计使用年限的目标，采用高品质的清水混凝土，适应外海环境，并在强调混凝土本身的结构功能和耐久性能的同时，也注重浇筑成型的外观效果，风格上坚持"极简、精致、实用、耐久、自然"的原则，铸就"少女素颜"之美。

4. 施工图设计全过程控制

图纸是表达设计意图和全部设计结果的媒介，作为施工的依据，它是设计和施工工作的桥梁，图纸设计过程控制贯穿于整个设计技术管理。

（1）施工图设计流程

岛隧工程的施工图设计，严格按照设计流程展开，同时充分发挥设计施工总承包模式的优势，设计与施工充分交流互动，确保设计质量。

（2）分期分批出图

由于岛隧工程设计任务重、施工工期紧，设计团队充分发挥设计施工总承包模式优势，遵循"总体匹配，细部计算"原则，分批分期出图，分批呼应施工需求，根据施工进度倒排设计出图计划，依据实际需要，不断调整节点计划，形成良性循环，并采用网络滚动计划控制、PDCA过程监控等多种措施保证计划顺利实施。岛隧工程施工图出图完成情况如表4-2所示。

施工图出图完成情况 表4-2

项目	年份	具体完成情况
外业勘察	2011年	第1～3季度，外业勘察的外业工作全部完成； 第4季度，完成勘察报告审查
临时工程施工图	2011年	第1～3季度，临时工程施工图设计工作全部完成
人工岛施工图设计	2011年	完成东、西人工岛总平面图
	2012年	完成80%岛上建筑施工图设计
	2013年	完成东、西人工岛主体建筑
桥梁施工图设计	2012年	完成全部东人工岛结合部非通航孔桥上部结构、西人工岛结合部非通航孔桥上部结构和桥系及附属设施施工图设计

续表

项目	年份	具体完成情况
隧道施工图设计	2011年	第1~3季度，完成E1~E3/E31~E33隧道基槽开挖施工图；第4季度，完成全部隧道基床开挖、回填防护、E1/E2管节基础、E1/E2管节结构、E1/E2管节接头、E1/E2管节预埋件、东西人工岛隧道敞开段施工图
	2012年	完成隧道总体设计、基槽开挖、隧道基础（E1~E23管节）、管节结构（E1~E4管节）、管节接头、节段接头（E1~E4管节）、临时辅助安装设施（E1~E4管节）、预留预埋设施（E1~E4管节）；西岛暗埋段隧道结构大小岛部分结构及东岛暗埋段隧道结构施工图设计
	2013年	完成隧道基础（E24~E33管节）、管节结构（E5~E27管节）、管节接头、节段接头（E5~E27管节）、临时辅助安装设施（E5~E27管节）、预留预埋设施（E5~E27管节）；西人工岛隧道现浇暗埋段结构，西人工岛隧道预留，预埋设施、西人工岛隧道敞开段基础、结构、预留预埋设施；东人工岛隧道现浇暗埋段基础、东人工岛隧道敞开段基础施工图设计
	2014年	完成西人工岛隧道现浇暗埋段预留预埋设施、西人工岛敞开段预留预埋设施；东人工岛现浇暗埋段结构及预留预埋、东人工岛敞开段基础、东人工岛敞开段结构及预留预埋施工图设计
	2015年	完成全部施工图设计

（3）平行内审双重把关

设计图纸输出后，由总工办组织各工区看图、理解设计意图，将设计内部审核与施工图内部审查平行推进，双重把关，确保设计质量。

设计内部审核是设计分部为确保设计图纸的有效性，对设计输出文件进行二校三审。二校包括自校和复校，分项负责人审核为一审，项目主任工程师或相当人员审校为二审，审核人员和设计总工审校为三审，各级校审人员、设计人员严格按照《设计文件校审规定》进行校审和修改。施工图内部审查指设计分部完成施工图设计初稿后、报港珠澳大桥管理局或总监办之前，设计分部与项目总经理部相关部门及工区对施工图初稿进行的审查。

通过平行内审双重把关，严格控制图纸质量。以岛上建筑施工图为例，2015年2月14日，项目总经理部召开东、西人工岛岛上建筑施工图纸（第四稿）审查会。根据会议意见，设计团队以精益求精的要求，对岛上建筑的功能完备性、结构科学性以及外形等进行了持续优化。2015年12月28日，项目总经理部再次组织召开了东、西人工岛岛上建筑施工图内部审查会，设计分部对工区提出的图纸审查问题逐一进行了回复，并形成了详细的会议纪要和施工图内审记录表，对公用工程、建筑、暖通、电气、室外雨水、结构、越浪泵、给水排水等各方面的施工图内审意见进行了专业分析并给出详细回复。对于合理的建议，及时采纳并修改方案；对于不合适的建议，及时同工区沟通。

为进一步确保设计质量，根据各专业特点安排设计独立审查工作，统筹国内外优势资源使设计审查落到实处。独立审查工作安排如表4-3所示。

项目独立审查工作安排　　　　　　　　　表4-3

项目范围	独立审查单位
人工岛施工图设计	中交三航院
沉管预制厂及施工营地设计	中交二航院
隧道基础设计	中交三航院
隧道总体设计	国际设计合作方直接参与设计，并对隧道设计关键部分施工图详细设计进行平行审查
专项特殊技术	国外同类工程经验丰富单位专项咨询审查

（4）设计交底与图纸会审

设计分部及时进行设计交底与图纸会审，使施工方和监理方正确贯彻设计意图，加深对设计文件中的特点、难点、疑点的理解，确保工程质量。以E28~E33沉管施工图为例，2015年12月23日，港珠澳大桥管理局组织E28~E33沉管施工图设计技术交底与图纸会审。设计分部对E28~E33沉管进行施工图设计交底，与会单位代表对施工图纸进行交流，并提出了会审意见。

5. 设计优化全面落实

设计优化主要分为两大类：一是设计主动发现或提出的优化；二是在设计施工交流互动过程中的优化。设计团队始终坚持打造世界一流工程的目标，追求卓越，精益求精，跟踪方案实施，并与施工充分互动，通过设计施工团队协调沟通的长效机制，为设计优化打下了坚实的基础。

（1）设计主动优化方案

设计团队立足全局视角，充分考虑环境因素，力争方案最优。以西人工岛挡浪墙设计标高变化为例，原设计方案挡浪墙设计顶高程为+7.0m。2013年，设计团队考虑"海燕"台风的影响,为了抵御越来越恶劣的天气变化,防止原设计标高下挡浪墙不能有效预防越浪,主动采取应对措施,将西人工岛挡浪墙设计顶高程优化为+9.0m,进一步提升了人工岛防御恶劣天气的能力。

（2）设计施工互动优化

设计全过程驻地现场,加强与施工的交流,强化设计对现场的主动服务,减少有关设计问题的处理时间,降低因设计优化、设计变更等对进度的影响。设计、施工不再是工程生产链上割裂的两道工序,而是由纵向的指导关系转变为横向交流互动关系,通过设计跟踪关键方案实施、设计根据现场情况优化、设计施工交流不断完善实现设计施工互动的优化。设计施工互动关系如图4-5所示。

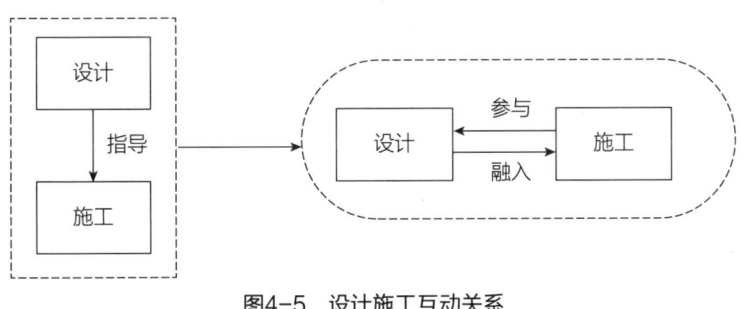

图4-5　设计施工互动关系

4.1.3　施工技术管理

施工技术管理包括总体施工组织、施工方案、测量试验、施工监测等技术活动的管理,以保障工程按照既定的进度、质量、成本完成。中国交建作为联合体牵头单位,通过整合全产业链资源,联合相关单位协同攻关,规范日常技术管理工作,协调优化科研、设计、装备与施工,实现测量、试验检测与施工的紧密配合,为工程顺利实施提供有力支撑。

1. 总体施工组织策划与部署

针对岛隧工程规模大、技术复杂等特点,项目总经理部统筹分析技术重、难点,全面部署工程施工,完善施工组织设计,以确保工程施工有序展开。

（1）技术重难点分析

考虑到深厚的软土地质条件、恶劣的外海作业环境、中华白海豚核心保护区的环保要求、三地技术标准就高不就低、超长大截面隧道制造及外海深水高精度

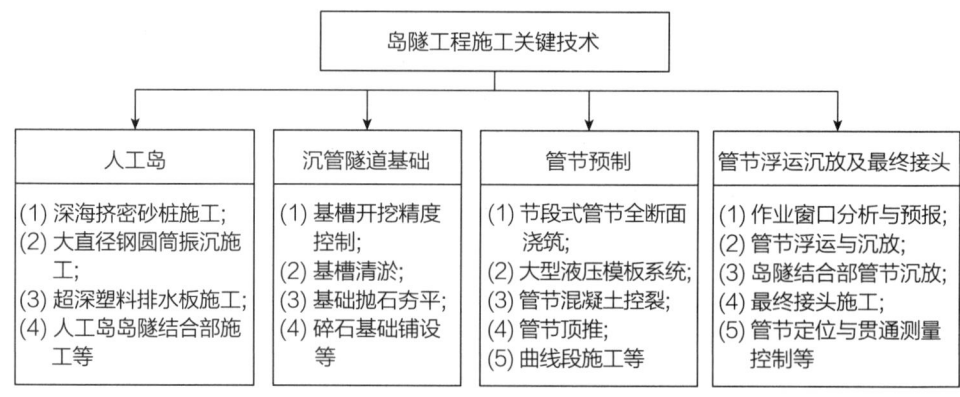

图4-6　岛隧工程技术重、难点分布图

安装、一年内在外海深厚软土上建成两个人工岛等，岛隧工程是世界上最具挑战的工程之一。岛隧工程技术重、难点分布如图4-6所示。

围绕技术重、难点，项目总经理部从需求出发，统筹和布局技术管理重心，规划科研管理与技术创新，并指导相关科研与现场实验的开展，为合理制定处理方案提供支撑。如人工岛由钢圆筒深插以形成岛壁围护结构，外围抛石形成护坡，护坡基础采用低置换率挤密砂桩进行加固。项目总经理部组织相关人员通过现场补勘，对人工岛的地质参数进行综合评价，从而优化挤密砂桩设计，通过典型施工确定工艺参数及技术标准，为制定施工技术方案提供基本依据。

（2）施工总体部署

项目总经理部在投标文件基础上，根据工程特点，从保证工期最优、成本降低、风险可控的目的出发，对工程进行总体施工部署。

1）制定管理目标

项目总经理部在理解和把握港珠澳大桥"建设世界级跨海通道、为用户提供优质服务、成为地标性建筑"的建设目标基础上，明确"建设世界级跨海通道"是工程建设的重点和核心。为确保目标的实现，项目总经理部突破理念，积极组建优势互补的国际团队，全面策划，实施标准化管理，集中优势资源，通过技术创新保障跨海通道安全、优质、快捷、环保地建成，为业主、社会提供全过程、全方位的优良服务。

2）规划临时工程

岛隧工程将大型临时工程作为工程的重要组成部分，按照集中管理、高效、安全、环保、节能的原则和理念，统筹考虑施工组织设计、工期、物流等方面展开规划和设计。根据岛隧工程规模和工程总体安排，项目总经理部对临时工程需求展开分析，将主要临时工程划分为施工总部基地、沉管预制工区、岛隧施工现场以及人工岛四大部分，明确各部分的主要功能和设施，并进行平面布置。

3）划分施工内容

岛隧工程主要施工内容包括东西人工岛、沉管隧道、结合部非通航桥等。中国交建将工程按照施工规模、部分、工作内容、工序要求等划分为五个施工工区，并集全集团之力，从有利于工程实施角度出发，落实各工区责任主体。在具体实施过程中，根据工程进度和工程界面协调需求，项目总经理部本着工程总体目标最优的原则对各工区施工内容进行微调，以协调工程整体实施进展。

4）制定施工总流程

岛隧工程工程量大、无陆上依托、施工条件恶劣，施工总体思路据此确立为：以沉管安装为主线，以沉管预制、岛上暗埋段和基槽开挖为保障，配备充足资源，铺开多个工作面，统筹安排，科学调度，拉开施工阶梯，确保安全、环保、优质、快速地建成隧道和人工岛。岛隧工程施工总流程如图4-7所示。

工程施工在以沉管安装为主线的基础上，重点控制首节管节安装及最终接头施工两个里程碑节点工期：优化管节预制工艺，提高施工效率保证管节具备连续

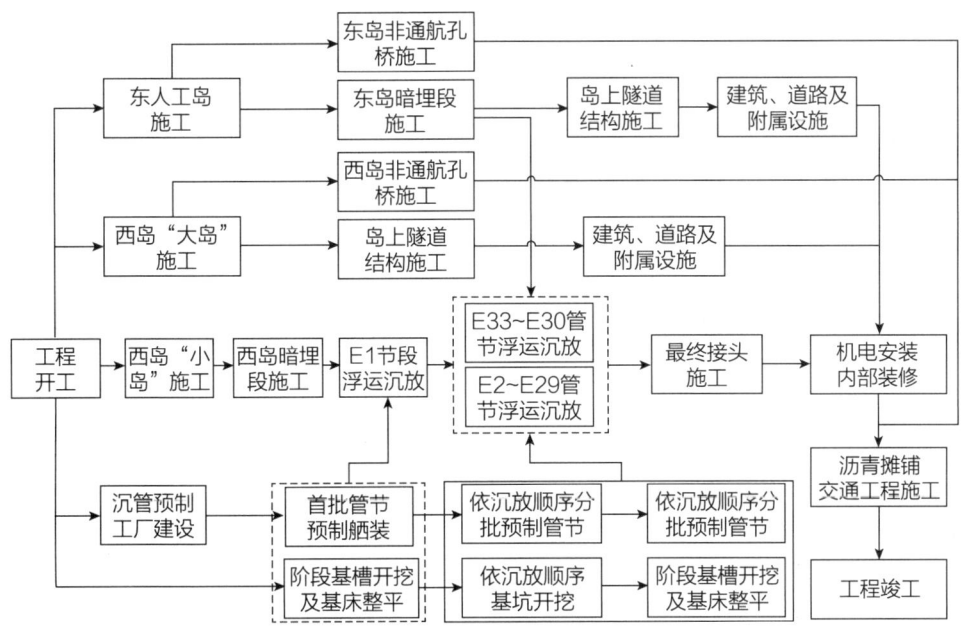

图4-7 施工总流程图

预制的条件；沉管安装由西向东推进，最终接头布置在东岛附近水深较浅区域，以降低施工风险；结合部非通航孔桥以不干扰主线为原则开展施工。

（3）施工组织设计及方案规划

项目总经理部将岛隧工程施工组织设计划分为总体施工组织设计和单位（项）工程施工组织设计，并依据工程技术难度、实施风险对施工方案进行重要程度划分，以实施分级控制。

1）总体施工组织设计

总体施工组织设计以整个岛隧工程建设项目为对象，对整个施工项目的实施进行全面安排和部署，由项目总经理部负责编写，各工区负责专人进行配合，中国交建负责审批。总体施工组织设计编写、报批、审批流程如图4-8所示。

2）单位（项）工程施工组织设计

单位（项）工程施工组织设计以一个单位（项）工程为对象，对项目的施工进度、施工顺序、施工方法、资源配置和保证施工安全与工程质量的技术措施等进行具体的安排和部署。各工区根据总体施工组织设计，结合施工进度计划安排编制单位（项）工程施工组织设计，并由项目总经理部审批。单位（项）工程施工组织设计编写、报批、审批流程如图4-9所示。

3）施工方案规划

针对岛隧工程施工中的技术难题，项目总经理部提炼出其中的关键技术，通过重、难点分析并结合施工中面临的风险大小，将施工方案划分为特大施工方

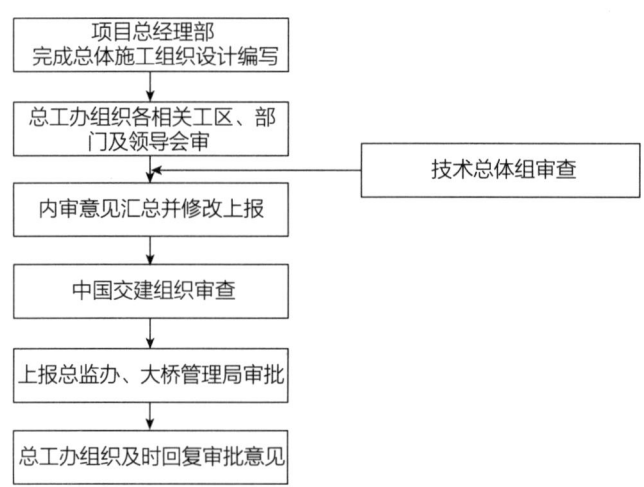

图4-8 总体施工组织设计编写、报批、审批流程

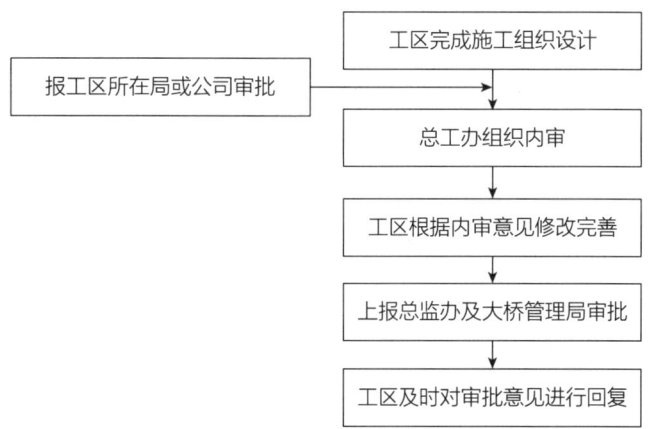

图4-9 单位（项）工程施工组织设计编写、报批、审批流程

案、重大施工方案和一般施工方案。在方案制定过程中，针对需展开试验研究的技术难点，由项目总经理部负责组织试验研究和科学技术攻关，协调施工、设计、科研等接口，并实行重大设计施工方案咨询评审制，部分施工方案交由施工管理顾问进行审核，部分施工方案则组织专家进行咨询评审，以确保方案的可靠性、可行性及创新性，降低工程风险。

2. 施工方案分级管理

为确保工程的顺利实施，项目总经理部加强施工方案质量控制，采取分级管理措施对施工方案的编制、报审以及实施进行控制。

（1）施工方案报审和实施

项目总经理部针对不同类别施工方案分别制定了编制、报批和审批流程，并在方案的实行过程中采取不同的管理方式。

1）编制、报批和审批流程

针对风险特别大、没有经验、技术难度特别大的分部分项工程，项目总经理部直接组织编制，遇到的关键技术，联合国内外相关单位开展研究解决技术难题，为方案的编制提供支撑。特别重大施工方案参照总体施工组织设计编制、报审流程执行。重大施工方案则由工区在项目总经理部的指导下进行编制，参照单位（项）工程施工组织设计编写报批流程执行。

一般施工方案由各工区根据单位（项）工程的重要及施工难易程度，结合施工组织设计编写并组织内部审查，由工区（常务副）经理或总工程师审批并报项目总经理部备案。一般施工方案编写、报批、审批流程如图4-10所示。

2）施工方案实施过程管理模式

为确保施工方案的有效落实，项目总经理部采取不同模式对施工方案的实施过程进行控制。特别重大施工方案实行项目总经理部集中控制，形成以项目总经理部为技术决策层、工区为作业执行层的实施模式。重大施工方案采取以工区为实施主体，项目总经理部参与技术决策、提供技术支持的模式。一般施工方案由工区自行负责实施，项目总经理部主要负责实施过程中的界面协调。

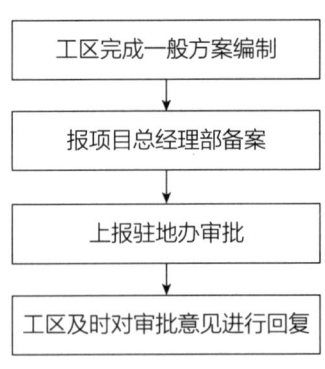

图4-10　一般施工方案编写、报批、审批流程

（2）特别重大施工方案联合攻关

面对特别重大施工方案中的技术难题，项目总经理部一方面积极整合内部资源，构建有效的技术团队，另一方面则主动联合相关科研院校和行业专家展开联合攻关。以沉管安装方案为例，项目总经理部组织总部及相关工区技术人员组建攻关团队，联合国家海洋环境预报中心、大连理工大学、上海交通大学、上海振华重工（集团）股份有限公司、威胜利工程有限公司以及日本三清公司等相关单位展开一系列研究，逐步形成沉管安装初步方案，并经过多次专家论证，不断对其进行完善。在沉管安装过程中，项目总经理部协调业主、监理、海事部门、国家海洋环境预报中心、监测单位、施工工区、设计代表组建沉管安装总指挥部，对沉管舾装到安装完成的每一步骤进行施工决策，确保施工方案及各项技术措施落到实处。每安装完一节沉管，项目总经理部组织各参与单位展开技术总结，以支撑沉管施工方案的优化。

（3）（特别）重大施工方案持续改进

项目总经理部结合工程重点技术和工程实施环境分析，明确重大方案范畴，包括东西人工岛挤密砂桩打设、隧道基槽开挖、沉管预制、沉管安装等。岛隧工程的探索性决定其在编制重大方案时，难以详尽掌握工程实施过程中将会面临的所有问题，需要在实施中通过不断总结，深入认知工程特性，逐步完善重大方案。针对重大施工方案，项目总经理部提出持续改进策略：整合多方资源，为方案的编制提供知识储备；多方论证，确保方案的可实施性；工程实施前，依据方案展开风险分析和排查，保障工程按计划实施；总结工程实施经验，面对工程中的新问题，提出新的解决方案，推动方案持续改进，以有效指导施工。

3. 施工过程动态管控

项目总经理部采取一系列方法和措施，促进施工与设计、科研等单位的密切联系，保障施工过程的顺利开展。

（1）设计全程参与施工

基于设计施工总承包模式的优势，设计分部与各工区在项目总经理部的统一协调下实现无缝对接。在施工实施过程中，设计紧密配合施工，一方面设计全过程驻地现场，确保设计意图在施工过程中得到贯彻和落实，并根据现场具体情况进行设计优化以提高工程施工的可行性和可靠度；另一方面，各工区在施工过程中遇到的相关问题能够及时反馈给设计，并通过沟通协调对原设计或施工方案进行优化，提高现场施工效率，保障施工质量。

（2）实施工艺试验典型施工（首件制）

岛隧工程施工中涌现大量新方案、新工艺，出于优化新工艺流程，保证施工质量，为设计优化提供参数支撑的目的，项目总经理部实施工艺试验典型施工（首件制），明确实施范围，并通过施工总结对实施过程中的问题展开分析，形成指导性意见以促进后续施工质量提升。

（3）严格施工技术交底

施工技术交底是施工方案的延续和完善。岛隧工程新技术、新工艺、风险性大的工程多，为落实技术交底工作，岛隧工程实行项目总经理部对各部门及工区和工区对一线作业班组分层次交底措施。

（4）控制技术文件有效性

技术文件是工程施工管理、竣工验收以及交付使用的必备条件，也是对工程进行检查、使用及维护等的依据。项目总经理部依据相关规范，针对工程特点对包括施工图、业务联系单、设计变更通知单等一系列技术文件进行严格控制。为保证工区所使用的每一张图纸（包括复印件）都处于受控状态，项目总经理部明确有效图纸图名详单的更新要求，并联合设计分部审查详单，无误后上传系统，传阅总部各部门及工区，并对各工区图纸有效性的管理落实情况进行监督。

（5）开展技术巡查与服务

为完善岛隧工程技术管理体系，进一步加强实施过程中的技术控制，项目总经理部组织技术巡查活动，通过定期与不定期的现场技术巡查，督促各工区按照管理要求落实执行关键技术方案以及安全专项施工方案。项目总经理部在巡查过程中，针对发现的各种难题，积极为工区提供技术服务，协助工区组织开展技术攻关予以解决。

4. 实时测控反馈施工

（1）测量、试验检测紧密配合施工

项目总经理部依据相关标准、规范及规程等，针对工程测量特点，明确测量工作职责，制定规范化测量质量控制程序，严格控制施工测控关键技术，保障测量质量，严密控制工程测量精度。项目总经理部依据相关法规、规范及港珠澳大桥主体工程试验检测管理文件，对岛隧工程试验检测工作进行规范，明确各级试验室职责及工作程序，确保工程施工质量可控。

（2）施工监测与测控

岛隧工程施工监测是指在施工过程中，采用监测仪器对关键部位各项控制指标进行监测，在监测值接近控制值时发出报警，用来保证施工的安全性和检查施工过程的合理性。项目总经理部从整体上规划监测体系，组织设计分部、工程部、测量管理中心、工区以及联合相关科研院所、高校共同开展施工监测。针对重点工程，项目总经理部在监测的基础上，组建施工监控组，如清水混凝土监控组、基础监控组及沉管隧道施工监控组等，对实施过程进行严密控制。

4.2 技术创新

岛隧工程建设面临外海深水作业、深埋大回淤、超长高精度控制要求的世界级挑战，直逼技术极限。解决工程建设中的技术难题，既要以常规技术为基础，又要跳出惯性思维，另辟蹊径，不断进行技术创新才能实现。技术创新是一项超越常规的、突破性的、创造性的技术工作。岛隧工程项目总经理部发挥设计施工总承包模式的优势，构建技术创新管理体系，激发创新动力，整合创新资源，吸纳多方研发主体参与技术创新，对技术创新进行过程控制，攻克一系列技术难题，取得显著成效。

4.2.1 技术创新管理体系

技术创新管理体系由组织、制度、要点三个维度构成。组织包括科研工作决策与执行两个层级，制度指对科研项目进行规范的文件体系，技术创新管理要点围绕人工岛、沉管隧道基础、沉管预制、沉管安装及最终接头、测量监控等关键技术展开。

1. 技术创新组织

按照设计施工总承包合同，岛隧工程科研项目分为三类：第一类，国家科技支撑计划项目；第二类，由项目总经理部管理组织实施，由第三方承担的项目；第三类，项目总经理部根据设计施工需要开展的科研、验证试验、典型施工的项目（以下分别简称"第一、二、三类项目"）。第一类项目，总工办负责课题开展过程中的接口配合工作；第二类项目，设计分部负责项目日常组织与协调，总工办配合。

岛隧工程技术难度前所未有，随着对工程认知逐步深入，项目总经理部在设计施工阶段设立了大量第三类项目，许多重大技术创新成果在此阶段产生，是第一类、第二类项目的重要补充。项目总经理部将第三类项目作为科研管理的重点之一，不断优化创新管理组织，有效开展科研攻关和技术创新，形成了科研工作决策和执行两层级管理组织。

（1）科研工作决策层

科研工作领导小组是技术创新决策的最高机构，负责科研项目立项审批和对承担单位的审核等各项决策。项目总经理任组长，设计总负责人任副组长，项目副总经理、质量总监、总工办主任及各工区（常务）项目经理构成领导小组组员。

同时，聘请国内外相关技术专家形成专家顾问组，各联合体成员相关技术总工组成总体技术组。专家顾问组和总体技术组是科研工作领导小组的咨询部门，为项目总经理决策提供独立咨询意见。

科研工作领导小组、专家顾问组、总体技术组共同构成技术创新组织的决策层。

（2）科研工作执行层

总工办是第三类项目的主管部门，按照科研工作领导小组的决策进行日常科研项目管理。包括组织开展科研项目立项审批、选择科研承担单位，组织工作大纲评审、过程检查、成果验收等工作，研究过程中与相关工区、部门沟通协调，组织开展项目评审、验收、资料归档等工作。

按项目类别，科研项目立项申请归口部门为主办部门，主办部门协助主管部门进行专题管理，提出科研立项申请，参与承担单位选定、合同立项审批，与承担单位日常联络，对科研项目进行协调、监督管理等。

主管部门与主办部门是科研项目的具体执行部门，构成技术创新组织的执行层。

2. 技术创新制度

制度用以规范技术创新管理过程中的各种行为，岛隧工程制定各项技术创新管理制度，形成了完善的技术创新管理制度体系，如图4-11所示。

岛隧工程技术创新管理制度体系包括三个层级：

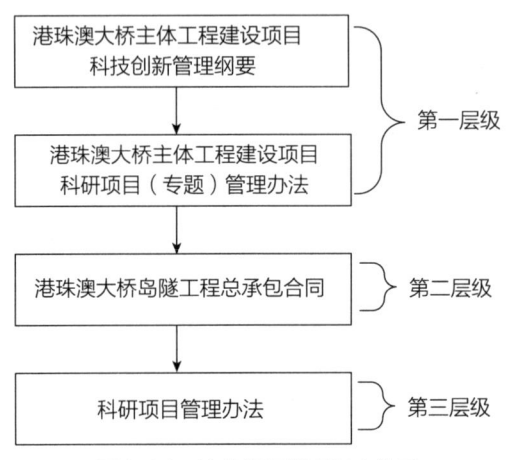

图4-11　技术创新管理制度体系

第一层级，建设单位制定的《港珠澳大桥主体工程建设项目科技创新管理纲要》（下称《纲要》）、《港珠澳大桥主体工程建设项目科研项目（专题）管理办法》（下称《办法》），明确建设单位科研项目管理机构、立项审批、过程管理、验收评审、知识产权等内容。

第二层级，《港珠澳大桥岛隧工程总承包合同》（下称《总承包合同》），是对上述《纲要》和《办法》的再细化，明确第一类项目和第二类项目的立项清单，这两类科研项目需按照上述《纲要》和《办法》进行管理。

第三层级，设计施工总承包单位制定的《科研项目管理办法》，规定总承包单位根据设计施工需要开展科研项目的管理办法，是对建设单位制定的《纲要》和《办法》以及双方签订的《总承包合同》的进一步完善和补充，充分发挥总承包单位的积极主动性。

为鼓励创新，项目总经理部还制定了《科研及技术成果奖励办法》等配套制度，对科学技术奖、专利、工法、论文等创新成果，划定奖励标准，发放奖金等物质奖励；通过授予各种荣誉，如"优秀科技工作者""技改研发立功人员""技术创新示范项目"等形式，进行精神奖励，激发全员的创新热情。

3. 技术创新管理要点

项目开工前，项目总经理部对岛隧工程的关键技术进行全面分析，梳理出包括人工岛、沉管隧道基础、管节预制、管节安装及最终接头、测量监控等方面需要攻克的关键技术，拟定总体研究计划。

对关键技术进行分析，识别需要解决的问题，当有类似解决方案时，制定技术方案；当没有类似解决方案时，组织技术创新，拟定科研工作大纲，实施研究方案，或开展工程试验，确定技术参数。技术分析路径如图4-12所示。

以验证、完善设计和施工技术方案为目的，经过对各关键技术逐项详细分析，明确技术创新管理要点。技术创新管理要点如表4-4所示。

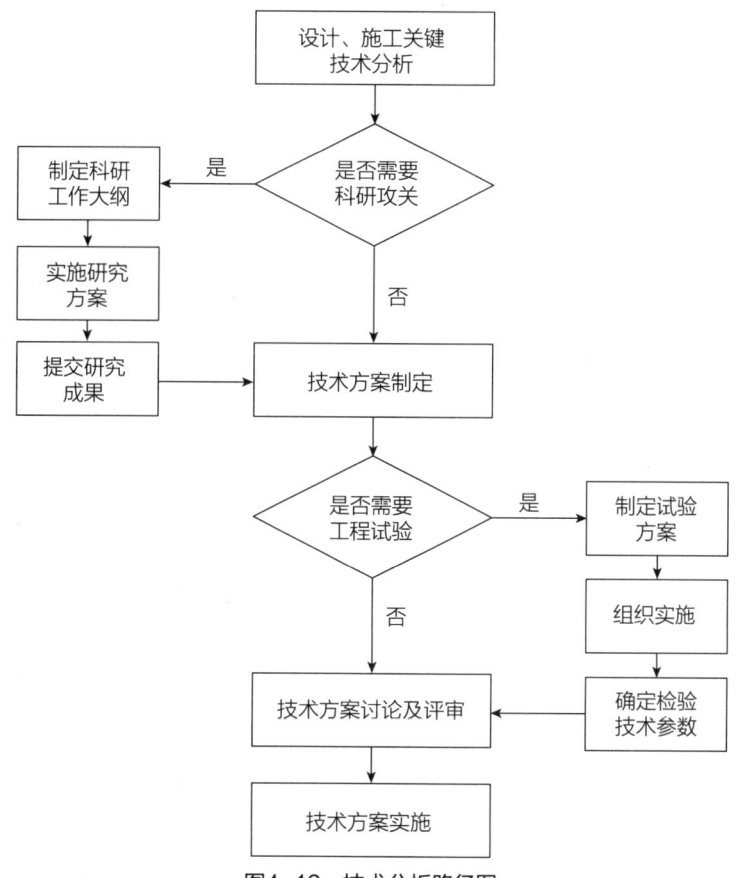

图4-12 技术分析路径图

技术创新管理要点 表4-4

序号	项目名称	管理要点
1	钢圆筒快速成岛技术	基床冲淤变化、钢圆筒制造运输、打设定位、副格结构及止水、外海深基坑支护结构
2	地基与基础设计施工关键技术	挤密砂桩复合地基、高压旋喷桩复合地基、刚性复合地基、先铺碎石基床变形规律及参数、基槽精挖、清淤、抛石夯平、碎石基床、碎石基床冲刷稳定性、基床无损清淤技术及装备、整平质量检验
3	半刚性沉管新结构技术	碎石基床与沉管作用机理及设计参数、沉管节段接头受力机理、节段接头无粘结预应力系统、半刚性沉管结构受力机理及对比计算分析
4	工厂法沉管预制技术	预制工法分析、预制控裂及缺陷修复技术、长距离顶推、舾装件关键部件受力分析、预制安装线型控制技术、曲线段沉管工厂预制技术
5	沉管安装技术	波浪及水流力分析、外海沉放动力响应数学模型、浮运沉放物模试验、岛隧结合部掩护工程物模数模试验；深基槽水流垂向分布、作业窗口预报、拖航水阻力、受力及拖带方案、浮运定位导航、外海操控性试验、无人沉放控制技术、安装精调及脱开技术、系泊系统、深槽水流与沉管作用规律、对接窗口保障系统
6	最终接头设计施工技术	钢壳制造、高流动性混凝土、吊装技术、安装定位、基础后注浆、龙口水流效应、合龙技术等
7	测量、监控技术	高程控制、贯通测控、施工监测、监控系统、回淤高精度检测技术、回淤监测及预警系统、沉管安装异常波观测及预警、实时运动监测系统、沉管测控技术

4.2.2 技术创新动力与资源

技术创新动力关注推动技术创新开展的内、外部因素，从工程需求、风险驱动和项目文化激励角度分析动力源泉，按照拥有各种资源的组织、联合体总牵头人合作层次的不同，将技术创新资源划分为三个层次，依靠文化、行政、契约等多种力量整合不同层次的资源，更好地形成创新合力，提高创新效率。

1. 技术创新动力

技术创新动力是驱动技术创新的内在或外在的力量集合。岛隧工程技术创新动力来源有工程需求拉动、风险驱动、项目文化激励，共同构成了技术创新动力源泉。

（1）工程需求拉动

工程技术创新源于解决工程实际问题，关键技术难题不解决，工程就难以推进。工程需求拉动产生创新构想，是技术创新活动的重要动力源泉。开展技术创新时注重实用性和针对性，利用各种创新手段满足工程需求，实现工程目标。技术创新科研立项，必须紧扣工程需求，进行技术攻关。工程需求拉动技术创新的框架如图4-13所示。

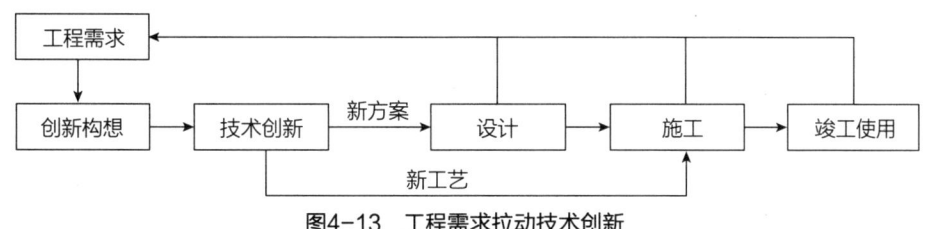

图4-13　工程需求拉动技术创新

工程需求可以产生于设计阶段、施工阶段、运营维护阶段，工程需求指向要解决的技术难题，明确技术创新要达到的目标，更容易形成创新构想，进而产生新的设计方案、新的施工工艺，满足工程需求。

高精度定点清淤技术创新是工程需求拉动的一个典型案例。E15管节安装过程中发生了基槽异常回淤的技术难题，在技术攻关组找到泥沙回淤成因并建立预报预警系统后，仍需要采用主动措施对管节基床超标回淤物实施定点清淤。虽然可以用大功率的清淤设备清除淤泥，但同时也会破坏已经铺好的碎石基床。工程需要一台高精度清淤设备：既能在50m深的海底清干净淤泥，又不会破坏基床上的石子。需求，对应着技术难题，当它被详尽地描述出来，解决这些问题满足需求的过程就是技术创新，技术攻关人员结合碎石整平原理，将定点清淤设备创造性地嫁接到碎石整平船上，经过大量的试验验证工作，解决了高精度定点清淤的技术难题。

（2）风险驱动

沉管隧道是世界上风险最高的基础设施工程之一，工程即使成功了99.99%，剩下的0.01%失败了也足以让整个工程失败。风险驱动是将风险控制放在首位，对实现工程目标的所有风险进行识别和分析，排定风险优先等级，按照风险优先等级顺序配置资源，解决风险问题。从某种意义上说，风险可以说是安全、质量等目标的另一种表现形式，是一枚硬币的两个方面，风险控制住了，安全、质量等目标也就实现了。

项目总经理部始终把控制风险放在第一位，对于不确定、没有把握的设计方案和施工技术，首先进行风险评估，通过技术创新立项论证，改进和优化技术方案确保安全，风险驱动着技术创新的研究方向。沉管隧道复合地基创新就是这样一个例子。

岛隧工程沉管过渡段基础原设计方案是"钢减沉桩"，其沉降控制是保证沉管隧道质量的关键一环，一旦基础发生不均匀沉降，超出允许偏差，后果不堪设想。以评估风险为目的，项目总经理部在试验室内进行了模型试验，并在海上进行了1∶1的足尺试验，试验结果与设计参数相差甚远，原设计方案隐藏着极高的风险。项目总经理部进行了创新立项，研究沉管基础设计方案。经过技术攻关，在国内首次提出了复合地基沉管隧道基础设计施工方案，化解了风险。

（3）项目文化激励

一种支持和鼓励成员主动创造的项目文化能够从组织内部不断激发技术创新，项目文化营造了一种有利于创新的环境，是技术创新活动的动力源泉之一。岛隧工程项目文化的激励作用主要体现在相互激励、促进学习、加强互补等方面。

岛隧工程项目文化与技术创新有着相同的目标，即都追求项目增值。项目文化建设需要技术创新，同样技术创新也需要项目文化导向，把技术创新存在的潜力充分挖掘出来，形成项目文化对技术创新的激励作用。项目文化的激励作用体现在把个人利益和短期追求与项目的长远发展追求结合起来，形成一种持久的动力源泉。

项目文化促进参与技术创新活动的各方主体彼此学习，将技术创新所需的知识从不同的参与主体转移并整合到整个岛隧工程项目上，丰富技术创新的知识内容，引导技术创新，提升技术创新能力和效率。

在创新各参与主体间，不同组织的文化相互融合，在技术创新过程中，各自承担着不同的创新职能，这些职能在时间上前后相继，在空间上互为补充，共同编织着项目发展的蓝图，形成一种持续发展的机制。

2. 技术创新资源

技术创新过程是复杂的系统资源整合过程，实现技术创新的首要困难是资源的限制。资源分散于不同组织中，岛隧工程技术创新过程要根据工程需求和技术现状，运用各种力量，将资源整合起来，实现优势互补，形成技术创新的合力，共同解决工程技术难题。

按照拥有各种资源的组织在创新过程中与联合体总牵头人合作层次的不同，将技术创新组织资源体系分为三个层次：内层、中层、外层。内层对应联合体施工牵头人和设计牵头人，中层主要对应联合体内部合作组织，外层着眼于联合体外部拥有独特资源并发挥重要作用的组织，技术创新资源分布如图4-14所示。

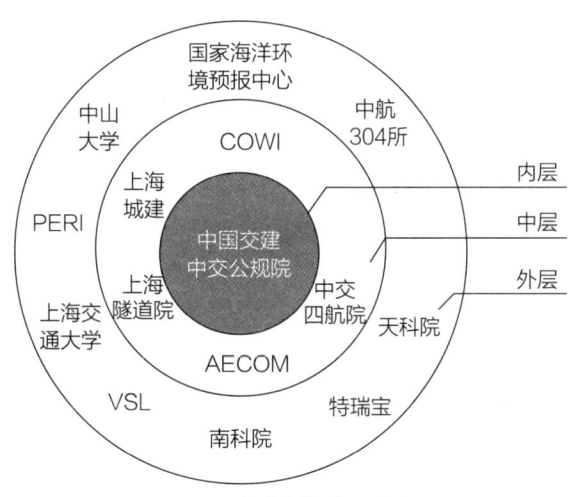

图4-14 技术创新资源分布图

（1）内层组织

内层组织在工程技术创新过程中发挥着不可替代的作用，是技术创新的主导者、领导者。岛隧工程由中交公规院和中国交建分别作为设计牵头人和施工牵头人，设计单位和施工单位主导着设计资源和施工资源，分别承担着工程设计阶段和施工阶段的主要工作，而技术创新主要体现在新的设计方法、施工技术和工艺等方面，因此，设计单位和施工单位自然而然地成为技术创新的最主要力量。例如，中国交建的全资子公司上海振华重工，其强大的海洋装备制造能力，为岛隧工程装备研发、工艺创新提供了资源支撑。

同时，设计与施工之间存在很高的关联度，既不能撇开施工可行性去谈设计，更不能只从施工的角度考虑而忽视设计的科学性，必须互相考察和满足对方的需求，才能最终得出科学可行的技术方案。设计单位与施工单位的协同互动、有机融合，才能发挥出整体优势。

（2）中层组织

中层组织对应联合体内部各参与方，他们在某些方面拥有技术特长，占据独特资源，是由联合体总牵头人精心挑选，通过联合体协议形成的收益共享、风险共担的长期合作伙伴。在技术创新过程中是基本合作单元，发挥着稳定器、压舱石的作用。

例如，作为联合体成员之一的丹麦科威公司（COWI）是一家国际领先的咨询公司，拥有着全球优秀的设计咨询智力资源，在大型桥梁规划、设计等方面处于领导地位，参与过世界上许多大桥的设计监理工作，COWI公司的设计咨询实力为沉管隧道设计技术创新提供很多帮助；艾奕康公司（AECOM）是提供专业技术和管理服务的全球咨询集团，是各专业领域的业界翘楚，拥有丰富的工程管理经验，在岛隧工程沉管安装风险管理创新中发挥重要作用。

组成岛隧工程设计施工联合体的每一家单位，都有其独特的核心资源，对这些核心资源进行分析、识别、高效配置和整合，在技术创新过程中发挥巨大作用。

（3）外层组织

外层组织拥有创新工作急需的独特资源，能够加快研发进程，提供智力支持，保证技术方案顺利实现。外层组织由具体技术难题导向，即为攻克某项难题选择与特定组织合作。技术创新具有时间约束性，外层组织往往以最有利于创新的原则加入。外层组织包括以下几类：

材料设备供应商，其稳定性和可靠性会影响整个创新任务的成败。如德国PERI液压模板设备供应商、VSL液压千斤顶供应商、荷兰特瑞宝止水带供应商等在沉管管节预制和最终接头技术创新中发挥了重要作用。

高校与科研院所，具有人才智力密集、创新平台完备、科研实力雄厚的优势，可以承担基础研究、理论研究任务，是技术创新基础研究的主要智力资源。如在深基槽水流动力机理研究中与上海交通大学、中山大学等高校合作；在沉管安装作业窗口研究中，与国家海洋环境预报中心、中国航天科工集团304所等具有超强研发实力和丰富实战经验的单位合作。

业主对技术创新有着重要影响。必要的研究经费投入有利于持续稳定的创新。业主对技术创新的支持显著影响技术创新的开展和成效。

3. 技术创新资源的整合

资源分析，目标在于整合，使资源发挥最大效应，而不是松散地集结到一起。技术创新资源分属在不同组织之间，协调界面多、难度大。需要综合利用文化、行政、契约等各种力量整合资源，为共同目标努力。

（1）文化认同形成思想共识，促进内层组织资源整合

以中交公路规划设计研究院为代表的设计单位和以中国交建为代表的施工单位同属联合体成员，双方对项目文化高度认同，思想上形成共识，均以顺利建成工程为共同的价值追求。在某种程度上超越了合同关系和行政关系，资源跨越组织边界限制，联动、互动，充分融合。

在我国，设计单位与施工单位各有其独立的技术标准和法律规定，在职能、职责上有着明显区分。传统上，设计单位在设计方案选择时会倾向于已经被证明过的成熟方案，因为创新方案会面临很高的风险，风险将由设计单位承担。岛隧工程本身高风险、高不确定性的特点，决定了单独依靠任何一家单位都无法完成创新任务。项目总经理部以完成工程为首要目标，统一双方认识，将设计单位与施工单位整合到一起，此时工程成败是各方面临的最大风险，保证工程实现成为大家的共识。

（2）行政与契约相结合，推动中层组织资源整合

行政手段与契约手段相结合，挖掘联合体内部成员全产业链资源，为技术创新开拓思路。项目总经理部作为中国交建直管直属的项目机构，不仅能够整合中国交建全产业链优势资源，还能够整合其他联合体参与方的优势资源。一方面中国交建作为母公司对集团内各子公司具有一定的行政力量，有利于弥补市场力量不足，创造良好合作氛围，进而高效地整合子公司资源；另一方面，对于具体合作内容，项目总经理部与联合体合作方如COWI、AECOM、上海城建公司、上海隧道工程轨道交通设计研究院等通过联合体协议，约定资源投入计划，明确合作内容、服务价款、双方权利义务等条款，通过契约力量约束双方的行为和目标，保证资源配置，为技术创新提供支持。

（3）契约与情怀同作用，影响外层组织资源整合

以威胜利公司、国家海洋环境预报中心和中国航天科工集团304所为代表的外层组织，在技术创新过程中发挥了十分重要的作用。外层组织资源主要通过契约力量整合。很多国家级的科研院所都怀揣着一种家国情怀，怀着为国家事业服务的使命和担当，在资源整合中，契约与情怀同作用，最大程度汇聚了技术创新的优势资源。

契约是整合资源最简单和常用的方式，通过契约，可以迅速将其他组织的资源纳入创新系统之中，为我所用。签订契约，应注意明确技术攻关的具体任务、资源保障计划、成果验收条件等内容，确保资源的投入与高效利用。情怀，作为契约力量的有效补充，是一种非正式的、有一定影响的情感力量。情怀力量能够

激发成员为完成目标而全身心投入，主动聚合资源。

【案例4-1】契约力量

瑞士威胜利（VSL）公司，作为液压千斤顶的供应商，在预制厂沉管顶推技术和最终接头小梁顶推技术创新中发挥了重要作用。项目总经理部主要通过契约力量，明确威胜利公司技术攻关任务，验算结构受力，优化顶推方案，整合威胜利公司的技术资源，为最终接头创新贡献了力量。

【案例4-2】情怀作用

合作团队有国家海洋环境预报中心和中国航天科工集团304所等，他们都以能承担港珠澳大桥岛隧工程这样的国家科研任务为荣，不以经济利益为追求目标，而是把技术难题当成科学问题研究，请回已退休的权威专家，动用最先进的科研设备，尽全力做好研究。这种为国家事业服务的情怀，最大可能汇聚了所有优势资源。

4.2.3 技术攻关过程控制

技术攻关是对技术难题进行分析、论证和攻克的过程，涉及多个技术领域，是一项复杂系统工作。解决复杂系统问题难点是怎样把初始目标变成各参加者的具体工作，又怎样把这些工作最终综合成符合要求的系统。岛隧工程项目总经理部运用系统工程方法，将创新目标分解为可执行的多级子目标，完成后进行系统集成，利用组织协调、技术协调，实现系统整体性功能，经过试验确保成果可靠。本节以可逆式主动止水最终接头为例，阐述技术攻关过程控制。

1. 创新目标分解

复杂系统目标分解，可以按照目标的设计过程、物理组成或功能组成、技术指标体系等进行划分，将复杂目标划分成若干有机组成的子系统，注意对众多分散的目标特性进行分类、重组，以便形成更为简洁的目标分解结构，减少各组目标之间的接口关系，有利于目标子系统的集成。

沉管隧道最终接头从方案构想、结构设计、加工制作到安装施工的每一步骤都是一套复杂程度高、风险系数大的系统。项目总经理部组织设计分部、项目总部、Ⅲ-1工区、上海振华等多个责任单位组成专题攻关组，对10类50项内容进行全面辨识、分析,将创新目标分解为最终接头结构设计、总体施工组织设计、钢壳混凝土注浆工艺、高流动性混凝土配合比研究等多个目标子系统,每一目标子系统又细分确立若干专题研究,各子系统对任务承担单位和时间约束节点均作出了要求,最后形成了目标层次清晰、任务分工明确的良好局面。最终接头技术攻关目标分解如表4-5所示。

最终接头技术攻关目标分解表　　　　　表4-5

序号	攻关内容		责任工区或单位
1	最终接头V形块总体构造设计		设计分部
2	临时及永久止水系统		
3	E29/S8-E30/S1混合管节设计施工研究		
4	结构设计		
5	最终接头安装过程运动响应分析		
6	总体施工组织设计		项目总部
7	最终接头施工风险分析及评估		
8	注浆工艺技术攻关	最终接头基础后注浆	Ⅲ-1工区
9		最终接头管内刚性连接段注浆	
10		顶推系统注浆	
11	最终接头高流动性混凝土施工技术攻关		
12	最终接头钢壳制造及运输技术攻关(含舾装内容)		上海振华,Ⅲ-1工区配合
13	最终接头管内刚性连接段安装及焊接		
14	E29/S8-E30/S1管节钢混结合段施工技术研究		Ⅲ-2工区,Ⅲ-1工区配合
15	最终接头安装技术攻关		Ⅴ工区
16	配合比研究及设计	钢壳高流动性混凝土配合比设计	沉管试验室
17		基础后注浆配合比设计	中心试验室沉管试验室
18		最终接头管内刚性连接段压浆配合比设计(含顶推系统)	
19	最终接头测控技术专题研究		测管中心、中心测量队
20	小梁顶推及固定系统		VSL

2. 目标子系统集成

技术攻关系统内各部分、各专业之间具有相互影响、密不可分的联系。目标子系统集成并不是彼此功能模块的简单组合，而是按照一定的技术原理或功能目的，将各子系统技术通过重组而获得具有统一整体功能的新技术的创造方法，能够实现子系统技术实现不了的功能。

目标子系统集成从整体上考虑并解决问题。最终接头创新目标分解将复杂系统分解为各个组成子系统，各个子系统技术攻克后，需要将各任务子系统技术进行集成，利用组织协调和技术协调，形成具有整体性功能的系统。

（1）组织协调

技术攻关划分成众多任务子系统，任务子系统之间可能会有交叉重叠，项目总经理部技术管理部门作为专职部门，负责整体组织和协调工作，处理接口管理工作，避免任务不清、责任不明的情况出现，确保系统的整体性。

（2）技术协调

各任务子系统完成技术攻关后，由项目总部制定总体施工组织设计，融合各任务子系统的技术要求，从总体上制定各个任务子系统集成为整体系统的技术方案，分析和评估整体技术方案的运行风险，形成统一的、能够运转的整体系统。

通过对技术方案进行模拟演练、试验验证，使不同专项技术之间互相理解和配合，达到整体系统最优。

3. 工程试验验证

目标子系统集成形成整体性创新后，通过工程试验验证子系统以及整体系统的稳定性和可靠性。最终接头的成败关乎整个项目的成败，每一环节所涉及的材料、工艺、设备、技术都要确保万无一失。最终接头需要一次性安装成功，再次安装难度将会成倍增长，世界上从无先例。项目总经理部对这一复杂系统的每一子系统反复试验，确保每个子系统都能够顺利、高质量完成。

最终接头钢壳内填充高流动性混凝土，材料须具备免振捣自流平性能、间隙通过性、抗离析性能等多方面性能。高流动性混凝土配合比经过反复试验，从7种不同胶凝材料体系、25种胶凝材料组合、76组配合比中优选出了两组混凝土配合比，并在后续工艺性试验中，继续优化，为最终接头施工提供可靠保障。

在准备最终接头的安装过程中，目标子系统各任务承担单位为了确保安装成功，开展了几十项工艺试验、材料试验、设备试验。如钢壳混凝土工艺试验、液压千斤顶保压试验、基床稳定性试验、止水带试验等，这些试验的开展，提升了创新各子系统的可靠性，增强了团队完成任务的信心。

经过两年多的技术攻关、多轮讨论和反复试验，可逆式主动止水最终接头创新得到专家们的一致认可，仅用一天时间完成最终接头安装，又首次在世界上进行逆向操作，重新脱开进行精调，实现毫米级偏差的完美对接。

4．创新成果应用与保护

创新成果应用是创新的最终目的，通过专家评审验收后投入使用。通过国际专利布局、国内专利申报等工作有效保护创新成果和知识产权。

（1）创新成果应用

创新成果验收是对新技术的创新性、稳定性和经济性进行科学的评价，检查有关的技术条件、质量标准是否达到，相应的检测、验证材料是否符合预期，合同中的内容是否全部完成，同时也为下一阶段科研立项提供依据。

岛隧工程成果验收由主管部门组织召开科研项目验收评审会，主管部门、创新成果应用部门或工区、主办部门参加，重要课题召开专家评审会，最终形成课题验收以及评审会会议纪要或专家意见，并进行验收会签。

在进行技术评审、试验研究、联调联试后，创新成果在工程中的应用，解决工程建设中的具体问题。岛隧工程建设本身也是科研成果不断形成和应用的过程，从某种意义上说，工程建设与工程试验创新融为一体，在建设中创新，在创新中建设。工程得以顺利完成就是对创新成果的最好应用与推广。

（2）创新成果保护

岛隧工程建设周期长，创新成果多，项目总经理部十分重视创新成果保护工作，成立相关工作组，多次召开技术成果分析与协调会议，及时梳理创新成果，推进创新成果保护工作。

1）国际专利布局

专利保护具有地域性，专利技术想要在其他国家得到保护，必须在相应国家提出国际专利申请并获得授权。国际专利是防止专利技术在他国被侵权，确认企业自身不侵权，是参与国际竞争的有效手段。

技术创新成果完成后，项目总经理部及时邀请专业律师事务所，召开专题会议，根据国际专利的申请流程和时长，结合各个国家和地区的申请办法，共同分析岛隧工程技术创新成果国际专利布局，为岛隧工程技术创新成果保护、为中国技术走出国门，提供有利的法律武器。

2）国内专利申报

国内专利申报有两种方式：由项目总经理部联系相关专利代理公司组织开展申报；由设计分部、各工区所属单位组织申报。由项目总经理部组织申报的专利，其相关的日常统筹协调工作由总工办负责，设计分部、各工区指定各专利的具体申报负责人，由其撰写技术交底书，并回复专利申报过程中的有关质询。由设计分部、各工区所属单位组织申报的专利，在专利证书下达后，向项目总经理部报备。

3）科技论文征集与发表

科技论文的撰写和发表是总结、提升技术成果，展现岛隧工程国际国内影响和传播成果的有效途径，对各参建单位科技发展、技术进步有重要意义。项目总经理部多次征集岛隧工程科技论文，及时总结、交流和推广应用先进科学技术，全面提升、整体推进。

科技论文相关工作由项目总经理部总工办负责统筹，总部相关职能部门、设计分部、各工区按计划分批开展论文撰写。项目总经理部通过组织论文征集和筛选活动，激发员工论文撰写积极性，规范论文写作内容和要求，并联系相关杂志社进行审查和发表。

各工区总工程师组织工区副总工程师、高级工程师等专人对论文进行指导，确保论文质量，总工办组织相关项目副总工程师及项目领导对论文进行审核。未经项目总经理部统一组织，由各部门人员撰写并发表的论文也应向总工办报备，避免敏感资料泄露。

科技论文涉及工法、技术总结、创新技术、管理经验等各个方面，目前已出版岛隧工程科技论文专刊多册，发表科技论文数百篇。

4.2.4 技术创新管理成效与体会

岛隧工程技术创新管理，成效显著，许多经验做法值得总结推广。分析主要技术创新项目，回顾创新管理过程，总结技术创新管理成效，得到许多体会与感悟，主要包括树立科学家精神、坚持开放创新、整合最优资源、设计施工联动提供创新土壤。

1. 技术创新管理成效

岛隧工程项目总经理部通过技术创新，一方面，化解了工程风险，确保工程安全、优质、高效地建成，节约了工程投资，形成了500余项专利。另一方面，许多高科技创新技术首次在工程中应用，施工实现自动化、无人化、智能化、精细化，完成了大型土木工程施工领域的一次产业革命。

岛隧工程主要创新技术，如钢圆筒快速成岛技术、半刚性沉管结构技术、可逆式主动止水最终接头技术等，取得了重大突破，这些技术的取得，引领着世界沉管隧道建设的先进水平，形成了走向世界的"中国技术"和"中国标准"，推动了中国"从一个沉管隧道技术的相对小国到世界沉管隧道领域的领军国家之一"的跨越式发展。

（1）技术创新效益

重大技术创新的突破，解决了技术难题，满足了工程需求，为岛隧工程甚至国家带来了巨大的效益，体现在降低成本、减少工程量、节省工期、提高质量、保证安全、化解风险、提高管理水平等方面，对沉管隧道行业的发展、国家整体技术水平提升起到极大的推动作用。岛隧工程主要技术创新项目及实现的效益情况如表4-6所示。

主要技术创新项目及实现的效益情况 表4-6

序号	主要技术创新项目	实现效益
1	钢圆筒快速成岛技术创新	（1）世界范围内首次提出钢圆筒成岛方案； （2）减少了泥沙开挖量1000万m^3； （3）节约建设工期30个月； （4）创造了"当年开工、当年成岛"的世界工程奇迹
2	外海深厚软土沉管隧道基础沉降控制创新	（1）世界上首次采用组合基床+复合地基的基础方案； （2）将沉降量控制由10~20cm提高到5cm左右； （3）解决了软土隧道沉降控制的世界性难题
3	工厂法沉管预制厂建设集成技术创新	（1）解决了预制厂生产场地狭窄及沉管存放难题； （2）实现了世界最大沉管的标准化预制； （3）生产的100万m^3混凝土成品无浇筑裂缝； （4）提高了工效和质量
4	半刚性沉管结构创新	（1）世界范围内首次提出"半刚性"沉管结构体系方案； （2）解决了沉管纵向抗剪能力不足问题； （3）节省运营期维护费用10亿元以上； （4）建成了世界上唯一不漏水的沉管隧道

序号	主要技术创新项目	实现效益
5	外海深水沉管浮运安装技术集成创新	（1）节省技术引进费用15亿元； （2）实现了沉管安装作业窗口100%精准度预报； （3）实现了沉管40多米深海底精准对接
6	可逆式主动止水最终接头创新	（1）节约建设工期6个月； （2）实现了对接精度毫米级； （3）创造了世界沉管隧道工程的"中国标准"
7	专用装备自主研发创新（抛石整平船、精挖船、沉管安装船等）	（1）提升了我国海洋工程装备研发制造水平； （2）实现了±4cm的抛石整平精度； （3）实现了50m水深下挖泥超深控制在50cm以内

（2）技术创新获奖情况

岛隧工程技术创新成效显著，得到社会的广泛关注和认可。项目总经理部多次组织向航海学会、水运协会、公路学会等进行奖项申报，很多成果获得奖项，包括一等奖、特等奖等。奖项的取得是对技术创新管理成效的有力证明。技术创新获奖情况如表4-7所示。

技术创新获奖情况统计表　　　　　　　　表4-7

序号	奖项	获奖项目名称
1	航海学会特等奖2项	外海深插钢圆筒快速筑岛技术
		深埋沉管隧道半刚性结构体系研发与应用
2	航海学会一等奖5项	先铺碎石基床纳淤机理、设计方法及回淤控制技术研究
		宽海域跨海工程精密高程测控关键技术
		外海深厚软土沉管隧道基础沉降机理及控制技术研究与应用
		外海超长沉管隧道安装免精调定位控制技术研发与应用
		港珠澳大桥沉管隧道基床回淤监测及预警预报系统研发与应用
3	水运协会特等奖2项	外海深水碎石基床高精度铺设整平施工成套技术研究与应用
		外海深水超大沉管安装成套技术研究及装备研发
4	水运协会一等奖6项	深水清淤关键技术与设备研发
		海上挤密砂桩地基处理成套技术
		深基槽高精度挖泥关键技术与设备研发

序号	奖项	获奖项目名称
4	水运协会一等奖6项	港珠澳大桥预制沉管裂缝控制施工技术研究
		外海人工岛钢圆筒围护结构施工工艺及设备的开发与应用
		外海超长沉管隧道施工过程监控体系关键技术研究应用
5	水运协会三等奖1项	港珠澳大桥人工岛施工监测、检测和数值分析关键技术
6	公路学会一等奖1项	曲线沉管工厂法预制及安装关键技术

在技术创新成果申报的基础上，岛隧工程项目总经理部还编写了多种施工工法，工法是企业标准的重要组成部分，是企业技术水平和施工能力的重要标志。岛隧工程有5项国家级工法，说明这些施工技术达到国内领先水平或国际先进水平，有显著的经济效益或社会效益。工法获奖情况如表4-8所示。

工法获奖情况统计表 表4-8

序号	级别	项目名称	获奖等级
1	国家级	外海人工岛钢圆筒围护结构施工工法	水运工程一级
2	国家级	沉管隧道大型管节钢、木结构水箱装配施工工法	水运工程二级
3	国家级	沉管隧道大型管节钢筋骨架工厂法架立施工工法	水运工程一级
4	国家级	液压模板系统整体浇筑沉管隧道大型管节施工工法	水运工程一级
5	国家级	沉管隧道大型管节顶推、滑移施工工法	水运工程一级

2. 技术创新经验体会

岛隧工程项目总经理部和全体参建者，经过多年艰苦探索和实践，走出了一条适合自身发展的自主创新之路，其经验与体会如下：

（1）树立不懈探索的科学家精神

科学家精神是科学的精髓，源于人类对未知世界的求知、求真、理性、实证的坚持。岛隧工程技术创新工作取得丰硕的成果，得益于不懈探索的科学家精神。岛隧工程建设规模、技术难度达到世界之最，技术风险极高，项目总经理部对每一个症结、疑虑，大胆怀疑、小心试验、广泛研讨、多方论证，设立一大批科研专题，风险驱动创新，创新化解风险，在这种不懈探索的科学家精神的引领下，整个团队形成了一种尊重知识、勇于尝试的创新文化，凝成一股巨大的合力，在技术攻关的道路上一路披荆斩棘，取得了一个又一个创新成果。这种不懈探索的科学家的精神，深入每一个人的骨髓，发挥了关键作用。

（2）坚持开放创新的工程师心态

岛隧工程技术创新过程是开放的、包容的，开放性是创新工作取得成功的一个重要原因。技术创新从来不是关起门来"闭门造车"，封闭只会限制自身的手脚，使自己更加落后。岛隧工程从开始就种下了开放的种子，业主在招标时倡导中外联合体、伙伴关系等开放性要求，中标联合体的牵头人中国交建更是一家在全球开展业务的知名企业，岛隧工程本身采用了中国、英国及欧盟的设计标准，所有这些条件均指向了开放性。

项目总经理部坚持开放创新，绝不是一切从头开始，而是奉行"拿来主义"，广纳天下英才，博采众家之长，站在巨人的肩膀上，吸纳国内外同行先进成熟技术，联合多家科研单位共同攻关，集成创新。坚持开放创新与自主创新并不矛盾，自主创新是开放基础上的再创新。事实上，如外海超大沉管安装成套技术、沉管半刚性结构等核心技术的创新只能依靠自主创新，核心技术是买不来的。开放创新还要保持开放心态，聚四海之气、借八方之力，不拒众流，方为江海，开放心态才能接受开放创新。

（3）整合最优资源的全球化视野

技术创新，以解决工程遇到的技术难题为首要任务，一方面技术攻关需要时间，另一方面合同工期已经确定，工程技术创新需要在有限的时间内完成创新任务。岛隧工程项目总经理部通过整合全球最有利资源，高效地完成了各种技术攻关任务。通过合作伙伴的选择，把最优质的资源第一时间纳入创新网络系统中，通过组织协同，激活各方才智，共同努力实现创新目标。整合国家海洋环境预报中心、中航工业集团304所的技术专长，在沉管安装作业窗口和保障系统的研发中，发挥了极其重要的作用。全球资源整合，为岛隧工程技术创新提供了坚实基础。

（4）设计施工联动提供创新土壤

岛隧工程采用设计施工总承包模式，避免了传统模式上设计、施工彼此割裂的弊端，通过设计配合施工，施工驱动设计，两者紧密融合，构成了一个有利于技术创新的坚强内核。在内核的驱动下，设计与施工目标一致，从设计源头上寻找答案，解决技术难题，催生了大量新技术、新工艺、新设备、新材料，形成了一个以设计、施工为主线，科研、装备为两翼的创新网络。设计与施工，技术创新最重要的两个主体带领各参与方智力迸发、激烈讨论、互相学习、充分融合，为技术创新提供肥沃的土壤。思想碰撞，创新的火花来源于设计和施工的直接需要；全程联动，推动着技术创新与工程实践的高度融合，保障了工程建设任务顺利完成。

第5章

品质工程与管理

"百年大计，质量第一"，品质工程是工程质量管理由追求检验合格向追求高品质体验的进一步升华。岛隧工程项目总经理部立足于品质工程目标，明确品质工程管理要点，严格把控机械装备和原材料质量，全面优化设计方案，深入开展现场标准化和全过程动态监控，确保工程质量；贯穿以人为本、可持续发展理念，打造实用价值与工程美学并行的精品工程，推动工程质量评价由追求"合格率"向追求"满意度"跃升，为用户提供具有"需求溢出效应"的优质工程。

5.1　品质工程认知

5.1.1　品质工程的由来

品质工程（Quality Engineering），是日本学者田口玄一创立的工程方法，也被称为田口式品质工程或田口方法，包含实验设计、品质工程、商业资料分析、部门评价法与图形辨识等。1980年传入美国，在美国电话电报公司（AT&T）一炮而红，成为工业界最重要的改善活动之一。目前，品质工程已经逐渐在诸多领域得到推广和应用。

2017年9月，《中共中央国务院关于开展质量提升行动的指导意见》中明确提出，以全面提升产品和服务质量为供给侧改革的中心任务，全面实施质量强国战略，加快建设质量强国，推动"中国制造"向"中国创造"转变、"中国速度"向"中国质量"转变、"中国产品"向"中国品牌"转变。"品质"一词开始受到广泛关注，"品质革命"更是被写入2018年政府工作报告中。2018年9月5日，周其仁在"品质革命·创新力量"大会上指出，必须保持"工匠之心"，拥抱创新，推动"品质革命"。

2015年10月27日，全国公路水运工程质量安全工作会议上明确提出了打造"品质工程"的新理念。随后，交通运输部将"品质工程"列为交通运输"十三五"发展规划重要内容，积极推动"品质工程"工作部署，陆续出台了打造品质工程的指导意见和试点方案，发布了创建品质工程通知和品质工程的评价标准，召集专家就如何在公路水运工程中开展品质工程进行讨论。这些部署为交通基础设施建设领域打造品质工程提供了明确的指导，品质工程建设正如火如荼地开展。

交通基础设施建设领域中的"品质工程"是践行现代工程管理发展的新要求，追求工程内在质量和外在品位的有机统一，以优质耐久、安全舒适、经济环保、社会认可为目标的公路水运工程建设成果。交通运输部将"品质工程"具体内涵界定为：（1）建设理念体现以人为本、本质安全、全寿命周期管理、价值工程等理念；（2）管理举措体现精益建造导向，突出责任落实和诚信塑造，深化人本化、专业化、标准化、信息化和精细化；（3）技术进步展现科技创新与突破，先进技术理论和方法得以推广运用，包括先进适用的新技术、新工艺、新材料、新装备和新标准的探索与完善；（4）质量管理以保障工程耐久性为基础，体现建设与运营维护相协调、工程与自然人文相和谐，工程实体质量、功能质量、外观质量和服务质量均衡发展；（5）安全管理以追求工程本质安全和风险可控为目标，促进工程结构安全、施工安全和使用安全协调发展；（6）工程建设坚持可持续发展，体现在生态环保、资源节约和节能减排等方面取得明显成效。

打造品质工程是交通基础设施建设贯彻落实五大发展理念和建设"四个交通"的重要载体，是深化交通运输基础设施供给侧结构性改革的重要举措，是今后一个时期推动公路水运工程质量和安全水平全面提升的有效途径，是推进实施现代工程管理和技术创新升级的不竭动力，对进一步向交通强国迈进具有重要意义。

5.1.2 品质工程的内涵

1. 品质的内涵

关于"品质"，在汉语中，品质与品德、品性、品行意思相类似，表现为个人的气质、能力、性格，品质的内涵与人有密不可分的关系。许多管理学者提出了他们的看法：戴明认为"品质是以最经济手段，制造出市场上最有用的产品"；朱兰认为"品质是一种合用性，而所谓'合用性'是指使产品在使用期间能满足使用者的需要"；费根堡认为"品质不是最好的，它只是在某些消费条件下的最好，这些条件指的是产品价格（隐含品质成本），以及实际的用途"；石川馨认为"品质就是符合要求的标准"。这些学者有共同的观点："符合使用者的需要"，换另一种说法就是"符合使用者要求的标准"。

然而，随着商品的日益多样化，以"符合使用者要求的标准"来刻画品质，远远不够。现阶段的品质内涵必须真正融入"以顾客为关注焦点""顾客为尊""以人为本"的思想。因此，品质是产品所具有的使各方愿意接受、满足各方要求、并争取超越各方期望的特性，是产品形成过程和售后服务所达到的品位等级及产品质量等级的综合反映。

2. 品质工程的内涵解析

"品质工程"将"品质"的概念延伸至工程领域，将工程中"质量"的内涵进行了丰富和拓展，融入了"人的感受和体验"。项目总经理部在交通运输部"品质工程创建"活动的引领下积极探索和实践，对"品质工程"的内涵有了更深刻的理解与认识。

（1）品质=质量+提升

"品质"是以有形质量要求为根基升华而成的工程目标，质量是品质的基础。岛隧工程的品质工程管理是在新时代背景下对超级工程建设中质量管理理念的升华，它针对项目特性而产生，以"本质质量"为核心，从根源上保证工程投入要素的质量，并在满足基本质量要求前提下，追求更高层次的品质，品质工程管理方法在实践中不断发展。"品质"不能抛开"质量"，不仅要关注结构性能、耐久性、安全性、环保性、经济性、美观性等基本要求，更要超越质量基本要求，追求更好，从而建成"优质耐久、安全舒适、经济环保、用户满意"为主要特征的高品质工程。

"提升"的重点在于"用户体验"，由追求"合格率"变成追求"满意度"。岛隧工程的品质提升以全面质量管理为基础，以标准化管理为手段，以"以人为本"和"本质管理"为理念，依靠和培育高素质队伍，将用户体验作为重要检验标准，努力打造具有"需求溢出效应"的优质工程。"提升"的举措包含：1）工程的创造性——价值和独特性，工程本身的价值导向以及其设计、施工创新的独特性；2）工程短板管控——安全和功能，工程施工的安全，使用的安全，对环境的安全，功能的便捷，运维的便捷；3）工程细节把握——体验和舒适，注重用户感官和舒适体验，注重工程每一个细节；4）工程用心精致——匠心和工艺，建造者的工匠精神，施工工艺的精细化管理；5）工程符合美学——感观和心态，符合现代社会的审美和用户美学素养，给用户感官的直观冲击等。

（2）细节管理精益求精，融入"适度"思维

品质工程管理是全员、全面、全过程的管理，强调以细节管理为手段，让产品生产管理流程的每一个环节、每一个工艺，甚至每一个工位都得到品质保证。品质的细节管理在于用心，要求全员发自内心地把工程品质做好，在工程建设中对任何一个环节都小心谨慎，反复考究，精益求精，这不仅是项目管理者追求工程品质的使命感和责任感的体现，更是工程一线人员追求极致、精益求精的工匠精神的诠释。这里的"精益求精"不是片面地只追求细节，一味地追求精细化，而是追求"精"的同时考虑"中庸"之道，注重细节与整体的平衡，工程与环境的平衡，符合自然规律和事物发展规律，追求自然平衡下的"适度精细"，体现工程人对工程细节的准确拿捏和思考斟酌。

（3）管控"短板效应"，促使可持续发展

"品质工程"意味着全局性的品质达标，但现实条件下存在的"良莠不齐"可能带来"短板效应"，工程品质将取决于整体中的薄弱环节是否达标，故而管控"短板效应"是品质工程管理的重要内涵之一。岛隧工程以建造"世纪工程"为基准点，识别技术和管理中的薄弱环节并逐步形成提升工程能力的解决方案，确保短板得到管控。追求品质工程就是要补齐短板，实现对岛隧工程参建人员意识、技术、方案、设备等优化升级，促进工程整体共同进步、工程质量同步提升，工程品质更上一层楼，考虑到土木工程本身资源消耗量大，容易增加环境负担，造成人与自然的不协调，品质工程必须将可持续发展的思想贯穿始终，不仅工程设计和功能是可持续的，而且在施工过程中注重资源节约、节能减排和环境保护，实现工程、环境、社会的和谐统一和可持续发展。

（4）美学价值与实用价值并存

品质是内在质量和外在美观的统一，内在质量指建筑物满足预期的设计标准及使用功能，外在美观指建筑物自身的美感与周边环境的交融。当前社会，物质文明的繁荣带动精神文明的发展，在大众审美觉醒的时代背景下，人们愈加注重工程的美感和协调感，包括建筑的规划及布局的协调美、韵律美，形态及结构的造型美、线条美等；尤其对于岛隧工程，俨然已经打上了地标建筑的标签，成为万众瞩目的焦点。因此，高品质的美学内涵要求岛隧工程既要独具特色，又要与周围环境相融合，只有美学价值和实用价值并存的工程才是真正的高品质工程。

5.1.3 品质工程的检验标准与推进措施

1. 检验标准

"品质工程"通过"规范"+"体验"两个方面来检验。"规范"强调工程内在质量的把控，工程实体质量、功能质量、外观质量和服务质量的均衡发展是品质工程的基础。"体验"重视工程内在质量与外在品位的有机统一，强调的是"人的体验"，"创造性+防止短板+细节+精致+美观"五方面的优质体验是品质工程的追求。交通运输部发布的《公路水运品质工程评价标准（试行）》（以下简称《评价标准》）中指出，品质工程应当满足优质耐久、安全舒适、经济环保、社会认可的建设目标，工程管理或技术达到行业同时期同类工程的领先水平，示范引导作用显著。《评价标准》中的示范创建项目品质工程评价指标由三级指标体系组成（7项一级指标、22项二级指标、52项三级指标），旨在从工程设计、工程管理、科技创新、工程质量、安全保障、绿色环保和软实力建设7个方面检验工程是否能达到高水平建造标准。其中，工程设计主要从系统设计、安全设计、生态环保设计、工程美学、人性化设计、设计服务水平6个子项来进行评价；工程管理主要通过管理专业化、管理精细化、班组管理规范化、科技保障、技术创新与应用5个子项来进行评价；工程质量主要从质量管理体系、质量风险预防管理、过程质量控制和耐久性保障4个子项进行评价；安全保障主要侧重于施工安全的评价；绿色环保主要从生态环保施工、资源节约、节能减排3个子项进行评价；软实力则侧重于对管理人员素质提升、一线工人队伍素质提升和品质工程培育文化3个子项进行评价。

2. 推进措施

交通运输部《关于打造公路水运品质工程的指导意见》从设计、施工、创新、质量、安全、环保、软实力等方面提出了推进品质工程的措施。

（1）提升工程设计水平：围绕设计水平的提升，强化系统设计、注重统筹设计、倡导合理设计创作。

（2）提升工程施工水平：围绕精益建造，积极推进建设管理专业化、工程施工标准化、精细化管理、信息化管理和班组规范化管理。

（3）提升工程科技创新能力：技术进步与科技创新事关品质工程成败，围绕工程重点、难点问题，积极开展创新，推广应用性能可靠、先进适用的新技术、新材料、新设备、新工艺，发挥技术标准先导作用，探索建立全产业链继承和创新体系。

（4）提升工程质量水平：围绕工程质量责任主线、倡导推进质量风险防范管理的方法、树立过程质量控制观念、强化工程耐久性保障措施，促进工程质量水平的提升。

（5）提升工程安全保障水平：以风险管理基础体系建设为重点，以提升结构工程安全为基础，深化平安工地建设，提升工程安全服务水平。

（6）提升工程绿色环保水平：把保护生态环境作为优先工作，注重生态环保，积极应用节能减排技术，倡导资源节约利用。

（7）提升打造品质工程的软实力：一是加强管理人员素质建设；二是提升一线工人队伍素质；三是培育以人为本、精益求精、全心投入为主要特征的品质工程文化；四是实施品牌战略，通过打造品质工程，提升中国交通和企业品牌形象，增强企业核心竞争力。

5.2 品质工程管理目标与要点

品质工程是工程内在质量和外在品位的有机统一，优质耐用、安全舒适、经济环保和社会认可是品质工程的建设目标。品质工程管理就是要围绕品质工程目标，明确品质工程管理要点，采取有效手段和措施保障品质目标的实现。项目总经理部针对岛隧工程特点和具体实际，确立品质工程管理目标，明确品质工程管理要点，以质量保证与控制措施、品质追求与提升为抓手，切实保障工程内在质量和外在品位的有机统一。岛隧工程品质工程管理框架如图5-1所示。

5.2.1 品质工程管理目标

项目总经理部认真贯彻国务院《质量发展纲要（2011-2020年）》，积极响应交通运输部"品质工程"号召，高度重视"品质工程创建"活动，积极落实"品质中交"、质量强企、提质增效战略，提出了符合岛隧工程特点的品质工程管理目标。

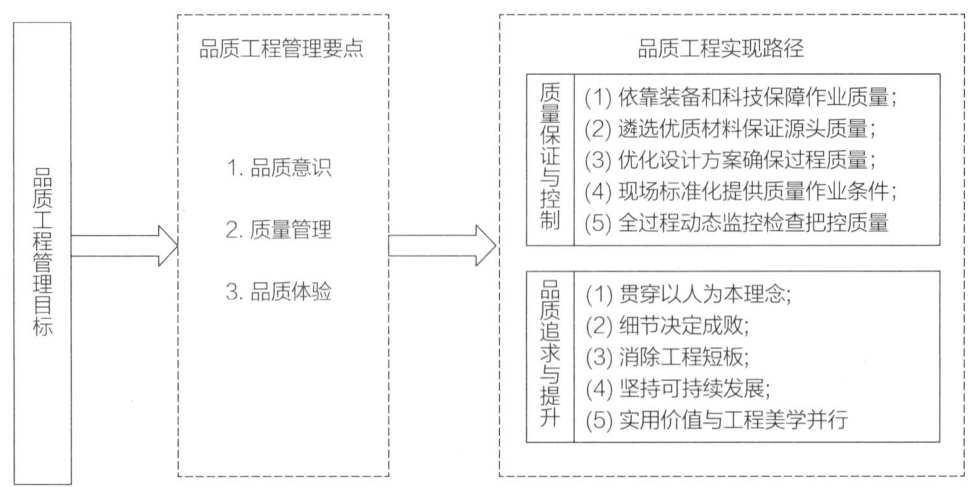

图5-1　岛隧工程品质工程管理框架

1. 以使用寿命120年为纲，满足设计功能要求

以《港珠澳大桥主体工程建设项目管理纲要（试行）》中提出的港珠澳大桥质量管理目标为基本要求：建成后的港珠澳大桥主体工程设计使用寿命达到120年，工程严格满足国家及港珠澳大桥主体工程专用标准体系要求，验收合格率达100%；单位工程一次验收合格率100%；争创鲁班奖、詹天佑大奖、国家级优质工程金奖。岛隧工程的设计使用寿命由100年提升为120年，这对于设计方案、施工技术、建筑材料等均提出了挑战；同时也增加了质量管理的难度，对建设的每一个环节、每一个人员都提出了更高的要求。

2. 以高品质为导向，塑造伶仃洋最美地标

为实现"建设世界级的跨海通道、为用户提供优质服务、成为地标性建筑"的建设目标；必须实现岛隧工程内在质量与外在品位的统一，以高品质为导向，"塑造伶仃洋最美地标""扮靓海底隧道最美风景"，向三地人民、向国家交上最满意的答卷，向全世界呈现一张"中国名片"！

3. 超越各方期望，工程品质达到国际水准

从品质的特性来看，品质不仅要满足各方要求，更要争取超越各方期望；站在岛隧工程的角度，常规意义上的按图施工只是保证工程基本质量，"求稳"而不"求精"，这远远达不到超级工程的要求。岛隧工程品质必须满足公路水运品质工程评价标准，开展高端品质认证，工程品质达到国际水准。只有通过品质工程管理，在满足工程质量要求基础上，超越各方期望，才能达到更高水平的品质

目标，为建设品质强国、交通强国提供有力支撑。

5.2.2 品质工程管理要点

1. 品质意识是关键

人是有意识的动物，行动受大脑支配，意识的强弱决定行为的深度，一个没有品质意识的人，绝不可能生产出高品质的产品；当人的思想意识上升到一定的高度，再加上相应的工作技能，高品质的产品也随之而来。"高度"反映一个人的修养和内涵，有"高度"的人自然对事物有更深刻的认识，行事也会有更高的标准。可以说，品质意识对品质工程起到了决定性作用，是品质工程管理的关键环节。换句话说，品质意识是指人们在工程活动中，对提高工程品质的认识程度和重视程度，以及对提高工程品质的决心和愿望。

（1）深化品质意识激发自主性

品质意识是在文化和培训双重作用下形成的，且需要不断强化后天意识，需要项目管理者对建立品质工程具有高度责任感和使命感，以"高度关注"唤起全员积极性，通过领导力从上至下传递品质意识，引起全员高度重视，做到全员参与，全面保障。高品质的达成非一日之功，品质意识的本质在于正视现实，并不断进行改善。注重品质文化内涵建设，用品质文化将队伍凝聚成一个团队，让建设者发自内心地把自己的本职工作做好，共同追求高标准的品质目标。

高品质的工程建设需要品质意识的引导，通过强化工程一线人员的品质意识，使其将品质标准作为工作准则，由内向外把建设品质工程作为自己的工作使命和责任，把自己的成就感与工程品质关联，做到自主地为建设品质工程贡献全部力量。

（2）以品质塑品牌树立共同价值观

品质是一个企业的"立身之本"和"取胜之道"，重视品牌建设是当代企业发展的重中之重。项目总经理部建立全员培训机制，树立全员的共同价值观，把品质作为准则、责任及荣誉，力求打造高品质工程，这不仅是工程建设的使命和义务，也是中国交建作为央企的责任与担当，更是树立和提升中国交建品牌形象的机遇。

（3）规范常态化的品质工程管理行为

行为与意识存在相互强化的作用，通过多角度、多层次的品质宣传和培训活动形成常态化的品质工程管理行为。面对岛隧工程复杂工程环境和工艺技术，项目总经理部及各工区质检部建立常态化的培训机制、考核机制，通过专题培训、方案研讨、技术交底、参观考察、质量例会、QC小组活动等多种形式，对主要管理人员及施工操作人员进行培训及教育，强化质量意识，不断提高质量管理队伍的素质和能力。多样化的形式和方法使得品质工程管理内化于心、外化于行，形成了规范常态化的品质工程管理行为，这为岛隧工程品质工程建设奠定了坚实基础。

2. 质量管理是基础

品质工程，"根"在质量。工程质量管理是指为保证和提高工程质量，运用一整套质量管理体系、手段和方法所进行的系统管理活动。世界上许多国家对工程质量的要求，都有一套严密的监督检查办法。在德国，以质量标准为基础，以信息化、自动化、智能化为手段，实现全过程质量管理，致力于完善的产品生产质量控制体系。在日本，推崇精益生产理论，高度关注"人"的因素，强调员工的自主、主动、持续改进。在中国，以"零缺陷"质量文化为代表性，强调全面质量管理，把顾客的期望作为目标，并不断超越这种期望。

对于任何一项工程来说，保证质量是最基本的要求。岛隧工程，具有三地共管、关注度高、地标性等特点，对工程质量提出了更高的标准和要求。项目总经理部着力倡导质量文化，实施现场标准化、精细化作业，把质量管理的触角遍及工程的各个角落，采用全过程的监控检测，实现对工程质量的动态掌控，为实现岛隧工程质量目标，建设品质工程打下坚实的基础。

3. 品质体验是升华

项目总经理部坚持"品质至上"的管理理念，将"用户体验"作为品质升华的引擎，在工程创新、细节把握、短板把控、工程美学与可持续发展等方面采取工程优化措施，为用户提供具有满意体验的优质工程。例如，针对海岛环境采用清水混凝土方案；基于台风破坏力的增强趋势，重新评估，调整人工岛设防标准、提高岛上建筑的抗台风等级；为了提高行车舒适度，开展专题研究优化隧道路面伸缩缝和排水沟的设计方案；在工程美学方面强调"设计师都是建筑师、工程师都是工艺师、建造者都要成为工匠"的理念等。

5.3 品质工程的质量保证与控制

质量保证与控制是品质工程管理的重要基础。在长达七年的岛隧工程建设中，项目总经理部采取了一系列质量保证与控制措施，依靠装备和科技保障施工质量，遴选优质材料保证源头质量，优化设计方案确保过程质量，开展现场标准化优化作业条件，全过程动态监控检查把控质量，从而有效地保证了工程质量。

5.3.1 依靠装备和科技保障施工质量

1. 大型化专用设备提升施工精度

按照"利用现有设备、改造成熟设备、新造专用设备、兼顾后期使用，总部牵头、工区协作、助力振华、均衡各局"的工作思路，项目总经理部确定了新建（改造）12项大型专用设备（新建两船、改造两船、管节预制七大件、外加一锤组）的实施计划。同时，为装备配置"保姆式服务"（厂家提供全过程技术支持服务），时刻保证设备的良好状态，保障机械装备始终有效服役，为岛隧工程施工质量提供可靠保障。

（1）改造专用清淤船、新型挖泥船保障施工精度

以"捷龙"为母船，开展深水清淤关键技术与设备研发，进行轻质桥梁、专用清淤吸头、精确定位控制系统、装驳系统等技术改造，确保施工船舶满足沉管隧道基槽清淤的要求，为后续沉管隧道的安装奠定了坚实的基础。专用清淤船如图5-2所示。

为满足海底沉管隧道基槽开挖质量要求，以30m³抓斗挖泥船"金雄"为母船，积极开展深基槽高精度挖泥关键技术与设备研发，改造成为同时具备精挖监控系统、优化定深系统、自动整平挖泥控制系统的新型定深平挖抓斗式挖泥船，全面实现精挖效果，有效控制沉管隧道基床施工精度，保障了沉管隧道基础的施工质量。新型定深平挖抓斗式挖泥船如图5-3所示。

（2）新建沉管安装船、平台式整平船保障基础质量

改变传统沉管浮箱沉吊法施工工艺，根据沉管施工特点及沉管体量大小研发建造了沉管安装专用船舶2艘——"津安2号"和"津安3号"，利用压载水控制管节浮力、系泊系统控制管节平面位置、吊索系统控制管节沉放速度和水中姿

图5-2　专用多耙头清淤船

图5-3　新型定深平挖抓斗式挖泥船

态、测控系统指导管节对接就位，提高了外海沉管隧道对接精度和对接速度，保障了沉管隧道安装的质量精度。沉管安装专用船如图5-4所示。

设计建造了深海基床铺设专用船舶——"津平1号"，实现了对整平船定位、下料管升降的控制、整平刮刀的高程调节、整平台车纵横向移动的控制、碎石铺设的同步质量检测等作业的自动化、一体化管理，大大提高了基床铺设效率和精度，有效保障沉管基础施工质量，深海基床铺设专业船"津平1号"如图5-5所示。

图5-4　沉管安装专用船

图5-5　深海基床铺设专用船——津平1号

（3）钢圆筒振锤保障成岛质量

钢圆筒振沉系统由吊架、振动锤、同步装置、共振梁、液压夹具和液压设备等组成。其中8台振动锤由美国APE公司提供，共振梁和吊架由APE公司提供技术设计图纸，上海振华重工负责工艺设计并加工制造，Ⅰ工区在APE公司的指导下进行振沉体系的组装和调试。八锤联动系统为保障钢圆筒的振沉精度贡献了巨

图5-6　钢圆筒及副格打设

大力量，使钢圆筒垂直度误差控制在允许范围之内，保证了人工岛的成岛质量。钢圆筒及施工过程中的副格打设如图5-6所示。

2. 工厂化沉管预制实现质量精细化

（1）沉管预制设备提高生产质量

沉管预制采用以摩擦焊机和数控立式弯曲机为代表的现代化数控钢筋加工线来提高钢筋加工精度。现代化数控钢筋加工线的计算机控制技术在产能、工作空间、人员配比、能耗、质量、安全性、环境、管理成本、工期及原材料损耗等多方面发挥了独特优势，提高了标准化程度，数控立式弯曲机及钢筋半成品如图5-7所示。管节预制采用全套液压钢模系统（图5-8），提高了管节的抗裂性和自防水能力，从而保障了管节质量。为实现管节从浇筑区到浅坞区的长距离顶推，首创了"三点支撑、多点连续顶推"工法，在节段下方安装3套液压泵支撑系统，确保管节的稳定性，为管节移动且不扰动管节、不破坏管节的质量提供了保障。顶推千斤顶及顶推过程如图5-9所示。

图5-7　数控立式弯曲机和钢筋半成品

图5-8　沉管预制全自动液压模板系统

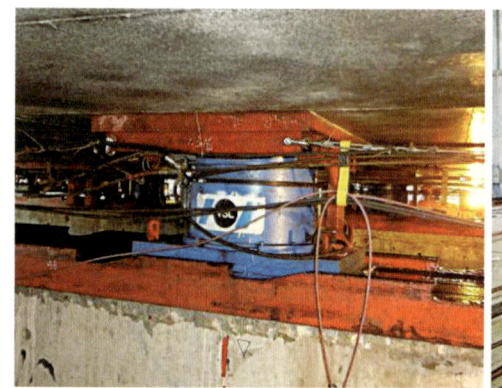

图5-9　顶推千斤顶及顶推过程

（2）管节预制信息化手段保障混凝土质量

以多种类型传感器和无线网络技术为数据采集传输手段，全面分析混凝土生产、浇筑、养护过程中的状态和变化，推行质量预警系统和具备时间与空间维度的四维数字化生产控制系统，实现了混凝土全过程的质量控制。

在沉管控裂方面，实行严格的温控措施，混凝土入模温度以25℃（夏季28℃）为高温线，高于25℃要采取降温措施。例如对料场的温度监测及仓面降温，砂石料的温度变化会实时传输到厂房测控室，如果超过规定温度，可以在操控室直接下达喷雾指令，直至温度恢复到控制温度以内。除此之外还有粉料罐防晒、材料皮带机输送冷风、混凝土生产加冰水等温控措施，保证混凝土质量，利用温感技术实现对混凝土生产过程质量的精细化控制。

3. 智能化高精尖技术保障施工质量

（1）沉管浮运安装成套技术及配套装置保证零失误

为将180m长、8万t重的沉管管节浮运到安装位置，并下沉到海底精确对接，实现在海洋环境中的"海底穿针"，项目总经理部结合以往经验，开发了外海沉管浮运安装成套施工技术及配套装置，包括外海浮运和沉放过程中结构受力与变形监测系统、沉管浮运导航系统、沉放安装系统、管节安装测控系统等，确保沉管浮运安装过程中的零失误，保障了海底精准对接质量。压载系统和拉合系统如图5-10、图5-11所示。

图5-10 压载系统

图5-11 拉合系统

（2）小区域长历时高精度作业窗口系统保证对接质量

项目总经理部与国家海洋环境预报中心共同合作，开发沉管隧道安装的作业窗口预报系统，收集南海及珠江口近百年水文地形资料，利用超级计算机对数据进行模拟计算，预测10～15天某个时段的波高、海流、风速等，据此为沉管浮运安装选择适合的天气作业窗口期。小区域长历时高精度作业窗口预报系统减少了海上不良环境对施工质量造成的影响，通过区域化精确预报为海上沉管浮运安装及对接质量提供了保障。

（3）沉管安装运动姿态实时监测确保对接精度

在管节对接中，沉管就像海底的大钟摆，易受到海浪洋流的波动，深水又导致了沉管运动的超低频特点，需要精确测量其左右、上下以及倾角方向上的摆幅，如果没有极高灵敏度的监测系统，要实现沉管在海底的精准对接几乎是不可能完成的任务。项目总经理部与中国航空集团长城计量所合作，结合航天领域的惯性技术，形成沉管运动姿态实时监测系统，这一系统就像深海中的眼睛，时刻紧盯沉管运动姿态。得益于该系统，项目总经理部能够抓准时机进行水下对接。运动姿态实时监测系统能够保障大体量沉管在水下对接达到厘米级精确，为沉管对接质量提供了技术支撑。

（4）监测测量手段实现质量超前预报

1）沉管隧道基床泥沙回淤监测保障沉管安装质量

在E15管节的浮运安装过程中，基槽内出现了异常的泥沙强淤积现象，基床淤积厚度达到6cm左右，不能满足设计要求，管节安装工作被迫中止。通过研发的多因素复合型基槽回淤预报模型系统，实现了基槽泥沙淤积预报从宏观到局部，从"年、月"精确到"逐天"，预报精度由米级达到厘米级的精细化，极大地提升了回淤预报的精确度和时效性，为沉管安装质量提供了重要保障。

2）隧道监测实时掌控隧道质量变化

沉管隧道施工监测主要包括现场施工工况、节段间张合量、管节接头处差异变形、管节位移和沉降、管节渗透水、管节内温度等方面。节段间张合量传感器在桂山岛预制厂安装，安装时机选择在管节完成预应力张拉后、起浮前；管节接头差异变形传感器在管节沉放后安装，安装时机选择在贯通测量及精调完成后。通过隧道监测实时动态了解沉管隧道的状态，以数据的形式反馈，监测人员通过对数据的分析识别，了解和掌控沉管隧道的"身体状态"，指导后续施工，成为质量保障的重要手段。节段接头位置处张合量监测点布置如图5-12所示。

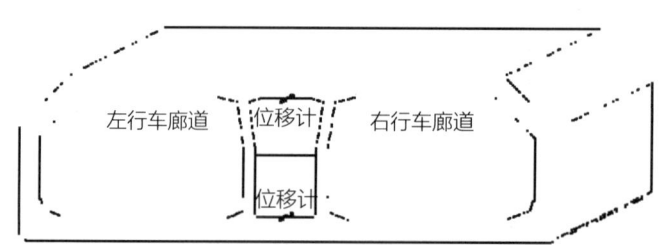

图5-12　节段接头位置处张合量监测点布置图

3）控制网测量确保施工精度

岛隧工程远离大陆，常规海中高程测量结果精度相对较低。为确保岛隧工程各个施工环节满足对测量精密放样的要求，需确定海中测量控制点的高精度高程。为此，完成了西人工岛至香港大屿山（约8.9km）、东西人工岛测量平台（约6km）跨海高程传递，得到了海中高精度高程测量结果，作为岛隧工程高程测量的精密基准。控制网测量包括测量和复测，以人工岛测量为例，鉴于岛面工程及房建工程施工工序多、设计变更较多，为确保测量放样的可靠性、准确性，对各工区提出统一要求，执行"确认单"制度，工区相关部门对测量所使用的图纸、参数、设计变更等进行确认，严格按照相关要求对测量内、外业工作进行复核及检查，尤其对关键施工部位做好复测复检，确保工程不因测量而返工。同时，利用控制网测量，对施工的方向和定位进行精准把控，为精细化施工、质量控制提供保障。

5.3.2 遴选优质材料保证源头质量

项目总经理部以"只要为了管节质量，再大的付出也愿意"为誓言，以"质量零缺陷保使用寿命120年"为承诺，以对国家高度负责的态度，认真遴选和把关材料，从源头上保证质量。

1. 试验检测严把材料质量关

项目总经理部中心试验室、沉管预制厂试验室和各工区试验站肩负着对原材料检测、配合比试验的责任，通过严密的试验和检测，严格管控材料质量。

（1）明确原材料检测职责

项目总经理部中心试验室主要负责东、西人工岛主体结构混凝土原材料及沉管隧道回填类碎石的检测工作；沉管预制厂试验室负责与沉管预制相关的试验检测及质量控制工作，主要包括：对进场水泥、粉煤灰、矿粉、河砂、碎石、外加剂、养护与拌合用水、钢筋、机械连接接头、拉钩筋摩擦焊接接头、锚具与夹片、预应力灌浆料等原材料进行检测并出具检测报告。两个试验室各司其职，相互配合，力争实现岛隧工程原材料质量检测无缝控制。

（2）严格配合比试验

项目总经理部中心试验室开展低热微膨胀混凝土试验研究，主要进行混凝

土配合比设计、现场混凝土小尺寸模
型试验，通过室内配合比调整及验证
试验，确定混凝土现场配合比相关参
数，积累相关试验数据，解决了沉管
隧道最终接头钢壳内灌注高流动性混
凝土的密实性问题，高流动性混凝土
性能试验如图5-13所示。

图5-13　混凝土性能试验

中心试验室同时开展清水混凝土
配制及施工技术专题研究，调研国内
外清水混凝土技术，确定清水混凝土配合比，优选切实可行的模板技术，研究现
场施工控制技术及管理措施，编制清水混凝土施工与验评技术指南，为清水混凝
土施工提供质量保证。

2.　混凝土产品认证规范质量标准

澳门土木工程实验室受港珠澳大桥管理局委托，依据《港珠澳大桥混凝土认
证细则》对岛隧工程混凝土进行认证，认证通过后发布认证证书。项目总经理部
严格管控混凝土搅拌站，使用特定的混凝土认证标志，加强成品和半成品的保
护，并定期接受认证机构对各搅拌站的监督审核，保证混凝土的质量，在多层次
的监督和控制管理下，混凝土成品质量得到了有效保证和提升。

5.3.3　优化设计方案确保过程质量

在设计施工总承包模式下，项目总经理部充分利用设计施工联动平台，对原
设计方案进行分析和优化，通过设计优化的可靠性和可实施性，从本质源头上保
证工程质量。设计方案优化创新了一系列有利于保障工程质量的新技术，对未来
公路水运工程建设具有借鉴和参考价值，为提升工程品质提供了支撑和保障。

1.　方案可靠性保障工程质量——半刚性沉管结构

针对沉管隧道深埋、上覆荷载大的特点，项目总经理部创新性提出介于刚性
结构和柔性结构之间的半刚性管节结构及预应力配置方案，在节段式管节中设置
永久预应力，根据地基和荷载情况，设置不同的预应力度，增加节段接头抗剪能
力，控制节段接头的张开量，提高结构防水安全性。沉管半刚性新型结构，开创

了一种全新的沉管隧道结构形式，提高了节段接头抗剪安全度及止水可靠性。与传统的刚性沉管和柔性沉管相比，这种结构更适合港珠澳大桥建设环境，为沉管隧道的"滴水不漏"提供了可靠的结构保障。半刚性沉管结构体系预应力套管无粘结段构造如图5-14所示。

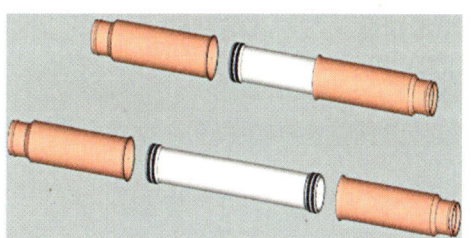

图5-14　半刚性沉管结构体系预应力套管无粘结段构造

2. 方案安全性保障构件质量——工厂法预制沉管

与传统干坞法比较，工厂法预制沉管采用全室内作业，可全天候施工，为构件生产"遮风挡雨"，最大程度减少了外部环境因素的干扰，也实现了构件质量的可靠度和安全度。工厂法预制实现作业流水化，厂内设置了两条300多米长的流水生产线，集成了钢筋加工、钢筋笼绑扎及顶推、全断面混凝土浇筑、管节顶推、管节一次舾装、深浅坞蓄排水及管节起浮横移等全部工序，确保各个工序各个部位有专人施工，保证构件生产规范、质量可控。工厂法预制从设计方案上实现了质量的可靠性，打造了百万立方米混凝土浇筑"无一裂缝"的奇迹。沉管预制厂全景如图5-15所示。

图5-15　沉管预制厂全景

3. 方案可达性保障操作质量——可逆式主动止水最终接头

"可逆式主动止水最终接头"是一项受世界同行瞩目的创新成果，区别于目前世界沉管隧道已经使用过的五种工法，它的巧妙之处在于可伸缩性止水顶推小梁，并且经过实践的检验证明该方法可行。在最终接头安装成功后，测量人员发现出现了15cm的横向偏差，但已实现结构安全合拢且滴水不漏。虽然15cm的偏差不影响工程的功能性和安全性，但项目总经理还是作出充分自信、不留遗憾的决定：拔出"线头"，再来一次"深海穿针"。经过27个多小时的"逆向"操作，把已经沉放的最终接头重新吊起并进行第二次沉放，把遗憾变成了完美的毫米级精度，可逆式最终接头实现了质量精度的高度控制，减少了大量潜水作业。荷兰沉管隧道专家说："中国工程师创新的最终接头方案是对沉管技术的重大贡献，尤其是在外海作业条件下，相比传统接头方式，该接头最大优势在于一次性作业。以前在外海安装需要半年的时间，而现在一天就可以完成。从质量的角度看，这种接头是当前最好的方案，未来世界沉管隧道业可能会更多地使用这种方式。"

5.3.4　开展现场标准化优化作业条件

项目总经理部严格执行施工规范标准，抓好重点工艺、技术的改进，开展现场标准化管理，优化作业环境和条件，促进品质工程与管理上升到更高层次。

1. "6S"管理打造"整洁现场"

6S即整理（Seiri）、整顿（Seiton）、清扫（Seiso）、清洁（Seiketsu）、素养（Shitsuke）、安全（Security）。6S管理是推进现场施工向标准化、工厂化生产模式转变，保证人、机、物、环处于良好生产状态的管理方式。在岛隧工程建设实践中，探索并形成了一套适应于施工现场的6S管理方法，建立以安全为中心，整理、整顿、清洁、清扫为基本手段，通过环境改善提升现场工人素养，使6S管理彻底融入施工现场，实现6S工地化。

各工区通过分阶段分层次推行6S管理，实现了从营造气氛到自主整改的转变、从自主整改到自觉行为的过渡、从自觉行为到自发习惯的升华。现场工作管理从"救火"管理演变为流程管理，做到了人尽其力、物尽其用，施工现场整洁美观，施工任务顺利开展。项目总经理部不仅在沉管预制厂中实行6S管理，还把成功经验推广到人工岛建设等工地中，实现工地工厂化、6S工地化。

2. 作业标准化规范施工工序

（1）作业标准化

作业标准化以推行人员"三专制度"为主，即专业的人、专项工作、专门做这项工作。首先是班组作业标准化，成立班组作业标准化领导小组和实施小组，明确任务职责分工，完善班组机构。其次将作业队伍划分为钢筋班组、模板班组、混凝土班组等专业班组，明确班组作业内容和工作职责，制定切实可行的措施推进标准化活动的有序开展。最后是通过举行班前会、班后会进行交底和总结，把施工班组建设成为标准化流水线中的一部分，实施定人、定岗、定施工部位"三定"制度，各施工部位由专人负责，出现质量问题便于溯源。

作业标准化还体现在对设备的管理，设备部负责各项设备的日常维护、计划维护、突发维护和维护预防等工作，建立设备维护台账、设备健康档案和《作业流程规范》看板，现

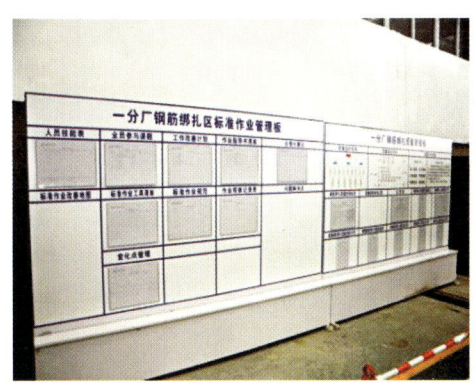

图5-16 现场标准作业展板

场标准作业展板如图5-16所示；加强清扫、润滑、防腐等日常工作，提高设备的完好率，对需反复拆装的设备，实行配件分箱装放，损坏件及时更换，专用工具就近定点挂设，保证安装顺畅。实现作业标准化，把施工标准常态化，为质量把控提供基础。

（2）工序施工精细化

将现行作业的每一个操作程序和每一动作进行分解，每一道工序都严格按照标准程序执行。例如，沉管预制中涉及的原材料和配件种类多、数量大、作业队伍多、进出频繁，要求对物资分门别类，推行物资的超市化管理，保证到场的原材料及时进仓，领料、出仓，提高物资管理系统的运行效率。工序施工精细化不放过任何一个细节，通过对每一个施工细节的掌控，一步一个脚印地逐步完成品质目标。在沉管预制过程中，混凝土浇筑及振捣是关键质量控制点，在混凝土浇筑之前，对工人进行质量意识宣贯，对浇筑和振捣的方式和方法反复交底，将工艺布点提前规划，在振捣时按布点规范振捣，并建立控制方案，通过工序细分，提高工人的操作熟练程度，减少出错率，消除施工的随意性、偶发性，提升精细化施工水平。

3. 施工班组管理提升队伍素质

（1）质量专项培训提升技能

各工区采用形式多样的手段，对一线作业人员进行培训，强化质量意识，提升作业技能，例如举办农民工讲坛、开办职工夜校等，对现场出现的质量问题进行逐层分析和讲解，探讨解决质量问题的方法和措施；各工区也采取演练的形式进行互动，互相学习。通过培训把一般工人培养成专业化、产业化工人，使其成

为现场质量管理的中坚力量，对岛隧
工程的建设起到了举足轻重的作用。

（2）多样化质量活动调动积极性

为进一步强化和提高全体参建人
员的质量意识，增强质量责任感，保
证质量管理工作进入良性循环，项目
总经理部、各工区及各试验室开展"质

图5-17　总项目部营地办公区宣传横幅

量月""质量年""工程质量治理行动"等专项质量活动，围绕"创新、协调、绿
色、开放、共享"五大发展理念，把质量工作与企业文化建设紧密结合起来，以
强化质量意识为主线，以打造品质工程为重点，以治理质量通病为抓手，以加大
宣传和培训学习为手段，以传统媒体结合信息网络、移动客户端等新兴媒体为渠
道，加大质量宣传力度，传播质量故事，唱响质量声音。总项目部营地办公区宣
传横幅如图5-17所示。

5.3.5　全过程动态监控检查把控质量

1.　施工全过程监控整体把控质量

（1）隧道基础监控

沉管隧道埋深大，地质条件复杂，基础施工面临巨大挑战。为了确保沉管隧
道基础工程各工序施工质量，成立了隧道基础施工监控组、隧道基础施工监测
组、隧道基础施工地质组、质量管理组等多个质量内控小组，全面负责基础施工
的质量检查、决策、协调、控制等工作，确保基础施工质量。同时，针对外海、
深埋、大回淤、节段式沉管隧道结构特点以及施工风险，实行隧道基础工程各工
序施工质量确认制：基础各工序的清淤效果及施工质量由基础施工监控组和设计
代表全程监控，确认后进行下一步工序交接，从细节着手，通过全过程质量监控
把产生隐患的可能性降到最低。

（2）隧道结构及线型监控

为规范沉管隧道施工监控，将"信息化施工监控与动态设计"的理念贯穿于
沉管隧道施工全过程，制定了《沉管隧道施工监控管理办法》，项目总经理部总
工办牵头，成立专门的沉管隧道监控决策组，下设沉管施工监控组和沉管施工现

场监测组，使沉管隧道结构及线形始终处于可控状态。沉管隧道管节数量多达33个，且部分位于曲线上，沉管管节水下安装对接要求高，不仅要确保管节接头有效止水，而且贯通后的隧道结构建筑限界及总体线形布置必须满足设计要求。为减少累积误差，提高管节平面线形的控制精度，必须将管节平面偏差控制在设计允许范围之内。通过对管节平面线形的动态监控，可有效地提高隧道结构安装的准确性，从而保障隧道结构的施工质量。施工监控管理流程如图5-18所示。

（3）管节舾装监控

为加强管节舾装的质量控制，项目总经理部成立了舾装质量内控推进小组，工区对应成立一次舾装小组，建立验收制度，联合组织验收。舾装施工质量实行舾装各工序施工质量确认制，由工区小组全程监控，项目总经理部舾装质量内控推进小组负责确认，确认满足要求后进行工序交接。其流程是先进行一次舾装，舾装完进行验收，验收通过后进行出坞前的二次舾装，接下来对船机进行检查及调试，再进行沉放演练、钢封门检测，最后确认出坞。以严谨的工作态度对待每

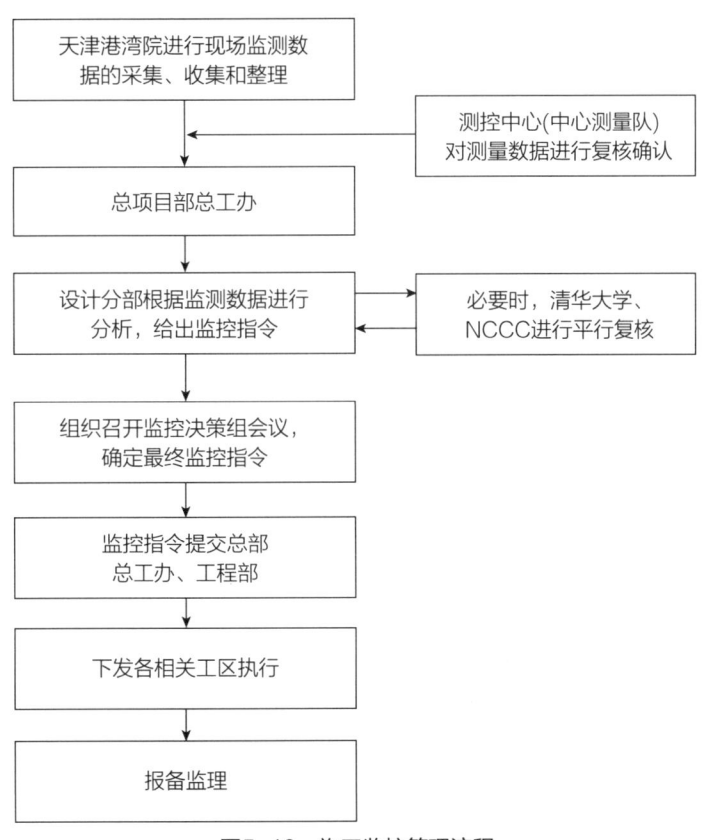

图5-18 施工监控管理流程

一道工序，不放过任何的细枝末节，严格做到不让隐患出坞。

（4）清水混凝土监控

东西人工岛上的清水混凝土施工质量要求极高、施工界面复杂，为有效控制施工质量，及时有效解决现场问题，项目总经理部成立了东西人工岛清水混凝土监控组，制定《东西人工岛岛上建筑清水混凝土监控管理办法》，明确职责分工和管理工作重点，建立长效机制，强调精雕细刻、精品意识的养成和提高，加强日常巡查和测量复核，常态化做好清水混凝土施工质量管理工作。

2. 质量检查与考核分步把控质量

（1）内部质量检查与考评

项目总经理部质检部门将质量检查与考评作为质量控制的重要手段，经常对各工区进行质量巡检，对重点部位的施工加强过程监督，将现场发现的问题汇总填写施工监督检查记录表，由工区相关人员签字确认，作为检查、整改、考核的依据。日常巡检工作以现场实体工程为主，对现场发现的问题及时开具书面整改通知，要求工区及时整改并书面回复以形成闭合管理。

项目总经理部质检部按照月度质量综合考评要求，定期对各工区及各试验室的质量体系运行情况、工程施工过程、实体质量、内业资料等方面进行专项质量检查和考评。同时，结合项目的进展情况，不定期地对技术方案编审、现场施工、原材料检验、内业资料、实体质量和反复发生的质量通病等组织各类综合、专项检查，指导工区纠正质量问题，制订预防措施，督促工区提高质量管理水平。

（2）业主及监理监督检查

岛隧工程统一使用业主的信息管理系统，提高质量管理和质量记录信息化程度；隐蔽工程采用影像记录与书面记录并举，建立影像记录档案，实行质量记录定期集中归档管理制度，确保工程质量追溯有据。按照广东省交通工程质量监督站及大桥管理局的要求，岛隧工程采用"广东省交通工程质量监督管理系统"，所有质量检验文件均通过"质量监督管理系统"填报、审批，对工程质检资料进行统一管理，最后直接输出打印作为档案资料。监理单位通过质量旁站、现场监督签字确认等形式，发挥其监督作用，业主、监理单位与项目总经理部一起共同监督检查，把控工程质量。

5.4 品质工程追求与提升

品质工程提升的重点在于"用户体验",将质量评价目标由追求"合格率"变成追求"满意度"。如前所述,质量保证与控制为品质工程奠定了坚实的基础,但尚需向"满意度"提升和飞跃。品质工程的追求与提升从人、工程、环境三个层面着手,贯彻以人为本的理念,关注人的审美、工程的精致、环境的协调,以打造"超级工程"样板和中国"名片"为目标,建设高品质工程。

5.4.1 贯穿以人为本理念

1. 树立全员品质意识

在"劳动密集型"产业背景下,一线工人缺乏系统培训,品质意识和专业素养有待提升。为实现岛隧工程精品目标,树立全员品质意识,"精细化"管理迫在眉睫。一线工人是工程建设的主力军,品质形成取决于一线工人的作业水平,只有从一线工人入手,树立全员的品质意识,提升精细化管理水平,使其认同并按照标准一丝不苟地对待每一个环节和每一个步骤,才能把品质工程管理落到实处。同时,认可并践行高质量标准是一个循序渐进的过程,必须将有形的规范内化于常态化的品质意识,进而养成自觉的品质工程行为,建设高品质工程才能由不可能变为可能。

2. 以用户体验感为首要

"品质工程"追求的是用户高舒适的体验,从"创造性+防止短板+细节+精致+美观"等方面下功夫,确保用户体验最佳。例如,为了提高行车舒适度,项目总经理部开展专题研究,优化隧道路面伸缩缝和排水沟的设计方案;考虑到从海面上的大桥进入海底隧道时光线亮度悬殊比较大,为避免行驶隐患,让车主在进入隧道前有一个适应过程,在东、西人工岛隧道出入口上方均设置了一段110m的减光罩,相较于国内普通隧道使用的减光罩,港珠澳大桥海底隧道减光罩的体积、精度在国内隧道减光罩中首屈一指,渐变式的人性化设计更是国内首创。作为东人工岛的代表性景观建筑之一,减光罩与敞开段的清水混凝土墙身融为一体,22根构架按间距、高度自东向西依次递减,建成"门形"构架结构,形成东人工岛上一道靓丽的风景。岛隧工程的建设处处体现了"以人为本"的建设理念，彰显了高品质工程的内涵与特性。

5.4.2　细节决定成败

项目总经理部以"鸡蛋里面挑骨头"的精神，注重细节，精益求精，精雕细琢，力求实现精品工程目标。

1. 清水混凝土施工，适度思维下的精益求精

清水混凝土是混凝土材料中最高级的表达形式，表面平整光滑、色泽均匀、棱角分明、无碰损和污染，不需要二次修饰，在阳光的照射下有着大理石般的光泽，显得天然、庄重——它显示的是一种最本质的美感，体现着"素面朝天"的品位。为了更好地树立港珠澳大桥的整体形象并提高其耐久性，岛隧工程东、西人工岛敞开段、挡浪墙、岛上建筑的混凝土施工均采用清水混凝土，成为国内最大规模海工清水混凝土建筑。项目总经理部以精益求精的眼光来审视工程建设的每一个细节，精益求精是追求平衡思维下的"精"，例如，在清水混凝土前期试验中，严格控制砂石含泥量，如果混凝土骨料太过精细，会出现"混凝土富贵病"，导致"过犹不及"，因此，在追求"更精"的过程中也要保持适度，追求合理的精细化。建成后的人工岛敞开段清水混凝土侧墙和中墙如图5-19所示，清水混凝土挡浪墙如图5-20所示。

在人工岛清水混凝土施工时，把失误零容忍的态度以及追求一次更比一次好

图5-19　敞开段清水混凝土侧墙和中墙

的精神发挥得淋漓尽致，以筑就"最具标志性的建筑艺术品"为目标，对岛隧转换处的减光罩一次又一次摸索和探究，只为追求更好，只为达到最美。高品质清水混凝土让人工岛建筑群"内实外美、高洁素雅"，并形成了一套清水混凝土设计、施工、验评标准体系。

图5-20　清水混凝土挡浪墙

2. 最终接头海底之吻，毫米级精度

岛隧工程最终接头是一个巨大的楔形钢壳混凝土结构，底板长9.6m，顶板长12m，宽37.95m，高11.4m，总重量达6120t，是国内首次采用的"三明治"钢壳混凝土沉管结构，采用陆上工厂预制、水下整体安装。与其他沉管管节的浮运沉放安装不同，最终接头安装采用吊装沉放，采用我国自主研发制造、世界上先进的12000t全回转浮吊"振华30"进行吊装。由于最终接头在水下安装空间两侧严重受限，且三维方向上相互影响，同时考虑风力、海流、浮力等多种因素，最终接头要在安装位置上方始终以允许的平面误差缓慢下沉实现对接，"振华30"要吊出较高精度最首要的就是起重船在水中稳住，吊装时几乎要"纹丝不动"，通过不断调整压载水和水下锚缆定位，用10根长2500m、直径8.4cm的钢缆绳将船固定，才能把最终接头的运动姿态控制在厘米级的范围内。同时"止水是沉管隧道的生命线"，最终接头是世界范围内首次在沉管隧道工程中采用"M型+LIP+GINA"止水带组合顶推系统临时止水，临时止水只是为钢接头的焊接创造一个安全的干施工环境，而钢接头是连接最终接头与两侧沉管的永久性结构，沉管隧道止水靠的是这道钢板。岛隧工程最终接头创下了6000t级最终接头一天内完成安装贯通（临时止水条件下）的最高速度、毫米级的对接精度以及滴水不漏的世界工程纪录，是岛隧工程建设团队孜孜不倦、精益求精、追求极致的成果，最终接头起吊如图5-21所示。

5.4.3　消除工程短板

1. 抓住薄弱环节，控制工程短板

抓住沉管隧道工程的关键环节，岛隧工程采用复合地基+组合基床的沉管基

图5-21　最终接头起吊

础技术，为软土隧道地基处理提供了一种新思路、新方法；创新性地采用半刚性沉管结构体系，开创了一种全新的沉管隧道结构形式，建成了目前世界上唯一的外海深埋沉管隧道工程。建设团队突破传统施工理念，采用工厂法在厂内环境下进行沉管预制，标准化流水作业，实现了"工地"向"工厂"转变。项目总经理部通过抓住岛隧工程建设的关键点和薄弱环节，勇于创新，控制短板，不仅弥补了许多深海沉管隧道技术的空缺，更是实现了高水准的工程建设目标，为超级工程打下了高品质的印记。荷兰隧道专家汉斯说道："回顾我们沉管隧道需要克服的设计挑战和施工困难，两者都必须面对大量创新，港珠澳大桥沉管隧道超越了任何之前沉管隧道项目没有超越过的技术极限，经过港珠澳大桥沉管隧道的成功建设，中国从一个沉管技术相对小国发展成为世界隧道行业沉管隧道技术的领军国家之一。"

2. 信息化管理，补齐管理短板

信息化管理是工程项目管理的重要内容和必然要求，也是打造"品质工程"的重要手段和途径。岛隧工程自建设以来，一直秉承打造"品质工程"的理念，强调精细化管理，努力探索从"场"到"厂"的转化之路。"场"强调聚集，"厂"更多强调产品的均匀、均一、精细和严格的质量标准、检验程序要求，代表的是工业化的精雕细作。项目总经理部通过融入现代互联网、大数据、云计算等技术，强化系统集成、模块整合、数据分析，联动管控、积极打造工程信息化综合管理系统，突破"以人管人""以人盯人"传统模式，提升岛隧工程品质。

项目总经理部在调度中心安装运行AIS岸台监控系统及高频通信系统、现场视频监控系统、视频会议系统、施工监测数据信息平台、海洋环境预报保障系统等，大大提高了项目的整体工作效率和科学化管理水平。通过信息化管理、方法和手段创新，补齐管理短板，推行现代工程管理，建立起"品质工程"建设的长效机制。

5.4.4　坚持可持续发展

1. 进行全寿命周期考量，打造"世纪工程"

港珠澳大桥是粤港澳三地合作共建的超大型工程，设计使用寿命为120年。岛隧工程注重工程全寿命周期的考量：优化结构设计；采用高性能材料；选择先进施工方法；重视并改善有利于耐久性的细节构造设计；针对不同构件，分别考虑耐久性措施和运营期维护措施。例如人工岛与隧道转换处的减光罩、挤密砂桩技术、低热混凝土的预制和养护技术等均从项目全寿命周期进行考量，努力打造"世纪工程"。

2. 功能使用便捷，贯彻科学发展观

以科学发展观为指导，将"绿色、循环、低碳"理念贯穿于岛隧工程建设的全过程，坚持"因地制宜，突出特色；全面推进，重点突出；科技支撑，政策保障"原则，将岛隧工程打造成为全国绿色循环低碳示范工程。例如，岛隧工程的设计方面做了大量创新：对隧道纵向线型进行优化，采用"W"形纵坡，能有效提高隧道通风排烟效率，改善行车环境，降低车辆运行油耗；采用低能耗的产品，隧道内采用低功耗的LED节能灯；预留清洁能源（太阳能、风能接口）等。在建设施工阶段，采用快速成岛技术、平台式整平船等一系列先进工艺和装备，节能减耗，低碳环保。

5.4.5　实用价值与工程美学并行

岛隧工程追求的美感在于协调美和质朴美，不仅追求规划及布局的协调

美、韵律美，更追求形态及结构的造型美、线条美。人工岛清水混凝土的质朴美，在设计时就贯彻美学思想，在施工中时刻考虑是否美观、是否协调的问题，这是岛隧工程人对工程美的追求，对品质的高要求，更是工匠精神的集中体现。

1. 建筑设计自然与人文相结合——协调美

岛隧工程两岛矗立在珠江口的伶仃洋，岛上的建筑及设施成为该世纪工程的公众焦点。人工岛的岛上建筑，其复杂的功能空间如何合理组织，建筑的外形如何发挥其独特的魅力，对建筑师们是一个巨大的挑战。岛上建筑需要将其与生俱来的海上磅礴性、地标性与展示三地文化纽带的建筑细部相结合。设计方案将"柱廊、骑楼"等岭南风格文化符号运用到岛上建筑，同时海上大邮轮的造型使得岛上建筑犹如真的行驶在海上，与周边大海的磅礴气势相得益彰，自然与人文相结合，使岛上建筑成为既立足于当代，又延续历史文脉的综合载体。

考虑到岛上全方位的观赏位置，在建筑内部与处在海边室外开阔地，其声、体、气、息等器官全维度的感受迥异，且岛上可利用的面积宽广，必须深度挖掘岛上建筑外的资源进行设计，因此，确立了"岛就是建筑"的规划理念：包括岛上广场、岛边挡浪墙、隧道的减光罩、室外景观、绿化匝道、灯光夜景等都是精心策划的结果。同时，为了提升游客的观景体验，设计师们营造了具有递进效果的观景序列，仿佛欣赏一曲乐章，从序章发展至高潮，最后强势收尾。

2. 国内最大规模清水混凝土建筑群——质朴美

东西人工岛的岛上建筑引入德国最新清水混凝土工艺，是国内最大规模清水混凝土建筑群。面对海岛环境的高风压、高盐雾、高湿度的特征，岛上所有单体建筑都采用了极具装饰效果的清水混凝土：形态上棱角分明、外表平整光滑又富有光泽，具有天然的素雅美；建筑风格上，坚持"极简、精致、实用、耐久、自然"的原则，简约设计风格的岛上建筑与"素面朝天"的清水混凝土相融合，塑造出建筑群清新雅致的质朴美。

3. 塑造伶仃洋最美地标，不留遗憾

岛隧工程建设者们，以对高品质的不懈追求和对工程细节的极致雕琢，将工程当作艺术品来做，展现了精湛的"绣花"技艺和精益求精的"工匠精神"。正是由于对品质的不断追求和提升，以"鸡蛋里挑骨头"为工程理念，才成就了

"当年动工，当年成岛"、浇筑百万立方米混凝土"设备无一次故障，沉管无一条裂缝"、最终接头快速贯通、毫米级的对接精度及海底沉管隧道"滴水不漏"等奇迹，塑造伶仃洋最美地标建筑，且不留遗憾，完美诠释了"大国工程""能工巧匠"！

第6章

HSE管理

HSE管理是职业健康（Health）、安全生产（Safety）与环境保护（Environment）三位一体的管理。岛隧工程面临通航风险大、灾害天气频发、技术设计和环保要求高、建设周期长、项目参与方众多、交叉作业频繁、管理协调复杂等挑战。项目总经理部响应港珠澳大桥管理局的要求，学习石油行业HSE管理经验，结合岛隧工程施工特点，从本质安全出发，以风险管理为抓手，构建"全员、全覆盖、全过程"的HSE管理体系，以人为本保障职业健康、源头控制降低安全风险、6S管理保障现场安全、协作联动确保水上交通安全、多管齐下保护海洋生态、预防为主强化应急管理，实施全方位、有针对性的管理措施，追求人、机、料、法、环的协调，实现设备无故障、管理无漏洞、系统无缺陷。

6.1　HSE管理方针与目标

6.1.1　HSE管理背景

HSE管理是国际石油工业普遍采用的健康、安全与环境管理模式，20世纪90年代，我国石油企业在对外合作的实践中接触并引入了相应的HSE管理经验和做法。《石油天然气工业健康、安全与环境管理体系》的颁布标志着HSE管理正式应用于中国石油企业，各石油企业为提高竞争力、与国际惯例接轨，相继建立HSE管理体系。

HSE管理体系是一种先进的、系统化、科学化、规范化、制度化的管理体系，其核心是风险管理。HSE管理体系体现了现代安全科学理论中的系统安全思想，通过系统化的预防管理机制，从根本上消除各种事故隐患，严格控制各种健康、安全与环境风险，最大限度地减少安全事故、疾病、污染的发生。HSE管理体系运用系统化管理工具，对健康、安全与环境管理进行规范化和系统化，管理者将先进的管理思想和理念融入日常管理的各个环节，强化过程控制，使传统管理与体系运行有机结合，避免重复性工作，提高工作效率。

岛隧工程依据招标文件、总承包合同相关条款的内容，项目总经理部吸收HSE管理的精髓，结合岛隧工程实际，积极探索适用于岛隧工程的HSE管理方式。在HSE管理体系的建立与运行中，项目总经理部坚持预防为主的思想，强化施工管理过程中危害因素的辨识、风险评价与控制，力求彻底消除各类隐患，杜绝各类重特大事故的发生。通过HSE管理体系的完善与持续改进，不断提高全体员工的健康、安全与环保意识、理念和技能，不断提升健康、安全与环保管理绩效，最终营造一种安全、健康、清洁、文明、和谐的作业氛围，打造一种先进的HSE文化。

6.1.2 HSE管理面临的挑战

岛隧工程HSE管理过程中面临着通航环境复杂、水文条件复杂和灾害性天气频发等施工环境带来的安全挑战，所处海洋环境敏感区带来的生态环境保护的挑战，工程本身的船舶作业、高技术难度作业、交叉作业等带来的安全挑战，以及上述因素共同影响造成的人员职业健康管理的挑战。

1. 施工环境复杂

（1）通航环境复杂

岛隧工程位于珠江口海域，珠江口是珠江水系的主要出海口，附近水域港湾、锚地众多，水道纵横交错，船舶航路交叉频繁，船舶流量大，大、中、小型船舶数量均非常多，通航环境十分复杂。岛隧工程施工区附近航道是我国通航密度和通航数量最大的水域之一，如图6-1所示，也是水上交通事故险情多发水域，被列为全国重点监管水域之一，日船舶流量超过4000艘次，每年达150万艘次。同时多个不同辖区海事主管部门对岛隧工程进行监管，也增大了水上交通、水上作业一体化管理的难度。

（2）施工海域水文条件复杂

岛隧工程处于珠江口伶仃洋海域，伶仃洋是一个呈NNW～SSE方向的喇叭形河口湾，汇集珠江入海的虎门、蕉门、洪奇沥和横门四个口门的径流，湾内地形复杂，浅滩和深槽相间，岛屿众多，加之地形、潮汐、径流等综合作用，水动力条件复杂。岛隧工程沉管浮运安装等施工对水文环境要求高，复杂的水动力条件对项目水文影响大，增加了施工安全管理难度。

（3）灾害性天气频发

岛隧工程所处区域天气条件复杂多变，灾害性天气频发，加之工程工期超长，各种灾害性天气状况都要面对，均需落实针对性防范措施。影响本工程的主

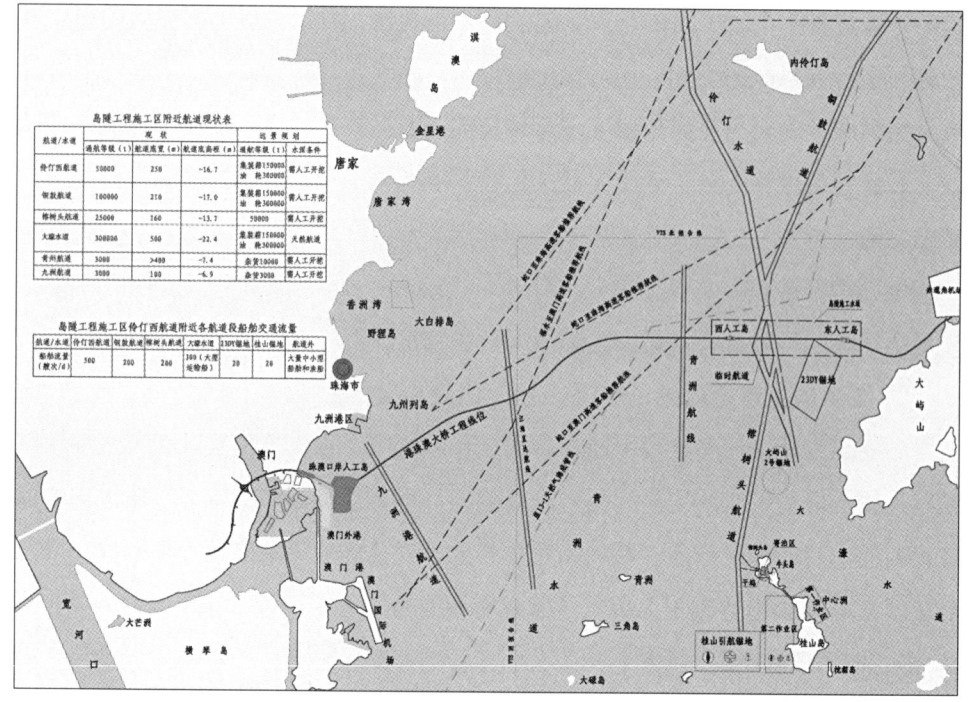

图6-1　岛隧工程施工区附近航道现状图

要灾害性天气包括台风及风暴潮、雷暴、大雾、寒潮大风、暴雨等，特别是台风影响频繁、破坏力巨大，凡登陆、影响珠江三角洲、粤西沿海和在南海北部活动的台风，对工程建设安全均造成较大影响。

2. 生态环境保护要求严

岛隧工程所在附近海域有较多的环境敏感区，海水水质和海洋生物保护要求高，需要对施工影响区海洋环境敏感目标进行全面保护。环境生态敏感区分布如图6-2所示，其中以珠江口中华白海豚国家级自然保护区最为敏感。岛隧工程处于中华白海豚保护区、核心区和缓冲区，对中华白海豚保护提出了诸如瞭望观察、监视、噪声及水污染监测、降噪与控制施工强度等要求，部分项目施工工艺选择、施工安排因此受到限制。

3. 作业安全管理难度大

（1）作业船舶多

参与岛隧工程作业的船舶数量多，种类多。涉及东西人工岛、桂山岛众多施工人员往返所需的交通船；岛上施工所需的所有材料、机械设备及人员生活物资等的货物运输船；以及进行岛隧施工的工程船舶及辅助船舶，包括为本工程设

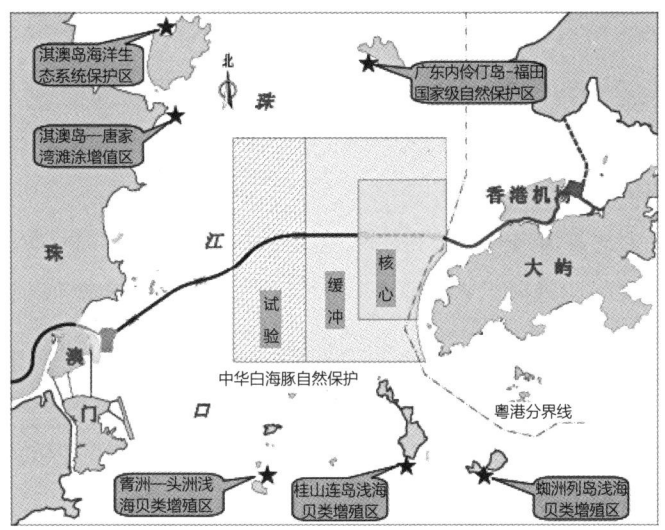

图6-2 环境生态敏感区分布图

计制造的特种专用船舶。最多时70余艘船舶同时作业，使HSE管理面临点多、线长、面广的困难。

（2）对施工周边通航管理要求高

内河船舶参与运输及岛隧工程施工对周围环境的高要求进一步增加了水上交通、水上作业管理难度。沉管预制厂和东西人工岛现浇混凝土需要的砂石料及水泥，东西人工岛和沉管基槽回填需要的砂石料，在海事部门采取特殊临时政策下，采用了内河船舶参与运输，增加了管理难度。管节浮运安装、航道区施工等对周边通航管理要求高，沉管浮运安装期间需采用航道封航、限速、航道转换等临时交通管制措施。

（3）作业面复杂

岛隧工程规模宏大，多军团联合作战，作业线长、点多、分散、工序繁杂，参与作业的人员数量庞大，交叉作业频繁、工序间相互干扰多，涉及大量工序间的协调和各相关单位间的协调，沟通协调难度大，施工现场健康、安全管理极具挑战性。

（4）新技术、新工法和新装备管理要求高

岛隧工程超大截面沉管管节全断面预制及控裂、大直径深插钢圆筒振沉、大深度硬土层挤密砂桩施工、软土地基不均匀沉降控制、深水高精度碎石基床整平、岛隧结合部施工、管节浮运安装、最终接头安装及合龙焊接等，都不断进行技术及工法创新，形成先进的施工工法，投入先进的装备设施，HSE管理要结合技术、工法及装备创新，不断实现创新和突破，才能对项目施工实施更有效的管理。

4. 职业健康管理挑战大

岛隧工程工期紧、技术难，整个建设期施工持续处于紧张、复杂、高强度的状态。施工区域气候恶劣，每年从4～10月高温高湿天气持续半年多时间，冬季还有寒潮、大风侵扰，常年台风频发。恶劣气候下的高强度劳动，对一线员工的身心形成较大威胁。一线员工近4000人长期生活在活动范围受限、环境单调、条件艰苦的作业船、海岛或人工岛上，长时间地承受身体和精神上的双重压力，职业健康管理面临极大挑战。

6.1.3 HSE管理方针

项目总经理部确立HSE管理"以人为本，全员参与；安全第一，预防为主；保护环境，清洁生产；科技创新，持续改进"的32字方针。全员树立"大安全"风险防范意识，遵循本质安全管理的要求。本质安全管理强调管理前移，以预控防范为重点，落实多重安全保障，以科学、系统的管理体系，互为倚用、互为补充，将风险、事故隐患消除或降低到可接受的程度。

1. 以人为本，全员参与

人是工程活动中最关键的因素，项目总经理部、各工区贯彻"不让一名员工倒下"的安全理念，以员工的安全健康为出发点，为员工提供健康、安全的作业环境，关注员工在工作过程中的感受，保护员工的身心健康。每一位参建人员都纳入HSE管理的范畴，使每位参建人员都了解其在HSE管理中的作用以及他们的职责与权利，充分调动每一位员工的积极性，并为员工HSE技能和知识的培训创造好的条件。每位员工都有责任按HSE管理程序办事，同时也享有HSE管理体系所给予的权利，任何员工都拥有对周围及自身受到的安全威胁进行申诉的权利，实现"不安全，我不干"。项目总经理部、各工区必须尊重员工、关心员工，采取必要措施，保障个人利益，使员工找到归属感、成就感和幸福感，形成本质安全管理"命运共同体"，推动本质安全管理的完善和提高。

2. 安全第一，预防为主

"安全第一、预防为主"，将安全目标设为项目的首要管理目标，从源头控制安全风险。为此，项目总经理部实现三个转变，即：事故控制由以往的被动经验管理向事前主动预防管理转变；现场安全标准化由静态达标向动态达标转变；由传统的被动、辅助、滞后的安全管理模式向现代的主动、本质、超前的管理模式转变。构建HSE预控防范体系，牢牢把握施工作业HSE工作的主动权；构建HSE检查考核体系，努力将各类事故隐患消灭在萌芽状态。为此，项目总经理部和各工区对各阶段的风险进行准确辨识、评估，采用经济合理并符合粤港澳三地政府法律法规的风险管理措施；按规定完成安全专项方案的评审、跟踪和效果评价，不断完善风险防范体系；积极推动安全生产防护设施标准化建设工作，保障船机设备安全，强化本质安全管理；面对繁忙复杂的通航水域施工环境，采取切实可行的控制措施，密切配合海事等部门并充分利用现代信息化管理手段实施现场监管，保障施工水域的通航安全；深入开展安全生产大检查，争取全面覆盖、不留死角，将项目风险降低到最低程度。

3. 保护环境，清洁生产

项目伊始就把创建绿色循环低碳工程作为建设的基本原则和出发点，以"绿色、循环、低碳"为核心管理思想，在环境保护和节能减排上采用三地环保高限规范，通过贯彻绿色设计理念、采用先进工艺工法、应用生态保护措施、开展工厂化施工、进行施工船舶（机械）低碳技术改造，在规划设计、建设施工、运营管理等全寿命周期内应用低碳新技术、新工艺，落实绿色循环低碳公路建设思想，积极推行清洁生产，着力提高设备、材料等资源利用效率，实现绿色发展、循环发展和低碳发展，全过程、全方位地打造港珠澳大桥岛隧工程绿色循环低碳技术品牌。

4. 科技创新，持续改进

项目总经理部充分发挥了中国交建的技术优势及联合体团队的智慧，采用先进的科技成果，从设计、工艺工法、技术装备方面保障工程安全，从本质上为遏制事故发生提供技术手段。各工区在项目总经理部的指导下选择安全、环保、高质量、低风险的实施方案。项目总经理部在项目建设过程中分析并评价项目风险管理的状况，通过明确部门、岗位及工区HSE管理职责及升级HSE体系文件等举措对HSE管理体系进行持续改进，实现项目和员工、项目和社会及相关方、人与自然的和谐发展。

6.1.4 HSE管理目标

遵循HSE管理方针，项目总经理部提出HSE管理目标：实现"零伤害、零污染、零事故"的"三零"目标，在健康、安全与环境管理方面达到国际同行业先进水平，把港珠澳大桥岛隧工程建成绿色环保的示范工程。HSE管理具体目标如表6-1所示。

HSE管理具体目标 表6-1

序号	HSE管理具体目标
1	HSE重点工作计划和方案实施完成率100%
2	新入场员工HSE"三级"培训教育履行率、特种作业人员取证（复审）率、全员HSE培训教育率100%
3	作业许可办证率、防范措施技术交底及现场落实率100%
4	中华白海豚保护措施落实率100%
5	生产、生活污染物排放达标处置率100%
6	HSE技术措施费足额提取并专款专用率100%
7	HSE隐患整改完成达标率100%
8	重大HSE事故应急预案编制率及定期培训、演练率100%
9	杜绝工业死亡责任事故、职业病危害事故、集体食物中毒、船舶碰撞及倾覆事故、较大及以上环境污染事故、中华白海豚死亡责任事故、放射性污染事故

6.2 HSE管理体系

为规范HSE管理，持续改进健康、安全与环境管理绩效，实现健康、安全与环境保护目标，项目总经理部建立、实施并持续改进HSE管理体系，实现规范化、系统化的HSE管理。

6.2.1 HSE管理组织

按照统一领导和分级管理的原则，项目总经理部建立了完善的HSE管理组织机构，设立独立的HSE部门，足额配备专职HSE管理人员，为实现动态、系统、全员参与、制度化、预防为主的HSE管理提供组织保障。

1. 组织架构

岛隧工程HSE管理组织包括项目总经理部、工区、作业班组（船舶）三个层级。项目总经理部设安全生产委员会，负责项目安全生产工作的统一领导，并成立四个专项工作领导小组，负责岛隧工程HSE管理四项重点工作，设置HSE总监和独立的HSE部。各工区设立安全生产领导小组，设HSE总监、独立HSE部和专职安全员，作业班组中配备兼职安全员。项目总经理部和六个工区共设HSE总监7人，施工期平均配备专职HSE管理人员40余人，兼职HSE管理人员30余人，负责落实和跟踪监控本项目HSE管理工作。项目总经理部聘请施工管理顾问和项目专家顾问组，为本项目HSE管理提供咨询。港珠澳大桥管理局、监理单位及相关政府职能部门指导和监督本项目HSE管理。HSE组织机构如图6-3所示。

HSE管理组织具备以下特征：

（1）内部三级双控

项目总经理部、工区、作业班组（船舶）实施常规的三级HSE管理。各级领导、各职能部门、各级HSE管理人员、现场作业班组（船舶）和作业人员负责各自岗位工作和业务职责范围内HSE工作。同时，项目总经理部聘请AECOM国际施工管理咨询公司，担任施工管理顾问，严格监控本项目的HSE管理状况，实现内部双控。

（2）外部协调联动

项目总经理部与交通运输部海事局大桥办建立联动机制，共同执行海上警戒、通航疏导、应急保障任务。与白海豚保护局协作，进行白海豚保护知识与技能培训，对白海豚施工区域人员及船舶进行监管。项目同时接受港珠澳大桥管理局、监理单位及其他相关政府职能部门对岛隧工程HSE工作的指导和监管，形成了HSE管理的良好外部协调联动局面。

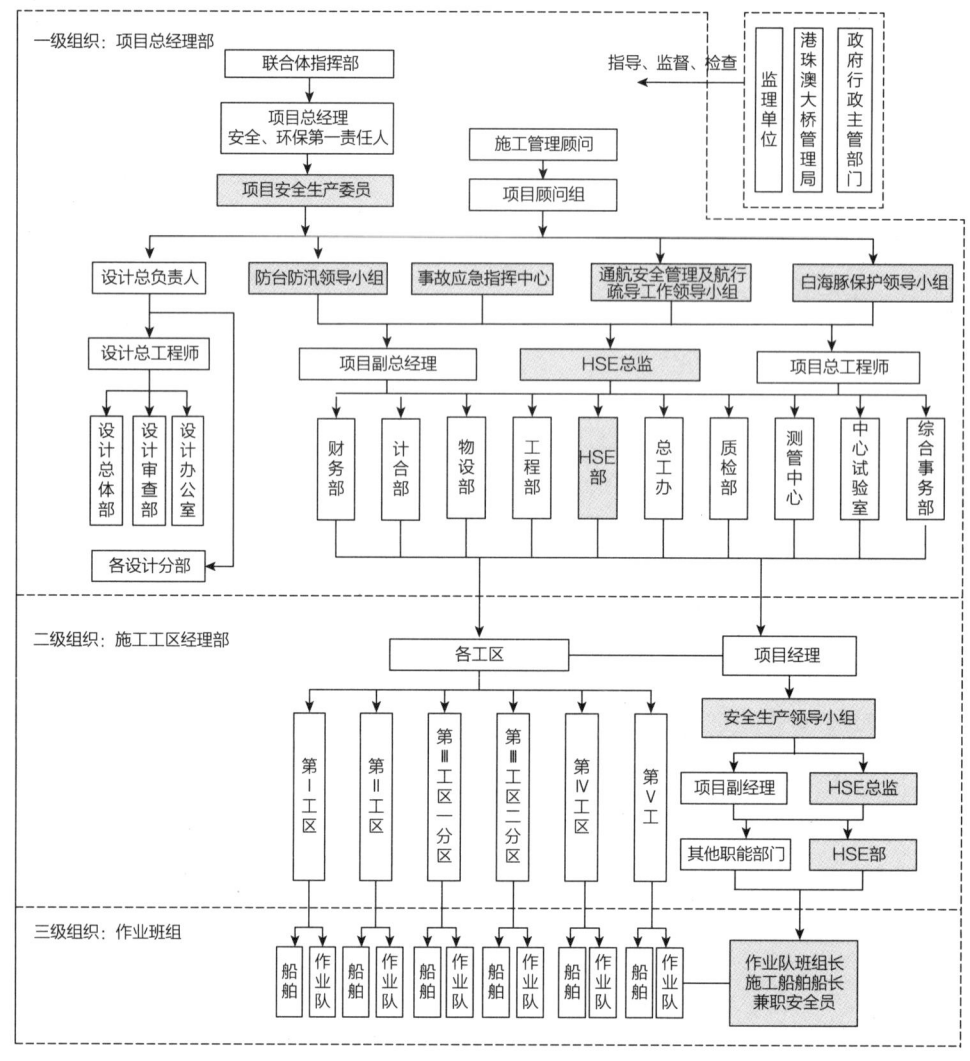

图6-3　HSE组织机构图

2. 目标责任

按照"党政同责、一岗双责""谁主管、谁负责"的原则，项目总经理部制定了全面的HSE责任制度，明确项目安全生产委员会、中华白海豚保护工作领导小组、防台防汛领导小组、事故应急指挥中心、通航安全管理及航行疏导工作领导小组工作责任，明确项目总经理、党委书记、副总经理、HSE总监、各部门、工区各级领导、现场班组长、船长、一线工人等所有岗位HSE责任。每年年初项目总经理与各工区项目经理、总部各副总经理、各部门、设计分部签订HSE目标责任书，向各工区颁发HSE责任状。各工区项目经理、书记与各副经理、各部门、各施工队伍、各船舶签订HSE目标责任书，各工区组织所有一线作业人员、船员宣贯、签认HSE责任告知书，所有岗位明晰并认真贯彻落实本岗位HSE职责。深入建立了以项目总经理为第一责任人，分级负责，层层把关的"横向到边、纵向到底、专管成线、群管成网"的全员管理的HSE责任体系。

6.2.2 HSE管理体系文件

按照招标文件、总承包合同、中国交建等管理要求，并结合工程实际情况，岛隧工程项目总经理部组织编制HSE管理体系文件，并结合施工情况的变化，对体系文件进行修订和版本升级。HSE管理体系文件是所有员工都必须遵守的行为准则与管理原则，是工程项目顺利开展的有力保证。

1. HSE管理体系文件构成

HSE管理体系文件由《HSE管理导则》《HSE程序文件》《HSE管理制度汇编》三个部分组成，HSE管理体系文件结构如图6-4所示。《HSE管理导则》阐述了项目总经理部的HSE承诺、方针和目标，总体描述了HSE管理体系的主要控制环节及相互关系，《HSE程序文件》《HSE管理制度汇编》是《HSE管理导则》的支撑文件。

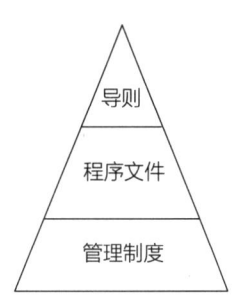

图6-4 HSE管理体系文件结构

2. HSE管理体系文件升级

为确保岛隧工程HSE管理体系文件的适用性、充分性和有效性，工程建设期间，项目总经理部组织HSE管理体系文件的编制、宣贯、修订和版本升级。施工初期，项目总经理部组织编制了岛隧工程HSE管理体系文件（A版），于2011年4月19日正式颁布实施，5月5日开始组织HSE管理体系宣贯。2011年8月下旬项目总经理部组织开展HSE管理体系内部审核，印发《2011年港珠澳大桥岛隧工程HSE审核报告》及《HSE管理体系内审不符合项统计表》，并对照修订HSE管理体系文件，2012年1月1日项目总经理部发布实施HSE管理体系文件（B版）。随着施工的推进，项目总经理部不断补充完善HSE管理体系及制度，及时进行体系文件的版本升级。2015年6月1日发布实施HSE管理体系文件（C版），包括19项程序文件、46项管理制度文件。HSE管理体系文件升级如表6-2所示。伴随着每一次体系文件的修订和升级，项目总经理部、各工区及时落实新版体系文件的宣传宣贯工作。

HSE管理体系文件升级一览表　　　　　　　表6-2

文件版本	发布、实施时间	体系文件的构成	编制依据、升级原因
HSE管理体系文件（A版）	2011年4月19日	HSE管理导则（A版） HSE管理程序文件（A版）（19个文件） HSE管理作业文件（A版）（39个文件）	①《职业健康安全管理体系规范》GB/T 28001—2001； ②《环境管理体系要求及使用指南》GB/T 24001—2004、ISO14001：2004； ③港珠澳大桥管理局相关文件要求； ④中国交建《质量职业健康安全管理体系》及相关文件要求； ⑤本项目特点
HSE管理体系文件（B版）	2012年1月1日	HSE管理导则（B版） HSE管理程序文件（B版）（19个文件） HSE管理作业文件（B版）（39个文件）	①《职业健康安全管理体系规范》GB/T 28001—2001； ②《环境管理体系要求及使用指南》GB/T 24001—2004、ISO14001：2004； ③工程的进展情况、工程HSE管理内在需求 ④各方的要求
HSE管理体系文件（C版）	2015年5月26日	HSE管理导则（C版） HSE管理程序文件（C版）（19个文件） HSE管理管理制度汇编（C版）（46个文件）	①港珠澳大桥管理局2014年6月5日印发并实施的HSE管理体系文件（B/0版）； ②工程的进展情况、工程HSE管理内在需求； ③各方要求； ④《职业健康安全管理体系规范》GB/T 28001—2001； ⑤《环境管理体系要求及使用指南》GB/T 24001—2004、ISO14001：2004

（1）B版本升级修订

总体来看，B版本在文件格式、职责调整、完善文件、记录文件保存期限等方面做了相应调整。

1）规范体系文件管理。调整体系文件格式，记录文件保存期限加长到6年。

2）落实风险管理的主管部门。项目总经理部HSE管理部划定为重大风险的单项工程管理归属部门。

3）理顺部门职能。明确综合事务部为文件管理、控制部门；物设部（工区应为机务部门）负责设备正常运转；将员工健康归口管理部门由综合事务部调整为HSE部。责任制度文件中补充总工办职责和工区HSE部职责描述。

4）完善文件表达。表述更准确，针对性更强，如增加预防措施条款。特大污染事故中删除"河流、水库、县级以上城镇水源地污染"等与本项目无关的表述，保留"造成海洋区域大面积污染，或香港海域污染"条款。

5）调整作业许可审批期限，使文件更具有实际操作性。作业许可审批的有效期限从"原则上不超过一个班次的工作时间"修改为"原则上不超过5个工作日的工作时间"。

6）完善制度文件。取消《港珠澳大桥岛隧工程船舶登船梯子管理规定》和《港珠澳大桥岛隧工程安全观察与沟通管理规定》两个作业文件。增加《港珠澳大桥岛隧工程领导干部带班、值班管理规定》《港珠澳大桥岛隧工程施工现场临时用电安全管理规定》两个作业文件。

（2）C版本升级修订

根据工程进展情况、HSE管理内在需求，以及岛隧工程HSE管理体系文件B版本审核情况和港珠澳大桥管理局2014年6月5日印发并实施的HSE管理体系文件（B/0版），为进一步完善HSE管理工作，项目总经理部实施了HSE管理体系文件第二次升级。总体来看，C版体系文件加强了与港珠澳大桥管理局管理体系文件协调性，在制度完善、记录文件保存期限等方面做了相应调整。

1）补充制度。随着施工的推进，认识的深入，过程中新问题的出现，HSE管理体系文件增加了7个制度文件，见表6-3。

HSE管理体系文件（C版）补充制度　　　　表6-3

序号	制度名称
1	《安全生产专项费用管理规定》
2	《较大风险工程安全评估管理规定》
3	《内河船舶参与建设施工管理规定》
4	《"平安工地"达标创建管理规定》
5	《"安全护照"使用管理规定》
6	《环境和职业健康安全技术交底管理规定》
7	《动火作业安全许可管理规定》

2）完善制度内容。主要体现在规定更加明确、操作性更强，如：各工区日常按照《HSE监督检查标准》对施工现场开展HSE监督检查。内容更全面，如《船舶安全管理规定》增加"油船作业的安全规定""施工船舶标志旗"内容。

3）记录文件保存期限从6年调整为"建设期内""长期""永久"三类。

6.2.3 HSE管理体系运行框架

岛隧工程项目总经理部、各工区在HSE方针引领下，以组织、资源和文件为保障，实施过程控制，通过"审核与评审"的持续改进，确保HSE管理的有效开展。HSE管理体系运行框架如图6-5所示。项目总经理部总经理、各工区项目经理及职能部门为建立、实施并持续改进HSE管理提供强有力的领导力和明确的承诺。

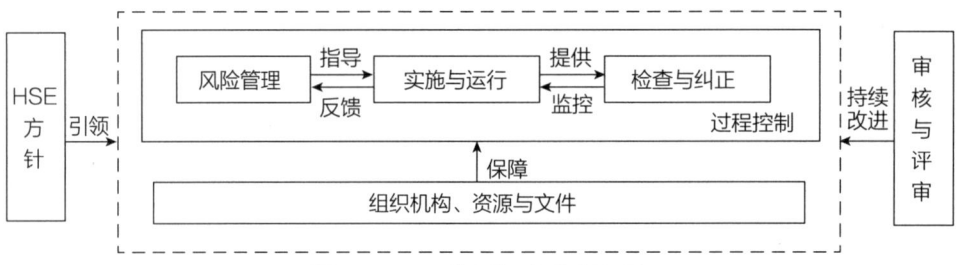

图6-5　HSE管理体系运行框架图

1. HSE方针引领管理方向

岛隧工程项目总经理部制定并发布HSE管理的"以人为本，全员参与；安全第一，预防为主；保护环境，清洁生产；科技创新，持续改进"32字方针。项目总经理部和各工区遵循HSE方针组建HSE组织、提供HSE资源、制定HSE文件和HSE技术与管理措施。所有员工和相关各方领会HSE方针，认识各自的HSE责任和义务，并在实际工作中贯彻实施，推动HSE管理顺利实施。

2. 组织、资源与文件是基础保障

（1）组织机构保障。组织是HSE管理的实施主体。岛隧工程组建"项目总经理部、各工区、作业班组（船舶）"三级结构的全员参与的内部HSE管理组织，内部组织与港珠澳大桥管理局、监理单位、政府相关主管部门等外部组织密切联

系，各参与主体相互配合、共同完成岛隧工程HSE管理工作。

（2）资源保障。项目总经理部和各工区为有效实施、持续改进HSE管理提供足够的资源保障，包括安全保障和防护设施、人力资源、专项技能、技术资源、财力资源、信息资源等。项目总经理部和各工区确保关键岗位员工的基本素质和能力符合所从事工作的HSE资质和能力要求，同时考虑不同层级员工职责、能力和文化差异及其面临的风险，为员工提供不同层次的培训和教育。

（3）文件保障。岛隧工程HSE管理体系文件和《港珠澳大桥岛隧工程施工安全风险评估报告》为HSE管理实施提供了有效的办法、依据，上至项目总经理部，下至各工区，均有相应的文件实施指导激励约束、评价反馈，保障了岛隧工程HSE管理的实施。

3. 全面风险管理是主要抓手

针对岛隧工程的超高风险、探索性的特性，项目总经理部和各工区将全面风险管理作为HSE管理的主要抓手，对于实施过程的每一个环节，先辨识风险，不放过任何一个疑点，从找问题入手，辨识哪些是做过的，可通过相关措施把控风险的；哪些是未知领域，对未知领域都坚持试验先行，排查清楚风险状况后再决定风险管控措施。项目初期，编制完成《港珠澳大桥岛隧工程施工安全风险评估报告》，先后召开五次研讨会对安全风险评估报告内容进行讨论并修订完善、发布实施，为项目安全建设提供可靠保障。实施过程中，各工区按照项目体系文件积极开展危险源与环境因素的跟踪识别、动态评价与管控工作，并定期更新危险源及环境因素辨识、评价信息。项目总经理部结合工区危险源、环境因素辨识情况和整体施工安排，每年初编制年度重大危险源及重要环境因素清单，提出预控措施，对照督促各工区编制管理方案，并定期组织开展风险评价，如有变化动态更新。

4. 实施与运行是关键环节

岛隧工程项目总经理部、各工区通过保证HSE设施完整性、落实特种作业许可、建立相关施工作业活动必要控制程序、落实变更管理和应急管理控制程序等，确保管理方案有效实施和HSE风险受控。

（1）保证设施完整性。项目总经理部、各工区确保对HSE相关的关键设施的设计、建造、采购、安装、操作、维护和检查达到规定的准则要求，保证设备设施齐全、完好、运转正常。

（2）落实特种作业许可。针对岛隧工程的起重作业、进入受限空间作业、高处作业、临时用电作业、爆破作业、潜水作业、动火作业等关键活动和高危作业过程，项目总经理部、各工区严格执行特种作业许可审批制度。作业许可实施分级审批管理，工区填写《××作业许可证》申请，并进行上报完成逐级审批。作业许可经审批后，申请人应在规定的时间内完成《××作业许可现场确认表》，确认作业许可审批时专项方案中编制的安全措施、主要的应急处置措施及准备情况已经到位，方可进行施工作业。作业许可严格执行变更与完工关闭程序，其现场管理实行"监督、监护、抽查"制。

（3）运行程序控制与变更管理。项目总经理部、各工区对HSE有关的施工作业活动建立必要的程序和工作指南，使施工作业活动的HSE风险和影响得到有效的控制。对各种变更进行风险跟踪管理，评审变更导致的潜在HSE风险和影响，使变更可能带来的风险和影响得到控制。

（4）应急与响应控制程序化。项目总经理部、各工区对可预见的突发事件进行系统的分析，建立应急预案和应急组织，备足应急资源，定期进行有针对性的应急演练，实施危险源监控并及时预警。应急预案载明：一旦有事故发生，必须严格按程序在规定的时间内逐级上报；由项目总经理根据现场事故的严重程度和发展状态确定应急预案启动的时机，并下达启动应急预案指令；应急预案启动后，应急救援领导小组及时赶赴现场，实地指挥工作；当项目不能应对处理的情况下，及时向业主或社会相关救助机构请求支援；应急处置完成后及时对事故的发生过程和原因进行全面深入调查，并按相关《HSE事故报告、调查和处理管理控制程序》要求和"四不放过"原则对事故进行调查处理，形成事故调查报告，并针对防止类似事故给出指导性意见。

5. 检查与纠正是重要手段

检查与纠正是对实施与运行环节的监督，对发现的风险隐患进行及时整改，确保HSE管理到位，风险受控。项目总经理部严控HSE过程监督与检查，明确项目总经理部、各工区HSE监督检查的类型和频次、监督检查方法等工作要求，并建立HSE监督检查标准体系。对检查中发现的各类隐患、问题，牢固树立"隐患就是事故""问题不过夜"的理念，做到"全覆盖、零容忍、强执行、重实效"，明确责任部门、落实责任人员、限定整改期限，密切跟进、严格督促落实。

6. 审核与评审促进体系持续改进

审核和评审是为了定期评价HSE管理体系执行效果，促进体系的持续改进。

HSE审核每年组织一次，覆盖HSE管理体系所有要素和涉及的所有部门与工区，重在发现问题，及时纠正并预防，以保持和改进管理体系。项目总经理部成立HSE审核组，实施HSE体系审核。HSE总监任命审核组长，审核组长负责《港珠澳大桥岛隧工程HSE审核实施计划》的编制，安排审核组工作，HSE总监负责审核和批准《港珠澳大桥岛隧工程HSE审核实施计划》。内审员编写《港珠澳大桥岛隧工程HSE审核检查表》，实施现场审核，发现不符合的情况如实填写《港珠澳大桥岛隧工程HSE不符合报告》，由受审核部门负责人确认并落实纠正措施。审核组长组织编写《港珠澳大桥岛隧工程HSE审核报告》。

管理评审每年组织一次，是在体系审核基础上进行的，是对体系的适用性、充分性和有效性进行全面系统地检查和评价，以实现HSE管理的持续改进。项目总经理部总经理主持HSE管理评审会议。会议针对HSE管理体系审核与合规性评价结果，目标、指标和管理方案的完成情况，体系运行资源的满足状况，重大风险控制的预防措施实施状况和效果，法律、法规、环境等客观条件的变化，承诺的履行，方针、目标指标的适应性等进行评审。

6.3 HSE管理措施与成效

项目总经理部和各工区不断强化"红线意识、底线思维"，以人为本，立足风险管理，加强预控防范，改善作业环境，协作联动，多管齐下，建设全过程实现了零伤害、零事故、零污染的"三零"目标。

6.3.1 以人为本保障职业健康

岛隧工程一线员工长期处于高温高湿的孤岛、水上船舶作业环境，项目总经理部和各工区尊重劳动者，贯彻落实"以人为本"的指导思想，以确保员工的职业健康。

1. 职业卫生健康监护

外海作业环境给施工人员的职业健康带来巨大风险，项目总经理部积极应对，采取了多种措施监护一线员工的职业卫生健康。

（1）实施新员工入场体检。除从事接触职业病危害作业的人员，新员工入场，由驻岛卫生员开展血压、脉搏等健康状况基本指标的测量，对健康风险较大人员视情况辞退或安排从事危险性较小作业。对从事接触职业病危害作业的人员按有关法律法规严格管理。

（2）提供完善的医疗服务。东西人工岛、桂山沉管预制厂均设置医务卫生室，各配备一名专业卫生员驻岛，配足常用药品及急救药品、器材。

（3）联系专业医疗机构上岛义诊。珠海市人民医院、中大五院、珠海市医药流通行业协会等单位上岛进行义诊成为常态，免费为一线员工提供诊疗、健康咨询、配送防暑降温药品等服务。义诊活动中，医务人员为一线建设者进行血压、血糖、心电图、B超、外科、内科、皮肤科等临床常规项目检查，并发放治疗感冒、湿疹、跌打扭伤、防暑降温等药品，耐心讲解健康养生、防暑降温、常见疾病预防、意外急救措施等医疗知识，让广大员工"足不出岛"就能享受高水平的医疗服务。

（4）关注一线员工心理健康。项目总经理部为保障员工心理健康，邀请中大五院为项目一线管理人员、施工人员开展心理健康普及教育、心理健康咨询和心理疏导活动。

（5）加强沉管隧道内通风与空气监测。设置风机、风管对隧道内持续通风，并随着隧道延伸，在隧道内设置轴流风机，加速通风。购置气体检测仪，设置监测点，每天对各监测点的氧气、有毒有害气体、粉尘、可燃气体浓度等进行检测，确保浓度控制在安全范围内。督促管内作业人员开展岗前、岗中及离岗职业健康体检，体检记录及时归档。

2. 劳动防护用品管理

劳保用品使用是施工现场HSE防护措施落实的基本体现，也最直接反映了现场HSE管理根本状况。

（1）劳保用品配备。项目主要劳保品工作服、工作鞋、安全帽、救生衣等均由项目总经理部统一选购，前期项目总经理部做了大量调研工作并招标比选，选取合法合规且最优厂家，确定厂家后按照中交视觉识别系统规范手册等的要求确定样式。尤其是工作服，其样式确定前进行了深入探讨与不断完善，目前岛隧工程工作服样式已成为华南、香港等区域许多中国交建属下项目工作服的模板，已成为中国交建的一张名片。项目总经理部、各工区及时落实安全带、救生衣、安全帽等劳保用品的定期检验、报废等工作，所有人员不得穿戴超期失效的劳保用品，不得私自改变劳保用品的用途、功能、标志。

（2）劳保用品佩戴管理。项目总经理部印发文件明确现场人员规范着装要求，发布"三必须"管理规定（进入施工现场必须戴好安全帽，高处作业必须系好安全带，水上作业必须穿好救生衣），各级管理人员督促现场所有人员佩戴符合作业环境的劳保用品并规范着装，劳保用品佩戴通过班前安全会示范演练和检查得以落实。岛上建筑施工期间现场高处作业密集，为降低安全风险，项目为所有房建作业人员配备高帮工作鞋，裤管收入工作鞋，确保行动利索安全。

3. 落实后勤保障服务

项目总经理部日常送书、送运动器材、送药、送清凉饮料、送蔬菜猪肉、租用高速客船作为定期航班解决水上交通，重大节日、特殊季节组织对三岛、船舶进行慰问。并从各个环节改善船舶生活条件，为船员做好保障，解决实际问题，传递超级工程的正能量，对所有船舶、船员都一视同仁。

4. 部署防暑降温工作

项目总经理部和各工区将防暑降温工作作为每年夏季的重要健康安全基础工作来抓，每年4月组织召开专题会议、印发文件，进行防暑降温工作部署，深入施工现场落实防暑降温措施。

（1）合理安排作息时间。高温酷暑天气为防止人员中暑及疲劳作业，保证人员充分休息，规定现场作业人员全天累计作业时间原则上不超过7个小时，上午上班时间不早于6：30，中午休息时间不少于3个小时。

（2）现场防暑降温设施、药品配备。各工区在现场设置休息凉棚和饮水点、配备防中暑药品。项目总经理部、各工区加强对施工一线的防暑降温慰问和检查，慰问中向施工一线大量发放防暑降温食品、药品等。项目总经理部先后向施工一线发放上海振华生产的盐汽水数十万瓶。东西人工岛、沉管预制厂专业医务人员每天现场巡检。

（3）布设大功率风扇和专用制冷空调。对重点施工项目、重点部位，落实基本保障措施，施工现场布设百余台大功率风扇；对密闭作业空间，结合实际布设专用制冷空调。各工区每日对现场防暑降温重点部位开展巡查并进行记录。加强对现场房间空调的检查、维修并配置若干装有空调的空房间应急。

（4）其他措施。开展全员防暑降温知识宣传教育；加强食堂食品卫生检查，每种食物按相关规定都保存样品；发电机、油罐、气瓶等搭设遮阳物，各船舶落实相应防暑降温措施等。

6.3.2 源头控制降低安全风险

1. HSE风险动态分析

基于岛隧工程全过程高风险特性，项目总经理部实施动态安全风险分析，防患于未然，从源头把控本质安全。工程开工前，项目总经理部按照《公路桥梁和隧道工程施工安全风险评估指南（试行）》相关要求，对施工项目进行风险总体评估及专项评估，形成了《港珠澳大桥岛隧工程施工安全风险评估报告》，制定并落实风险控制措施，规范预案预警预控管理。工程开工后，项目总经理部引进国外专家团队作为风险顾问，成立风险管理委员会，建立7个风险任务小组，创造性地组织开展风险管理工作；结合工程实际，认真组织危险源辨识工作，每月进行HSE风险分析评价，填写风险登记表，并定期更新，实现风险动态管控，从源头上降低、控制安全风险。

沉管浮运安装是岛隧工程安全风险最大的施工项目，项目总经理部制定了沉管安装施工风险管理手册，分为"风险分析评估表""风险处理记录表"和"风险登记表"三部分。每个识别出的风险都按规定程序依据"风险分析评估表"分析评估并确定等级，然后制定风险处置措施，并由沉管安装风险组批准后组织实施，形成"风险处理表"，最后填写"风险登记表"并定期更新。每节管节浮运安装前，编制沉管安装作业方案和计划，项目总经理部均组织召开多次会议，落实各项水上安全保障措施，其中每个管节安装前的沉管浮运安装风险评估专家咨询会，都全面分析了管节浮运安装施工存在的各类风险，并提出了有效预控措施，确保沉管施工安全。

2. 方案优化确保安全

（1）设计方案优化

项目总经理部技术人员、设计人员、施工人员联合，系统辨识项目实施中的危险源，预见其危险性，把本质安全的思想体现在设计方案中，应用系统安全的原则和方法，优化设计方案，通过设计方案内在优势结合恰当的安全防护措施消除、降低危险源的影响。

项目总经理部采用"工厂法"进行超大隧道管节的预制，实现了钢筋加工成型、混凝土生产控制、浇筑养护全过程的数字化、工厂化流水作业。"工厂法"预制沉管具有占地少、施工周期短、质量可靠性高、安全可控度大等优点。所有管节在工厂内预制，不受天气影响，降低了环境安全风险源头影响，实现了连续作业。管节的钢筋笼全部"离线"预加工，处于预制工作主流程之外，加快了施工速度，缩短了人员作业时间，降低了安全风险。

（2）施工方案优化

项目总经理部以风险辨识为基础，针对东西人工岛、沉管隧道基础、管节预制、管节浮运安装中的施工难点制定并优化施工方案，实现施工方案HSE源头管控。

如钢圆筒成岛工艺整体性好，稳定性高且施工工序少；人工岛基坑内无横撑，施工作业面连续；锁口的止水效果可靠，底部止水保留了淤泥质土层，预防黏性土中夹有透水层，安全度高。与传统换填法相比，快速成岛技术大幅减少了开挖和抛填量，施工速度快，有效减少了外海作业时间和对航道船舶航行的干扰，降低了大量船机设备、人员长期海上作业安全风险。交叉作业和水上作业量少，主体结构陆上预制，抵抗恶劣天气的能力强，施工安全度高，有利于保障员工健康。

3. 船机设备维护保障安全

岛隧工程的施工使用了大量船机设备，其中不乏多种专用船机设备。船机设备的性能状态与施工的正常进行及现场的安全紧密相关。为此，项目总经理部、各工区加大了船机设备的维护力度，要求专业厂家、服务单位的技术人员常驻现场提供专业服务，实现船机设备高效、安全运行。

（1）日常管养。各工区建立船机设备内部管理制度，适当增加备品备件的储备数量，运行船机常态化维护保养机制。V工区制定并严格执行《机械设备管理办法》《星级船舶管理考核办法》，对自有、租赁船舶实行一体化管理，建立船舶管理和施工作业融合贯通的管理模式。IV工区强化关键设备的维护，对设备的维护、检修、备件等进行了明确的要求；为保证"捷龙"轮吸淤头、水下泵等清淤关键设备的良好率，工区积极与局本部设备部联系，协调关键设备的申领，为顺利清淤提供保障。

（2）专业技术人员保姆式服务。对于部分高精尖船机设备，实施专业技术人员保姆式服务。即在各工区使用维护的基础上，船机设备生产厂家安排技术人员常驻现场提供专业技术服务，为船机设备高效、安全、持续运行提供技术保障。管节长距离顶推、浮运安装作业风险大，沉管预制厂钢筋笼与管节顶推系统、管节安装精调系统及最终接头小梁止水顶推系统由威胜利工程有限公司提供，该公司驻场技术人员负责顶推作业现场指导和系统的日常维护，承担了管节拉合系统、精调系统的安装调试、日常维护、检验验证等工作。安装船"津安2""津安3"和整平船"津平1"由上海振华建造，每次整平作业、管节浮运安装作业前，上海振华的专业团队都对船舶进行了全面的检查、调试，施工期间全程驻船进行技术指导。沉管预制模板和东西人工岛清水混凝土模板由德国PERI公司派工程师常驻三岛提供专业技术服务，维护保养、各道工序实施前，必须有驻场工程师签字认可。东、西人工岛上的塔吊，由厂家派遣专业维护人员进行定期维护，按照规定特种设备每月至少进行一次检修，每年进行年检，并做好检修记录。塔吊的起升、降节等操作以及方案的编制都有专人指导。日常使用过程中，设备操作者反映的任何问题，都有设备厂家驻地技术人员迅速解决，以确保使用安全。

4. 技术创新消除安全隐患

针对岛隧工程建设过程中的重大难题，项目总经理部在"试验先导、反复论证、逐步推进"原则指导下，坚持以创新推动技术进步与工程实践的融合，做到技术创新引领现场施工安全管理，最大程度降低安全风险。

（1）工法创新。为顺利推动工程建设，确保HSE目标实现，各工区在项目总经理部的领导下进行了多项工法创新。例如岛隧工程首次在国内大规模运用先进环保的挤密砂桩地基加固新工法，改写了我国水上软土地基处理技术的历史。依靠施工技术，优化施工工艺加强对危险性较大的东西人工岛暗埋段高大模板安装支护、管节浮运安装、管节出运航道（坞口段）水下炸礁等施工作业的安全保障。

（2）装备研发。项目总经理部主导研发制造了世界一流的专用设备（碎石基床整平船、基床开挖精挖船、清淤船、沉管顶推系统、全液压模板系统、沉管安装船、最终接头起重船等），建设了世界上规模最大的沉管预制现代化工厂，采用自主研发、国际上最先进的成套沉管预制生产系统，避免了海上大范围、长时间施工，减少对航运的影响，减少人员投入及人工作业时间，顺利安全地完成了所有沉管预制施工。

6.3.3 6S管理维护现场安全

6S管理方法诞生于工业化生产车间，包含了整理（Seiri）、整顿（Seiton）、清扫（Seiso）、清洁（Seiketsu）、素养（Shitsuke）、安全（Safety）六大要素。随着6S管理理论的发展，6S管理理念逐渐开始向施工现场管理延伸。岛隧工程项目总经理部根据6S管理理念、工程现场施工特点以及行业发展趋势，在推行6S管理的实践中，逐渐形成了岛隧工程"工地工厂化、6S工地化、现场标准化"6S管理的新内涵。

1. 培训交流贯彻安全理念

在推行现场6S管理前期，为使项目人员充分理解6S管理理念和实施方法，消除推行阻力，同时为员工素养养成奠定基础，为实现安全建设提供保障，项目总经理部积极开展多途径、多形式的现场6S管理宣传和培训，形成6S管理统一认识，掌握6S实施基本技能。

（1）项目总经理部分批次组织领导班子、技术管理人员、协作队伍负责人等前往广汽丰田公司、文冲船厂等企业进行6S管理学习交流，切身感受现场6S管理带来的益处。

（2）各工区项目部工会积极宣传，通过知识竞赛、微信公众号、现场宣传画、期刊、生活区宣传栏等多种渠道，对现场6S管理的相关概念、具体含义、实施作用等进行宣传宣贯和培训，让广大员工对现场6S现场管理形成统一认识。

（3）在实施前期，项目总经理部邀请广州锦田顾问服务有限公司开展《6S与现场实务管理》系列课程培训，要求现场管理人员学习和掌握现场6S管理的操作技能。

2. 检查改进消除安全隐患

在大规模的建设工程现场开展6S管理是一项重要的积极尝试，需要结合现场安全检查发现问题、解决问题，对现场6S管理的实施方案、实施要点进行持续不断地调整和改进，寻找与项目实际相适应的6S管理模式。在岛隧工程建设过程中，坚持每周一次周安全检查和周例会，每月一次月度综合检查和月度安全例会，及时检查、及时发现问题、及时消除安全隐患，确保各项安全生产规章制度贯彻到位、安全保障措施落实到位、安全防护设施齐全有效、现场施工安全有序进行。安全检查主要包括人的行为安全性、物的状态安全性、现场环境的安全性，安全防护设施的完备性、安全管理的有效性等。安全检查的主要形式有综合检查、验收性检查、定期检查、专项检查、随机性检查、上级单位及政府主管部门督查等，针对不同工区特点，采取一种或多种检查相结合的形式。同时，6S管理自身也是一个不断检查、调整、优化的过程。因此，在实施现场6S管理时必须强化检查考核、持续改进和优化。

3. 融入日常管理提升安全素养

项目总经理部将现场6S管理与项目现场日常管理相结合，现场管理人员根据原工作分工承担6S管理相应的管理职责、履行6S管理职能，班组和工人按照6S管理要求作业。项目总经理部充分认识到现场6S管理不是六个要素的简单相加，而是六个要素相互作用，形成一个整体系统。推行现场6S管理从安全出发，通过整理、整顿、清扫、清洁等活动的开展改善现场环境，以环境育人，提高员工素养；在员工素养提升的基础上，形成6S管理免疫系统，自觉遵守现场6S管理要求，安全施工、标准化作业，并对不安全行为形成自我免疫。

6.3.4　协作联动确保水上交通安全

为加强水上交通安全管理，项目总经理部在总营地设置集"生产调度、安全监控、应急指挥"三位一体的调度中心，与海事部门、港珠澳大桥管理局等单位协作联动，开展通航安全管理、船舶安全管理、船员安全管理等工作，采取多项防范措施，确保水上交通安全。

1. 通航安全管理

项目总经理部在海事部门的支持配合下，通过通航安全评估、通航安全论证、船舶航行疏导、实施航道转换、设定施工作业区和禁航区、严控管节浮运安装安全等措施，确保通航安全。

（1）通航安全评估和通航安全论证

根据交通运输部2011年第5号令《中华人民共和国水上水下活动通航安全管理规定》，项目总经理部对9项重大分项工程组织开展通航安全评估、通航安全论证工作，委托专业单位编写通航安全评估报告，分别是《伶仃临时航道安全评估》和《伶仃临时航道安全论证》《沉管出运航道通航安全评估》和《沉管出运航道通航安全论证》《沉管隧道E11~E30管节段基槽开挖通航安全评估》和《沉管隧道E11~E30管节段基槽开挖通航安全论证》《东人工岛岛体形成通航安全评估》和《东人工岛岛体形成通航安全论证》《沉管隧道E1~E10管节基槽开挖与西人工岛陆域形成工程通航安全评估》和《沉管隧道E1~E10管节基槽开挖与西人工岛陆域形成工程通航安全论证》《沉管浮运、安装工程通航安全评估》和《沉管浮运、安装工程通航安全论证》《龙鼓西第二阶段改移及沉管施工区域调整通航安全评估》和《龙鼓西第二阶段改移及沉管施工区域调整通航安全论证》《营地码头通航安全评估》和《营地码头通航安全论证》《桂山码头通航安全评估》和《桂山码头通航安全论证》。通过评估、论证及专家评审，提出施工中可能出现的风险，更有针对性地落实防范措施，确保通航安全管理工作的全面落实。

（2）建立与海事部门的信息共享平台

项目总经理部建立信息管理系统，利用调度指挥管理系统的管理平台，与海事部门VTS中心终端共享信息，及时掌握施工区工程船舶动态、珠江口社会船舶航行实时动态、过境船舶班轮信息，以及气候、潮汐水文等与航行有关的信息。与海事部门协作联动，对施工期船舶航行进行疏导、指挥，保障海上通航环境安全，并有效应对突发事件。施工期船舶航行疏导流程如图6-6所示。

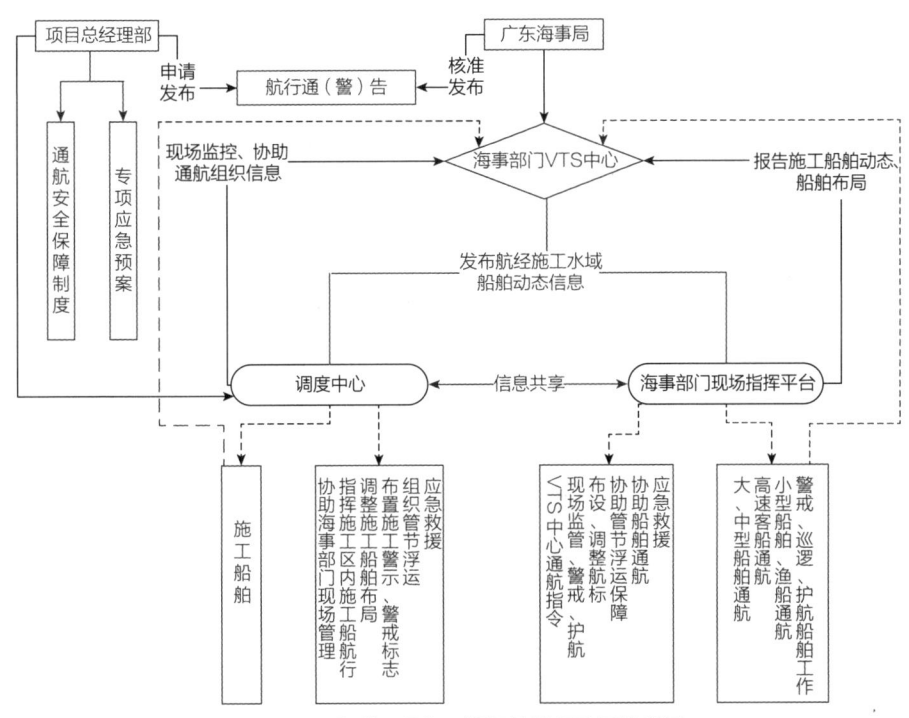

图6-6　岛隧工程施工期船舶航行疏导流程图

（3）实施航道转换

伶仃航道是广州港及深圳西部港区、虎门港等必经的出海航道，施工期间不能封闭，为满足施工需要，开挖了通航等级和能力相当的伶仃临时航道，施工过程根据需要交叉改道，沉管作业区跨越了伶仃航道和龙鼓西航道，两个航道存在交叉。如何落实好航道转换，让社会船舶按照计划通过该水域，对确保本项目的施工及安全至关重要。每次航道转换前，项目总经理部安排通航水域扫测、航道拓宽和维护性疏浚，制作航行图、宣贯图、航标布设等，及时申请发布航行通告，大力做好宣传宣贯工作。在海事部门、伶仃航道等主管部门、各港口及航运企业、业主的大力支持配合下，做好通航安全组织、通航安全监管和应急保障等工作，顺利实施了伶仃临时航道三次转换、龙鼓西航路三次改道（表6-4）。

伶仃临时航道转换时间表 表6-4

伶仃航道转换次数	开始时间	结束时间	转换原因
第一次转换	2011年4月22日	2011年6月15日	沉管隧道区域补充详勘作业
第二次转换	2011年10月30日	2013年1月5日	跨越伶仃航道段沉管隧道基槽粗挖及基础抛石夯平施工。因台风影响等原因实施了三次延期
第三次转换	2014年5月6日	2016年4月8日	沉管安装，延期一次

（4）设定施工作业区和禁航区

沉管隧道施工作业区范围是移动的，总体上是自西往东移，但各个工序间也有穿插，施工作业区的设置需经常调整；同时，施工区周边都是航道，航路复杂，中小型社会船舶、渔船等往往不按规定航路航行，经常硬闯施工区，为确保重点水上施工区域安全，经海事部门批准在施工过程上设置过两个禁航区：分别是E1~E4禁航区和龙鼓西航路沉管施工水域禁航区。海事部门派出警戒船进行24小时监管，工区派出多艘船舶参与警戒。为保障已安装管节安全，特别是已经安装完成的最后一个管节尾端钢封门的安全，在已安管节尾端附近水域划定施工警戒水域，设置三个安全警戒区：分别是E10管节、E15管节、E28管节。禁止船舶在警戒区内航行、抛锚，并布置拖轮、锚艇在沉管隧道基槽南北两侧警戒值守。其中E10管节处于伶仃航道边，过往船舶如果发生应急下锚，触碰到E10的钢封门，后果是灾难性的，为此增加设置了10座警戒标，2座东方位标，以提醒过往船舶加强注意。

东、西人工岛设置施工区并各设置4座施工警示标。沉管隧道不同施工阶段分别设置不同施工警戒区，先后进行4次调整，每次均委托中交第四航务勘察设计研究院进行施工警戒区航标设计并提交交通运输部海事局大桥办审批。开工以后，岛隧工程共设置、调整施工警示标150余座次。

（5）严控管节浮运安装安全

沉管隧道共33节管节，标准管节长180m，由8个节段组成，管节重达80000t，采用10~13艘（总马力数超过4万Hp）大马力全回转拖轮协同作业。

每节管节浮运安装前，编制沉管安装作业方案和作业计划，项目总经理部均组织召开多次会议，落实各项水上安全保障措施。其中每个管节安装前的沉管浮运安装风险评估专家咨询会，都全面分析管节浮运安装施工存在的各类风险，采取有效预控措施，确保沉管施工和通航安全。同时配合海事部门做好宣传宣贯、现场警戒值守、应急值班等相关工作；严格按方案和计划时间实施沉管浮运安装作业，控制各航道封航和管控时间，并落实各时间节点的报告制度。为确保浮运拖带工作万无一失，实施了四次拖带演练。

每次管节浮运安装都得到海事部门大力支持，海事部门组织召开沉管安装作业方案、作业计划审查和工作布置会，派出十多艘船艇参加现场通航组织和维护、伶仃航道封航、榕树头航道封航、龙鼓西航道封航和航标拆除及恢复、浮运线路沿线及安装区域安全警戒、港澳高速客船航路协调管理，广州VTS中心从碎石基床铺设开始到沉管回填结束期间的全程通航组织和管控等工作都得到严格、有效落实。

项目总经理部与海事部门建立快速应急联动机制，有效应对突发事件。E15施工作业期间，基槽受回淤影响，需要实施沉管回拖，海事部门启动应急预案，全力配合，及时发布航行警告，广州VTS中心、深圳VTS中心、现场海事船艇克服疲劳，连续作战，保障了回拖时水上作业环境安全。

2. 船舶安全管理

岛隧工程项目总经理部从专业分工管理出发，由设备部门牵头组织协调船舶、船员管理，工程部负责船舶调度管理，HSE部负责安全和海务管理，先后制定了《船舶安全管理规定》《内河船舶参与建设施工管理规定》《交通船管理办法》《交通船乘坐安全管理办法》《船员考评管理办法》，编制了《乘客安全教育登记簿》《船舶值班记录簿》《船舶安全活动记录簿》《船舶物料清册》《船舶日常检查记录簿》等管理表格，量化日常管理。每月下旬召开交通船管理例会，不定期召开交通船调度协调会，解决日常管理中存在的问题，不断提高管理水平。

（1）工程船舶管理

1）严格船舶准入管理

对所有参与作业的船舶把好准入关，船舶必须证照齐全且有效，船舶状态良好，符合航区要求，船员证书与船舶匹配，进场前船舶必须安装AIS，总部、工区联合海事部门做好船舶入场检查，杜绝不符合要求的船舶进场，清退不满足要求的船舶。

2）严格办理施工许可等手续

主动向海事部门申请办理水上水下活动许可证、发布航行通（警）告。所有船舶办理施工许可才能参与施工，施工中及时办理延期及增减船舶手续。

3）加强施工期间对船舶的监管

项目总经理部设置调度中心，采用无线视频监控系统将施工现场视频信号传回调度中心，通过大屏幕或OA办公系统可以查看各监控点的现场实时情况。在总营地1号码头、东西人工岛及桂山岛沉管预制厂布设高清摄像头，摄像头具有360°旋转、调节焦距等功能。一旦发现施工现场船舶、人员作业有违规行为，通过专用调度手机向现场发出指令，及时进行处置。无线视频监控系统的使用实现了对施工现场的实时掌控、随时调度、及时处置。

施工期间严格要求所有作业船舶按规定安装并开启AIS系统（船舶自动识别系统）。AIS系统的使用实现了对项目的全部施工船舶进行实时监控，进一步提升了船舶调度及监督管理能力。

4）做好防火、防爆等工作

严格船舶动火作业安全许可审批手续，现场防护措施到位、责任到人，杜绝违章作业。油舱清理等作业委托专业公司执行，严禁非专业人员违规操作。定期对船舶消防器材进行专项检查和维护，确保有效。规范船舶油品供应商，确保船舶燃油来自正规的大型石化企业；配合海事部门做好油品的抽检工作，确保燃油闪点满足海事部门要求。

5）定期开展安全生产大检查

项目坚持每月定期对船舶开展安全生产检查和不定期抽查，加强组织领导，积极消除各类事故隐患，确保检查有效。根据不同季节、不同时间段的施工风险特征组织专项检查，包括节前安全检查、防台前专项检查、船舶专项检查、雾季安全检查等。

（2）交通船管理

岛隧工程共用到9艘交通船，日常严格要求交通船船舶检验证书、人员证书齐全有效。遇上风力超过6级及大雾等恶劣天气，所有交通船停航；指定航速较快的"振交4"为应急值班船，保证24小时待命。引入了珠海江华航运有限公司高速客船"惠嘉明星"作为定点交通班船，"惠嘉明星"由该公司按高速客船直接管理。高速客船作为交通班船，服务于项目总经理部及各工区，并纳入项目总经理部统一管理，大大降低了水上交通安全风险。

（3）内河船管理

岛隧工程作业区为海区，内河船舶往返该水域航行与施工作业是超越原适航等级航区的航行或作业，不符合海事等相关规定。但工程建设中，东、西人工岛和沉管基槽需要回填大量的砂石料，沉管预制、东西人工岛建设混凝土浇筑也需较大数量的砂石料、钢材、水泥等原材料，需要大量的运输船舶参与砂石等多种原材料的运输。因施工海域与货源地之间航路（包括内河）、码头等条件限制，吃水较大的海船运输受到限制，没有足够合适的海船参与砂石等原材料的运输。为此，项目总经理部委托广州航海高等专科学校编制《港珠澳大桥主体工程岛隧工程内河船进入施工区作业通航安全评估报告》，组织专家进行评审，专家认为内河船已加装相应的救生、水密设备，经过船检认可，通过加强船舶管理，可以参加港珠澳大桥施工。2012年9月24日广东海事局颁布了《关于内河船舶参与港珠澳大桥建设施工的实施意见》，确定了内河船舶参与港珠澳大桥工程施工"五定一归口"（定船、定员、定线、定时、定作业条件、船舶管理公司归口管理）的管理模式，并引入了海事部门认可的船舶管理公司。船舶管理公司对入场的内河船进行筛选，选择船况好的船舶，现场派出专职管理人员，落实船员培训、跟踪船舶动态、提供航行水域气象水文信息、及时将船舶动态报告现场海事监管部门等。工区、各材料供应商、船舶管理公司按照文件要求互相配合，各项工作得到全面有效落实，确保参与施工的内河船舶安全。

3. 船员管理

（1）加强工程船舶船员管理。项目总经理部和各工区对工程船舶船员开展入场三级安全教育、进场前安全技术交底。施工期间根据需要定期及不定期开展不同形式的安全教育培训。每年开展形式多样的演练，包括沉管拖带、防台、人员落水、消防救生、弃船、中暑等，各船舶按要求每月组织一次演练，通过演练进一步验证应急预案的实操性。除内部演练、培训外，积极参加海事等主管部门组织的应急演练等活动。

（2）加强交通船船员和乘客管理。交通船舶按照使用功能主要分三类：第一类是班船，出发时间、停靠地点和航线固定，主要用于接送施工管理和作业人员；第二类是现场施工指挥和参观用船，根据具体要求制定用船方案；第三类是应急用船，根据应急处置需要调动船舶。对于班船，项目总经理部先后采取了乘船证和船票两种方式进行管理。各工区根据往返现场作业人数领取乘船证和船票，对乘客进行安全教育，乘客凭证上下船。乘船证可以重复使用，船票印有时间和工区名称，只能当天使用。第二类现场施工指挥和参观用船，项目总经理部采取登船前集中安全教育，乘船过程中专人负责安全监督管理。第三类应急用船，执行防台应急响应启动后人员撤离和伤病员救治等应急任务。

（3）加强内河船舶船员管理。内河船舶的船员必须按照《港珠澳大桥建设内河船舶船员海上航行培训管理办法》的培训大纲进行培训，并取得港珠澳大桥建设内河船舶海上航行基本安全知识培训证明，否则不得参与施工。各船舶按照《中华人民共和国船舶最低安全配员规则》要求配备保证船舶安全的合格船员。

6.3.5 多管齐下保护海洋生态

岛隧工程建设坚持走可持续发展道路，注重工程与自然环境的和谐发展。项目总经理部重点通过制定污染物处理措施，委托专业单位实施环境监测，依据监测数据指导、优化施工生产，保护海洋生态环境，特别针对中华白海豚制定了施工作业期间多项保护缓解措施。

1. 污染物处理

（1）污水、垃圾处理。项目总经理部与专业公司签订油污水回收、垃圾回收协议，明确船舶废水、固体垃圾处理实施方案，确保船舶油污水和垃圾、东西人

图6-7 船舶垃圾定点收集

图6-8 垃圾打包定期外运岸上处理

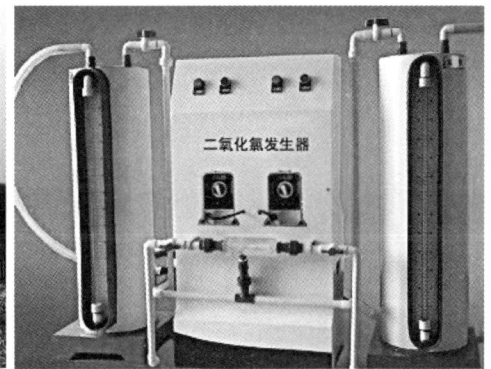

图6-9 预制厂污水处理设施

工岛垃圾按规定及时回收（图6-7、图6-8）。在桂山沉管预制厂、东西人工岛设置生活污水收集和污水处理设施系统（图6-9），对污水进行净化处理，处理后的污水用于循环冲厕、浇淋花草等。

（2）泥沙倾倒区划定。为加强海洋倾废管理，保护海洋环境，使倾倒活动对海洋生态环境的影响及对其他海洋功能的干扰降到最低程度，项目总经理部专门向国家海洋局南海分局申请办理大万山南疏浚物临时性海洋倾倒区（4300万m³）倾倒许可，严格按照大万山南疏浚物临时性海洋倾倒区划选批复文件要求规范倾倒作业，并做好倾倒区的环境监测工作，依据监测数据调控施工强度。

（3）海上油污清理应急措施。项目总经理部、工区制定了《船舶漏油污染事故专项应急预案》，与广州绿之建环保科技有限公司签订《海上油污清理技术服务合同》，当现场发生油污泄漏事故时，广州绿之建环保科技有限公司将及时组织船舶、设备、人员赶到事故现场，及时进行清理工作。

2. 环境监测

项目总经理部委托国家海洋局南海环境监测中心定期对施工区海洋水质、水文气象、沉积物、生物生态进行监测，委托广东环境保护工程职业学院定期对东、西人工岛、桂山沉管预制厂进行水质、废气、环境空气和噪声监测，并根据监测数据指导、优化施工生产，保护海洋生态环境。比如，依据水体浑浊度监测结果指导耙吸挖泥船溢流时间，根据水体噪声监测结果调整施工机具噪声防护措施。耙吸船溢流施工期间，进行水体浑浊度监测，范围为基槽南北各1000m，采用ADCP流速流向仪结合OBS浊度计监测水体中泥沙悬浮扩散范围及垂线分布情况。当检测到水体浑浊度与环保要求的限制指标接近时，停止溢流施工，并调整船舶装舱施工溢流的时间或方式。表层2m浮泥层采用抽舱不溢流方法施工，浮泥层以下采用装舱下溢流低浓度排放措施。根据数模对溢流泥沙扩散的计算分析，实施中结合监测数据及时调整施工溢流时间。

东人工岛施工区域是中华白海豚活动和繁衍的中心水域，主要是噪声干扰、往来船只行驶碰撞、悬浮物扩散等问题对白海豚生存构成威胁。针对噪声干扰，Ⅱ工区项目部特意聘请上海交通大学国家重点实验室专家对施工现场100m，海平面8m之内的海域进行立体式监控，通过对比施工前和施工过程中的环境噪声数据变化，分析施工噪声可能对中华白海豚保护区造成的影响，从而制定相应的防护措施。

3. 白海豚保护

项目总经理部和中华白海豚保护区管理局协同合作，开展人员上岗培训、施工船舶准入、专项监督检查、白海豚保护宣传，做好白海豚保护工作。根据《港珠澳大桥岛隧工程初步设计阶段珠江口中华白海豚国家级自然保护区内施工方案专项论证》（最终版）和《港珠澳大桥工程环境影响报告书》等文件要求，结合施工情况，认真做好施工作业期间各项中华白海豚保护缓解措施。

（1）基础保障措施

1）上岗培训

每年组织船员、管理人员、施工作业人员参加中华白海豚保护区管理局组织的中华白海豚保护知识培训班，培训合格后获得上岗证、观豚员证，持证上岗。项目施工期间共组织1000多人参加培训，近900人获得证书。

2）办理施工船舶准入

中华白海豚保护区严格执行准入制度，所有进场参与作业的船舶按要求向中华白海豚保护区管理局办理船舶准入施工许可证，依法准入，合规施工。项目施工期间共办理船舶进退场准入手续300艘次。

3）宣传活动

项目总经理部与大桥管理局、中华白海豚保护区管理局共同编制便携易懂的环保宣传画、小册子，定期更新内容，方便施工人员了解中华白海豚保护工作的进展情况。另外，在施工现场分发宣传资料、张贴和悬挂环保宣传标语（挂画、旗帜和横幅等），对施工人员和管理人员进行环保常识宣传和普及。

每年参与、组织开展以"关爱水生动物，共建生态文明"为主题的水生野生动物保护科普宣传月活动，推动全社会关注水生野生动物保护，普及科普知识。

（2）施工作业具体防范和缓解措施

1）方案编制

项目每年编制年度施工计划及中华白海豚保护专项措施、4~8月施工进度计划及中华白海豚专项保护措施。编制应急管理文件《中华白海豚意外事故处置方案》《海洋污染专项应急预案》《船舶溢油事故处置方案》等专项应急预案加强对中华白海豚的保护。

2）施工作业区的海豚监视

在各个作业点（船舶）设立专门的海豚观察员，在施工前和施工中使用望远镜及肉眼搜索施工点半径500m范围内的水面，施工前监视至少10分钟，监视附近海域是否有白海豚出没，并做好观豚记录，确保无白海豚，再进行施工。

3）施工作业中白海豚防护措施

水上打桩作业主要是挤密砂桩施工，采用KS-REACT工法，主要产生低频噪声，噪声对海豚影响较小；避免同时开动施工设备，采用先后开动船舶其他设备，产生对中华白海豚示警的噪声，砂桩机逐台启动，振动速度逐渐加大，以给可能在附近活动的中华白海豚游离施工区域的时间。

基槽开挖施工方面，通过采用大型设备、相对均衡的工作安排、污染较小的抓斗船进行疏浚施工等措施，提高开挖精度，减少超挖量，大幅度减轻对周边水域的污染，减少对工程施工区周边底栖生物、鱼类和中华白海豚生活的综合影响。

4）施工船只航速航线规定

工程施工期间，加强对水上交通运输的管理，施工船舶的速度限制在10节以下，并教育船舶驾驶员遵守有关限制，航行时留意海豚的出没并回避。同时，对施工船、配合施工的交通运输船舶制订固定的航线，缩小对白海豚的影响范围。

6.3.6 预防为主强化应急管理

项目总经理部秉承"以人为本、生命至上"的基本原则，结合水上施工生产实际，编制并形成了项目总经理部、工区两级管理、上下互动的应急预案体系，并通过宣传宣贯、培训演练，促使全体员工熟悉应急预案体系、应急处置措施，保障人机安全。此外，考虑到岛隧工程地处珠江口，台风影响频繁、破坏力巨大，从工程一开始，项目总经理部就将防台工作列为应急工作的重点。

1. 应急预案编制

施工初期按照相关法律法规、项目应急管理要求等，项目总经理部成立综合应急领导小组（图6-10），组织编制了HSE综合应急预案及多个专项应急预案（图6-11），建立综合应急救援体系，以"统一、集中、高效"为原则设置岛隧工程应急指挥中心，在施工中不断完善指挥系统、责任机制、协调机制和沟通机制，

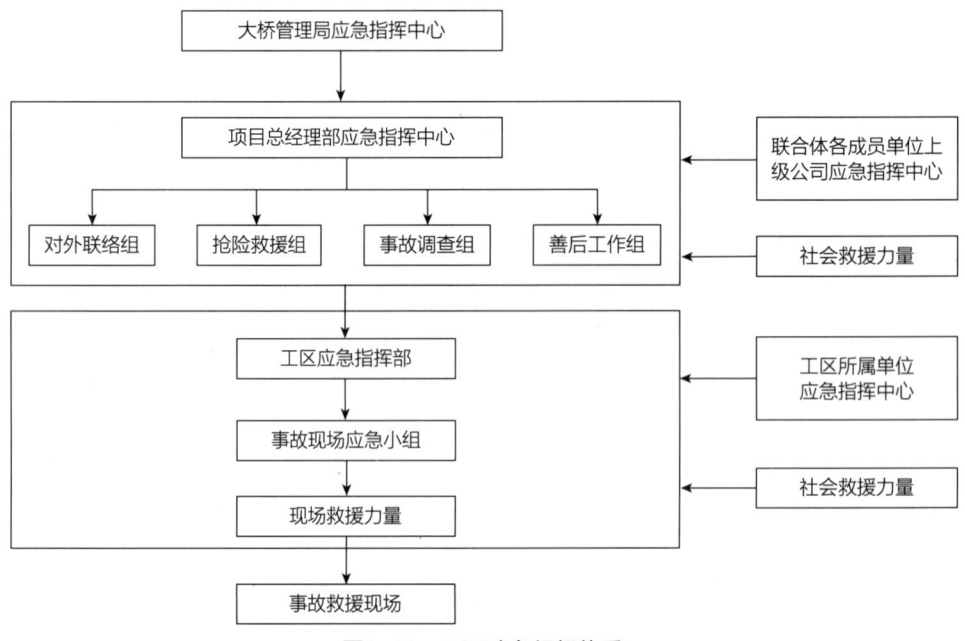

图6-10 HSE应急组织体系

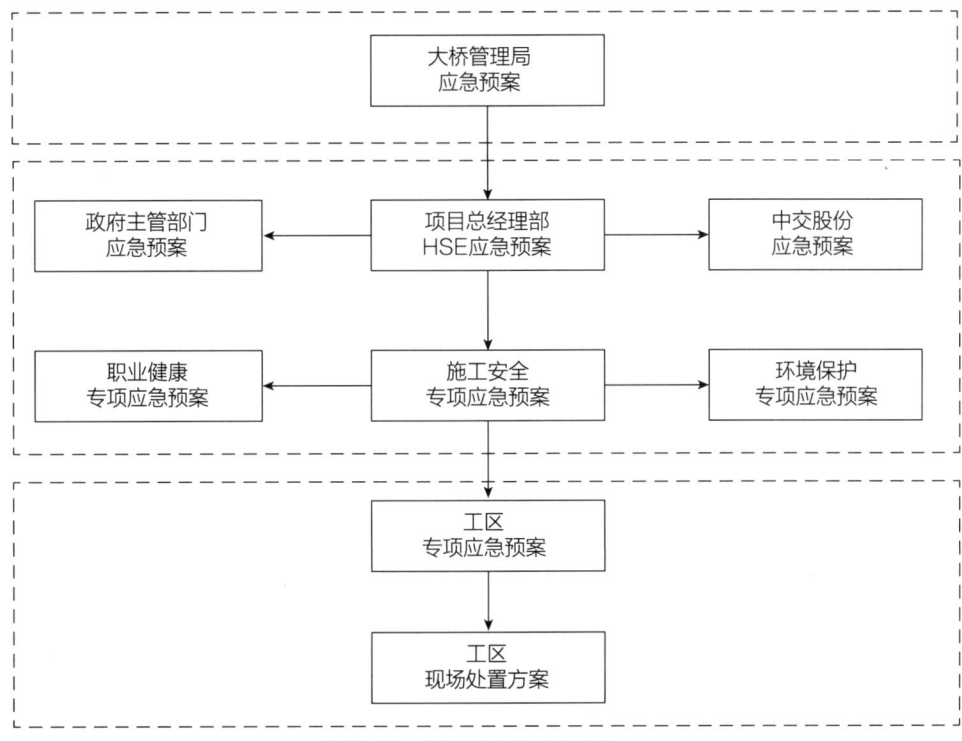

图6-11 HSE应急预案体系

定期组织应急演练，持续修正，循环提升应急能力。随着施工推进，不断补充完善应急救援体系及管理文件，及时升版综合应急预案。《港珠澳大桥岛隧工程HSE综合应急预案》A版于2012年2月19日发布实施；2013年8月18日完成升版，发布实施B版；2016年5月21日再次完成升版，发布实施C版。各工区结合施工实际，在项目总经理部的统一体系下建立本单位应急救援体系，编制专项应急预案及处置方案60余个。

2. 应急培训演练

每年年初，项目总经理部、各工区结合施工生产安排，对应制定年度应急知识培训及演练计划，并严格实施，全面做好HSE应急培训及演练工作。施工期项目总经理部、各工区按照计划开展一系列演习与演练：防台联合桌面推演、防台防汛演练、防台防汛实战演习、防暑降温应急演练、机舱进水堵漏实战演练、机舱火灾消防演练、触电事故应急演练、人员伤害应急救援演练、沉管隧道消防逃生演练、消防演练、弃船逃生及人员落水应急演练、全船失电（SMS）以及在保安威胁或保安状况受到破坏后人员应急撤离程序（IPSP）演练、中华白海豚驱赶演习等各种形式的HSE应急演练。

2017年3月20日，项目总经理部在上海振华南通基地最终接头合龙焊接施工演练现场组织开展了通风专项演练。四台电焊机同时作业，抽风机、冷风机共同开启，HSE管理人员使用四合一空气监测仪对作业场所各部位的氧气、一氧化碳、乙炔、粉尘（$PM_{2.5}$）四项要素进行实时监测。通过演练发现，当前通风条件对作业场所整体空气环境有一定的改善效果，但还存在问题，主要表现在结合腔区域烟尘排除慢、一氧化碳及粉尘浓度高。鉴于此，项目总经理部驻场团队积极与上海振华开展沟通协调，要求进一步优化通风方案，严格按照优化后的通风方案实施演练，通过演练查找问题、提出问题、改善方案，反复演练，为现场施工提供科学参考。

3. 防台措施落实

项目总经理部、工区每年台风季节来临前，根据施工生产计划、投入的船舶及设备、人员及设施分布情况，并结合台风预测情况及早编制年度防台防汛应急预案，落实防台锚地和拖力，开展临时设施设备防台评估，防台工作防范充分。台风影响期间，项目总经理部、工区、交通运输部海事局大桥办、港珠澳大桥管理局及政府其他相关主管部门通力合作，按台风强度及移动路径、影响范围作出相应等级防台响应，船舶、人员、设备设施、工程结构防台措施得当，工作有条不紊，成效显著。

（1）防台预控措施

1）编制防台防汛预案。项目总经理部每年及早部署防台工作，通过分析防台工作重点，总部编制《防台防汛应急预案》，工区编制《防台防汛实施方案》，全面指导防台工作。针对本工程设计制造的特种船舶多，且主要为非自航船舶的特点，2011年，项目总经理部委托交通运输部水运科学研究院对高重心的特种施工船舶的防台实施加以研究，编制"港珠澳大桥建设2011年度特种施工船舶防台组织方案研究"，以指导整个施工期特种船舶防台工作。

2）落实防台锚地。经项目总经理部申请，2011年交通运输部海事局大桥办为岛隧工程协调了两处专用防台锚地，其中虎门大桥南56SQ号、60SQ～63SQ号锚地约$3.9km^2$水域为港珠澳大桥岛隧工程高重心、高桩架等防台锚地选择受限制的特种船舶专用防台锚地，横门东水道约$2.63km^2$水域为港珠澳大桥岛隧工程中小型普通船舶专用防台锚地；委托广东海事局海测大队对上述防台锚地水域进行扫海、底质调查，并发布航行通告。

3）落实拖力配备。岛隧工程大型非自航船舶较多，防台预案Ⅲ级应急响应启动后按"一次性完成调遣拖带"为目标，各相关工区每年与广州港股份有限公司拖轮分公司提前落实拖轮，适时把处于待命或修理的船舶先拖带进入防台锚地，确保剩余非自航船舶可以一次性完成拖带。

4）开展临时设施设备防台评估。东西岛施工期间，岛上临时设施的抗风等级很大程度决定了人员防台撤离的时机选择，考虑岛上临时设施设置每年都有或大或小调整，加之随时间延长临时设施的一些关键连接产生锈蚀、磨损等，因此每年相关工区均组织专业单位对岛隧工程东西岛上临时设施如办公生活集装箱、拌和站、塔吊等的抗风等级进行评估，2017年对东西岛上永久房建结构作为防台避难场所开展评估，以指导人工岛上年度防台工作。

（2）防台具体实施

项目总经理部、预报中心等加强监测，每次台风来临，项目总经理部及时跟踪，适时召开防台防汛专题会议，按《防台防汛应急预案》要求实施防台行动，期间加强与中国交建等单位的沟通，以期得到支持和指导。防台行动主要从船舶、人员、设备设施、工程结构四大方面进行落实，工作点主要集中在东西人工岛、沉管预制厂、船舶及已安管节。针对人员、船舶、设施、结构等防台具体措施如表6-5所示。

防台具体措施   表6-5

防台对象	具体措施
船舶	以撤离至防台锚地为主，根据不同风力影响及船舶抗风等级实施撤离安排
人员	以撤离东、西人工岛人员到陆地安置为主，落实水、陆交通安排，多次使用高速客船撤离人员，并落实安置点；施工总营地、沉管预制厂人员全部安置在砖瓦结构房间内。后期为确保已安管节安全，留守部分值班人员进行排水等应急工作，设置留守人员避险场所并进行评估，得到政府主管部门认可
设备设施	东、西人工岛确保挡浪围堰或挡浪墙的完整，对高大设备、小临设施进行加固，移动设备按预案要求集中至岛上制高点，并做好相应防台措施，全岛做好防水、排水措施。沉管预制厂做好厂房、发电机房、搅拌站等高大设备加固和摩擦焊机等特殊设备转移工作，并落实防水、排水措施。沉管预制厂关闭深坞门并压载，坞内沉管、安装船增加缆绳固定；沉管尾端确保三道封门处于关闭及加固
永久结构	合理调整安排台风期各工序施工步距，密切关注台风信息，根据台风动态及预报信息合理调整施工计划，结合实际及时落实永久工程结构防风加固措施

2012年7月21~24日岛隧工程施工区经受201208号台风"韦森特"影响，项目总经理部于21日13：30时召开第一次防台专题会，决定启动防台防汛Ⅳ级响应（48小时内可能受热带气旋影响）。7月23日早晨项目总经理部召开第二次防台专题会，决定启动防台防汛Ⅱ级响应（24小时内可能受热带气旋影响，平均风力可达8级以上，或阵风9级以上），全面实施防台工作，要求防风能力小于8级的船舶全部撤离，其他船舶选择在施工区周边实施防台。随后，因"韦森特"强度迅速增强、移动路径诡异，项目总经理部紧急召开会议，决定撤离西人工岛施工人员。23日13：30时九州港高速客轮公司所属"海威"轮前往西人工岛协助撤离施工人员，376名作业人员约15：10时抵达九州港客运码头，西人工岛剩余103人留守防台，因防浪围堰稳固安全，西人工岛生产生活设施未受损坏，人员也未受到伤害。台风"韦森特"过境期间，项目总经理部领导、部海事局大桥办领导在调度中心24小时值班，与现场每隔半小时联系一次，跟踪现场人员防台情况；派人到珠海市三防指挥部值班，及时向大桥管理局、省、市领导汇报现场人员情况。

在岛隧工程7年多的施工期内，历经遭受影响并作出防台响应行动的台风共31次。由于项目总经理部、各工区高度重视，早安排、早部署，防范充分、措施得当，工作具体细致，责任落实到人，所有台风过程无一人员伤亡，防台成效显著。

第7章

智能建造

岛隧工程建设面临诸多风险与挑战，传统的建造手段已无法满足岛隧工程高品质、高精度、高效率的建设需求。岛隧工程建设团队从工程实际需求出发，运用大数据、云计算及新一代互联网等先进技术，研发智能建造系统，搭建智能建造平台，取得显著成效，对智能建造技术在工程建设中的应用起到示范和借鉴作用。

7.1 智能建造需求分析与解决方案

7.1.1 智能建造需求分析

智能建造是指通过构建模拟人类智能的智能建造系统，以扩大、延伸和部分取代人类在生产过程中的体力及脑力活动，改造生产方式，增强项目建造全过程的数据感知、数据处理和人机交互能力，提高劳动效率。人们通过在工程建设中加入某种人类之外的"智能"要素，使得整个建造过程的所有状态信息都能实时获取和快速响应，所有工程决策都恰当及时，所有个性化需求都能充分满足，所有工程具有高品质，所有建造过程都更加安全、环保、可控。

智能建造是一种运用大数据、物联网、云计算及高性能计算机等先进技术与设备解决数据自主收集与分析、机械自动化控制等工程建设难题的方法。智能建造运用传感器、RFID、多媒体信息采集、二维码和实时定位等技术进行数据实时采集和传输，选用适用的数据分析模型，由高性能计算机处理数据信息并输出分析结果，工程建设者根据数据分析结果实时掌握现场情况，进行方案优化和实时决策，并通过集成化操控平台实现远程控制。

岛隧工程采用智能建造技术的实际需求源于工程的高品质要求、所面临的诸多世界级技术难题及复杂恶劣的作业环境等因素，主要体现在以下三个方面：

1. 管节控裂及线形控制难度大

岛隧工程是继厄勒海峡隧道后，全世界范围内第二例采用工厂法预制沉管管节的工程，但管节数量、体量均超越前者，其中运用工厂法预制五节曲线段沉管属世界首例，无设计施工经验、参考资料有限、装备配备不足。解决沉管管节体量大，管节混凝土控裂及线形控制难度大等技术难题，需要利用具备实时监控、数据分析及自主调节等功能的智能建造手段，对预制过程中混凝土质量信息、管节线形变化及顶推位置变化进行实时监控，及时反馈并调整施工方案，保障沉管预制效率和品质。

2. 隧道基础施工标准要求高

岛隧过渡段地基加固采用挤密砂桩堆载预压施工方法，砂桩打入深度及间距直接影响隧道过渡段地基的沉降水平，需要运用挤密砂桩打设自动控制系统，精确控制挤密砂桩打设过程，防止砂桩分布不均匀引起的地基沉降，有效控制地基加固质量。此外，沉管隧道基槽开挖精度及基床施工平整度等质量标准高，超出了现行疏浚工程和水运工程的规范要求，常规技术和现有设备难以满足隧道基础施工的质量要求，所以对沉管隧道基础施工控制技术及装备水平提出了更高要求。

3. 管节浮运安装条件复杂

沉管隧道施工区域地处珠江口，为我国最繁忙的航运线路之一，且水文气象复杂，是中国沿海地区受台风影响最频繁的地区之一，复杂水流和航运条件增加了管节长距离浮运难度。此外，岛隧工程沉管隧道管节安装在外海、深水、无掩护条件下进行，沉管安装的作业安全和精度控制面临巨大挑战。解决上述技术难题一方面需要收集施工区域长时间的气象水文数据，通过运算分析，实现对施工区域及施工时间段气象水文情况的精确预报，辅助建设团队选取合适的作业窗口，保证管节浮运安装作业的安全；另一方面需要及时收集浮运航线、管节沉放、对接等过程中管节受力及姿态数据，通过数据分析，实现管节高精度对接，保证沉管隧道"滴水不漏"。

7.1.2 智能建造解决方案

智能建造解决方案是指针对以上建设需求，以大数据分析、高科技手段及智能化装备为技术支撑，实现对工程建设过程中工作状态、施工环境等信息的收集、处理、分析和对大型装备的精确控制，主要包括以下三方面内容：

1. 大数据分析保障作业条件

大数据分析是指对大数据进行收集、管理和处理的技术，具有可视化分析、预测性分析、数据存储等功能，可对复杂多样的大数据进行深入挖掘，提取有价值的数据信息，为工程建设过程中的决策提供科学依据。岛隧工程建设所需的气象水文、关键环节控制信息等数据具有大数据特点，运用大数据分析技术能够提升施工现场数据收集、处理的速度，提高分析结果的准确性，便于施工人员更全面、高效地掌握工程施工情况，做出合理的工程决策。岛隧工程建设团队通过在施工现场设置气象站、波潮仪、高精度洋流及温盐观测设备等，实时收集施工区域的气象水文数据，并结合我国气象局等机构发布的施工现场数十年以来的气象监测数据，形成气象水文大数据库，利用大型高性能计算机对数据进行处理和分析，筛选合理作业窗口，化解岛隧工程沉管浮运安装面临的复杂水文气象风险。此外，通过标识施工航线船舶，获取相应的航向、航速、船体宽度等数据信息，根据现场施工情况及时调整船舶航线。

2. 高科技手段解决测控难题

通过应用精密测控仪器，并将升级改造后的既有测控技术与设备进行组合，解决传统测控手段精度控制水平较低、稳定性不强、易受外界干扰、对作业环境要求高、安装拆卸不便及需潜水员配合完成等技术问题。在沉管管节安装过程中，建设团队通过利用我国航天航空领域设备的位移控制技术，研发外海深水环境下沉管姿态监测系统，实时监测对接过程中超大质量管节的低频率、小振幅运动状态，以保证管节安全、精准地着床。此外，利用管节首端的无线声呐测控系统及尾端的GPS与传感器组合的测控系统，实现管节对接的相对定位及绝对定位测控，实时反馈深水条件下管节的三维坐标，保证高精度管节对接。

3. 智能装备提供一体化作业平台

岛隧工程建设团队集成传感技术、通信技术、互联网技术等形成智能建造系统，研发、改造了完整的外海条件下沉管隧道智能施工装备，包括世界最大的深水平台式碎石整平船，沉管安装船，碎石整平供料、回填多功能船舶，基槽精挖船及基础清淤专用船等。联合技术前沿单位研制开发专用系统，包括管内精调系统、压载水系统、水下拉合系统、浮运导航系统、深水测控系统及锚泊系统。以上智能施工装备及专用系统为外海沉管隧道建设提供了功能高度集成、操作精准高效的一体化作业平台。

7.2 智能建造总体架构

根据岛隧工程智能建造解决方案，建设团队运用物联网、云计算等关键技术，构建了由五个层次组成，涵盖全过程智能建造系统的智能建造平台，实现了智能建造基本功能，满足了岛隧工程智能建造需求。

7.2.1 智能建造关键技术

1. 物联网

物联网（Internet of Things）是通过射频识别、红外感应器、全球定位系统、激光扫描器等信息传感设备，按约定的协议，把任何物品与互联网连接起来，进行信息交换和通信，以实现智能化识别、定位、跟踪、监控和管理的一种网络。物联网以特有的传感技术和感知能力成为智能建造的关键技术之一。岛隧工程建设过程中，建设者通过运用传感器、北斗定位系统、声呐设备、芯片探测器及视频监控等传感设备，将混凝土等原材料、大型设备、沉管管节及作业人员与互联网连接，构成人与物的信息交互网络。

2. 云计算

云计算技术是将大量的分布式独立计算机通过一定的方式组建成统一管理的云系统，在该系统环境下，多个硬件设备可以协同工作，按照资源需求对硬件能力进行分配，实现多种传统计算技术无法实现的功能。岛隧工程建设过程中，构建起前方监测系统与后方超级计算机互联的云计算平台，实时分析处理海量气象水文等数据信息，极大地提高了处理复杂数据信息的能力。

3. 数据管理分析系统

利用数据库技术和软件技术，对接收到的数据进行存储、分析与处理，并通过Web页面进行显示，可以实时了解现场情况，并对建设过程进行分析以及远程控制。

7.2.2 智能建造基本功能

岛隧工程智能建造借助智能工程保障系统、智能测控系统及智能化大型船舶装备，实现以下三大功能：

1. 智能工程保障系统提升灾害性天气预测能力

智能工程保障系统以大数据分析技术为基础，通过气象水文观测设备实时收集数据，并结合历史数据形成气象水文大数据库，运用大型高性能计算机对数据进行分析，对短期、中期及长期气象水文情况作出预测，筛选合理作业窗口，提升了防范灾害性天气、应对海洋环境风险的能力，为工程建设顺利开展提供了保障。

2. 智能测控方法和系统提升感知能力

沉管隧道建设团队通过运用由测量塔、无线声呐等精密测控仪器组成的智能深水测控系统，提高了作业人员对施工区域气象水文等作业条件变化的敏感度，有效增强了作业人员对深水环境下沉管管节姿态、空间位置及海流状态的感知能力，为管节安装提供了更加全面可靠的数据信息，保证了管节安装的高精度。

3. 智能化专业船舶装备提升作业能力

岛隧工程建设团队研发及改进的一系列智能化大型船舶设备，集成了实时监测、分析成像、远程操控等功能，具备外海深水条件下高精度安装沉管的作业能力，实现基础施工、管节沉放安装等作业环节一体化操控，使施工作业更加程序化、数字化、智能化，操控更加便捷，为高品质、高精度、高效率建设岛隧工程提供了核心能力。

7.2.3　智能建造平台的构成与运行

1. 智能建造平台的构成

岛隧工程建设团队以大数据为基础，通过智能手段获取数据，运用计算机与相应的数据处理模型，进行大量系统训练，并借助新一代通信信息技术，构建起"机智—人智"协同的智能建造平台。

岛隧工程智能建造平台由感知层、网络层、数据层、应用支撑层及应用层组成，如图7-1所示，其中感知层感知施工现场的基础数据信息，由网络层将数据信息传输到数据层，通过应用支撑层的相关技术进行数据处理，最终在应用层形成各种智能建造系统，实现对工程建设的智能化管理。

（1）感知层

感知是实现智能的前提，感知层是智能建造平台的基础，借助卫星、GPS/GIS、测量塔/声呐等物联网技术、传感技术，全过程、全方位感知周边环境，采集施工现场的位置、距离、温度、湿度、人员安全等各类数据信息，类似人的眼睛等感官。

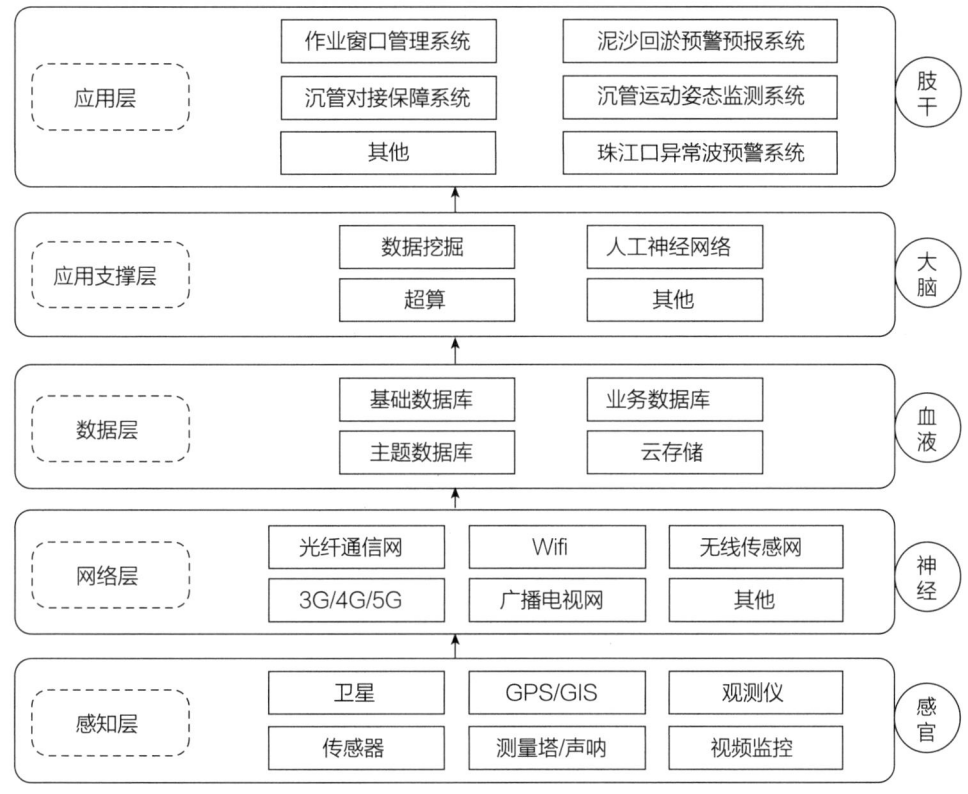

图7-1　岛隧工程智能建造平台

（2）网络层

网络层利用光纤通信网、WIFI等技术将感知层采集的各类数据信息传输至数据层，是感知层与数据层的信息传输通道，类似人体神经系统，旨在实现系统内部各要素之间，以及系统内部与外部的交互。

（3）数据层

数据层类似人体血液，存储着大量数据信息，借助数据库、云存储等智能存储手段，实现信息资源的有效存储和共享。数据层通过整合基础数据信息形成基础数据库、业务数据库以及云存储等，是进一步数据分析的基础。

（4）应用支撑层

应用支撑层是智能建造平台的运算中心，类似于大脑，包含数据挖掘、人工神经网络、超算等数据处理技术及设备，旨在实现数据融合、应用融合。数据融合即数据处理整合过程，能够实现大数据的汇聚、存储、挖掘分析，并以数字化形式展现。应用支撑层为应用层提供一体化支撑平台，进行应用开发、管理、协同、集成等操作。

（5）应用层

应用层是在感知层、网络层、数据层、应用支撑层的基础上，形成的一系列智能建造终端，为项目建设提供可交互智能服务，如作业窗口管理系统、沉管对接保障系统等，类似于人的躯干。

岛隧工程建设团队在总体解决方案指导下，运用以上智能建造技术，开发了数十个智能建造系统。在东、西人工岛主体建筑设计、施工过程中，建设团队运用BIM技术为每个专业建立了中心文件，各专业可通过链接的方法插入其他专业的中心文件模型，实现了各专业间的协同设计，并利用BIM技术进行建模、漫游及碰撞检查，有效解决了管线综合设计、机房施工安装等难题；在沉管隧道管节预制、沉管施工保障、隧道基础施工及管节浮运安装等工程建设关键环节，建设团队开发诸多智能建造系统，使沉管隧道施工更加智能、高效；在管内施工环节，通过安装芯片探测器及高清摄像头，实现对施工作业人员信息及位置信息的实时采集，提高了施工现场管理水平，如表7-1所示。

岛隧工程主要智能建造系统　　　　　　　　　　　　表7-1

应用系统类别	子系统构成
管节预制测控系统	混凝土生产控制系统
	管节顶推系统
	沉管线形监测系统
外海沉管施工保障系统	作业窗口管理系统
	沉管对接窗口预报系统
	珠江口异常波预警系统
	沉管运动姿态监测系统
	回淤预警预报系统
基础施工测控系统	挤密砂桩打设自动控制系统
	基槽清淤测控系统； "捷龙"专用清淤船
	基槽精挖测控系统； "金雄"专用精挖抓斗船
	抛石夯平一体化控制系统
	基础铺设、清淤一体化系统； "津平1号"整平船

续表

应用系统类别	子系统构成
外海深水沉管浮运安装系统	沉管浮运导航系统
	沉放安装系统; 津安2号、津安3号专用沉放船
	管节安装测控系统

2. 智能建造系统运行

可实现不同功能的智能建造系统构成岛隧工程智能建造平台的终端,各智能建造系统均执行信息采集与动态监控、信息传输、可视化显示、预测预报与辅助决策、实时控制的循环运行过程,如图7-2所示。

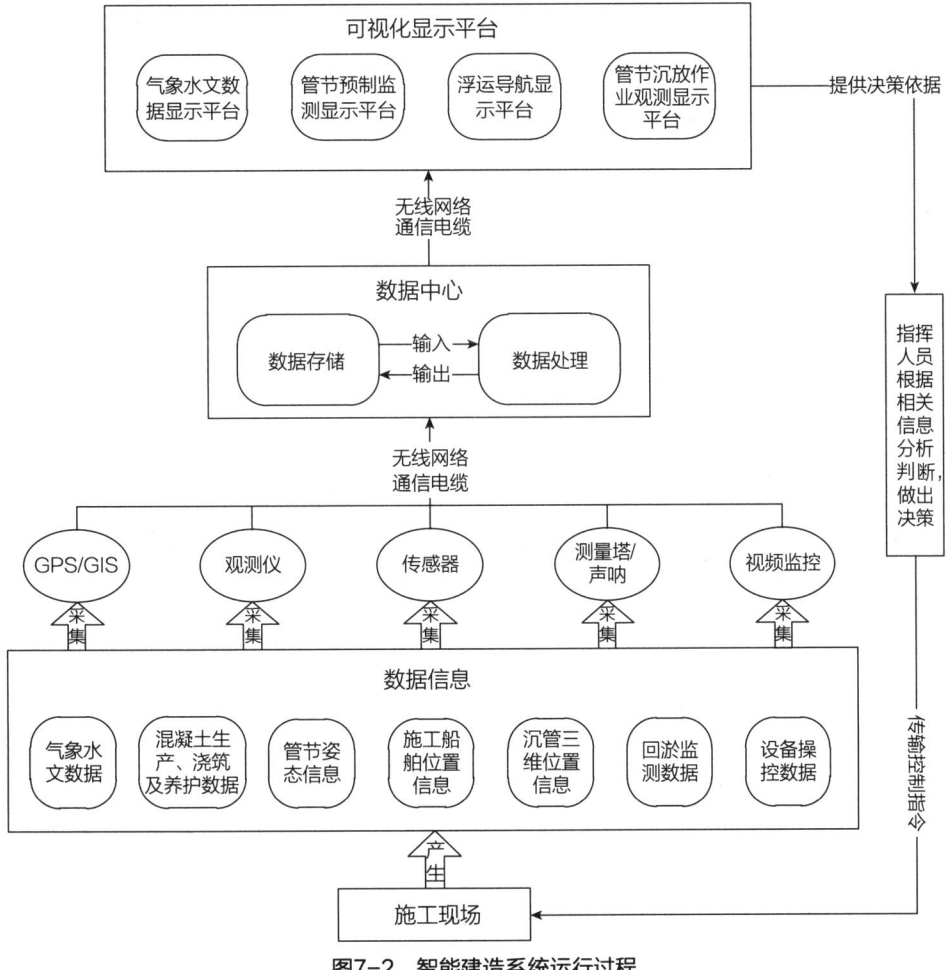

图7-2 智能建造系统运行过程

（1）信息采集与动态监控

通过运用GPS/GIS、传感器、观测仪、测量塔及视频监控等技术与设备，对基础施工、管节预制、浮运及安装全过程的数据信息，即气象水文条件、材料及混凝土温度、管节运动姿态、施工船舶位置信息等，实时动态监测，并将相关信息以数字化形式收集、上传，存储于数据中心，作为进一步数据分析的基础，为指挥人员预测决策提供全面的数据支撑。

（2）信息传输

智能建造系统的信息传输通道由通信机、双频无线网桥和高增益天线组成，并根据不同施工环节的实际情况，启用配套的传输程序和接收程序，实现数据的速率可控、稳定可靠传输。智能建造系统的信息传输通道可实现信息双向传递，既可保证施工现场的数据信息及时传递至数据中心，也可保证控制中心所下达的施工指令及时反馈至施工现场。

（3）可视化显示

通过GPS、北斗定位系统及数据处理软件，实现项目建设全过程可视化预测模拟及实时场景可见。可视化显示平台主要包括：气象水文数据显示平台、浮运导航显示窗口、管节沉放作业观测显示平台及施工船舶显示平台等，通过可视化监控平台可以实时查询、分析和显示沉管施工全过程的数据信息，包括气象水文变化数据、管节浮运航线、管节姿态位置信息等。

（4）预测预报与辅助决策

智能建造系统利用具有不同功能的数据分析模型，通过高性能计算机等硬件设备的协同工作，对所获取的数据进行挖掘、提炼、过滤、分析。通过将智能建造系统与人为决策相结合，利用外海沉管施工保障系统、基础施工测控系统及沉管浮运安装系统等智能建造系统，辅助工程建设团队确定合理作业窗口，精确控制隧道基础施工，形成沉管安装全过程的"人智—机智"决策系统，确保浮运航线畅通及管节精准对接着床。沉管安装全过程"人智—机智"决策系统如图7-3所示。

（5）实时控制

根据预测预报数据及决策信息，控制中心人员利用无线网络或通信电缆发送控制指令，实时指挥现场人员作业、控制机械设备运行，及时调整施工过程出现的偏差，实现实时控制。

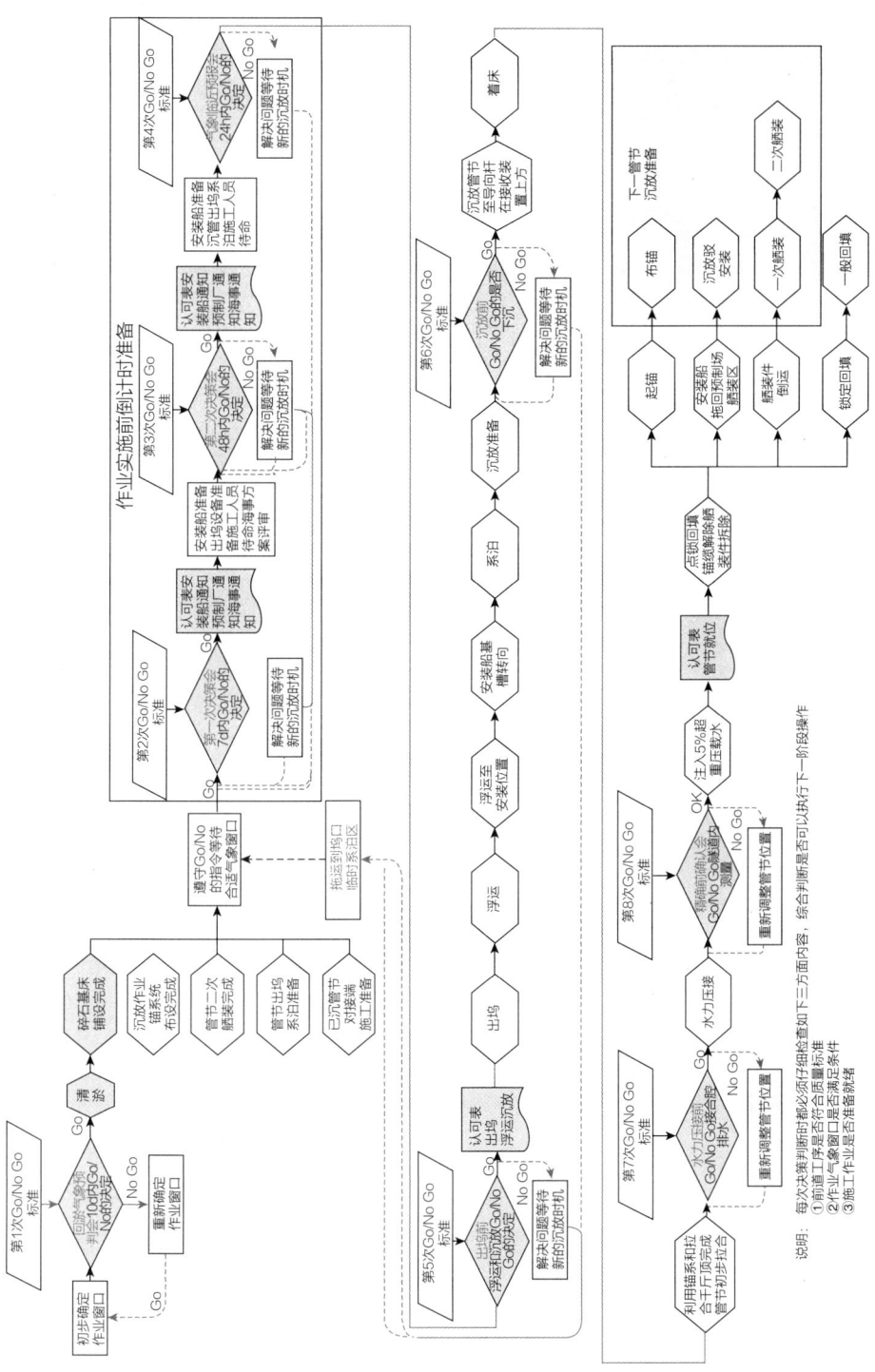

图7-3 沉管安装全过程"人智一机智"决策系统

7.3 智能建造应用与成效

建设团队研发和构建的智能建造平台，在岛隧工程建设过程中扩展了人们的感知能力、预测能力、控制能力及作业能力，有效解决工程建设所面临的诸多难题，实现了对工程的可视、可知、可测、可控，以及水下作业的自动化、无人化，提高了施工精细化、标准化管理水平，工程风险得到有效控制，更好地保障了工程品质与建设效率。

7.3.1 动态监控管节预制过程

岛隧工程沉管管节采用工厂法预制，管节体量大、质量要求高，导致管节预制过程中质量把控难度大，为此，建设团队运用一系列沉管预制智能监控系统，对管节预制过程进行把控。

1. 运用数字化生产控制系统，监控混凝土生产全过程

混凝土质量把控是管节质量控制的要点。建设团队借助混凝土生产控制系统对混凝土质量进行严格控制。混凝土生产控制系统主要监控混凝土的生产温度、生产状态及养护环境等信息，其中，生产温度信息包括混凝土原材料仓库温度、搅拌站原材料温度、混凝土出机温度、浇筑环境温度及混凝土入模温度，通过集成风冷系统、制冰拌和系统、特制泵管降温护套及仓面喷洒冰水构建混凝土浇筑温度调控体系，实现对搅拌站输料温度、混凝土出机温度、混凝土运输及入模温度与浇筑场地环境温度的控制；生产状态信息包括混凝土生产强度、匀质性及凝结时间，通过混凝土质量监控预警系统对上述信息展开实时监控；养护环境信息包括环境温度和湿度、环境风速、管节内部温度等，通过运用可伸缩钢结构滑轨系统、二元流体喷雾系统、温湿度监测系统组合，自主调控预制沉管混凝土浇筑前后的环境温湿度。混凝土质量主要控制措施如图7-4所示，以上控制措施覆盖混凝土生产全过程，构成了具备时间和空间维度的数字化生产控制系统。

混凝土质量监控采用先进无线传输网络，实现长时间、无干扰连续监测和全方位监控，监测网络覆盖原材料区、搅拌生产区、筑浇区、养护区。监测数据实时传输，并依据监测数据及时绘制温度或应变变化曲线，获取相应阶段的温度控制指标。根据监测成果对施工情况开展评估，调整施工参数、优化工程施工方法

（a）混凝土喷淋养护及搅拌站风冷设备

（b）搅拌站制冰机及片冰

（c）混凝土运输车及输送温控系统

（d）喷雾养护及可伸缩养护棚

图7-4　混凝土生产全过程监控

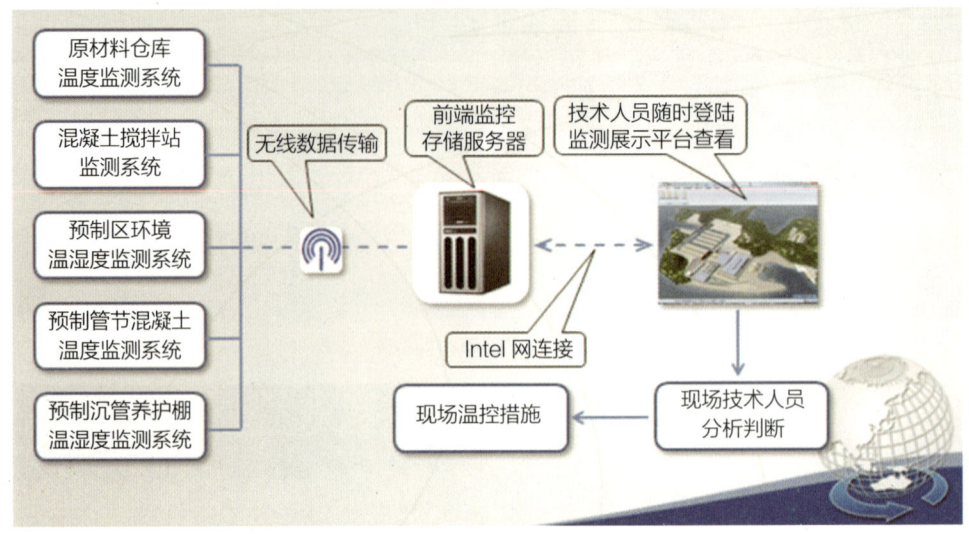

图7-5　混凝土生产整体信息化集成系统

和工艺，实现温控实时预警和施工前后场实时协调，为沉管控裂提供技术数据支持，整体信息化集成系统如图7-5所示。

在沉管预制过程中，全过程混凝土生产控制系统监控窗口可直观实时地反映沉管大体积混凝土和厂区各环节的状态，发现异常及时发出预警信息和处理建议，提醒工程技术人员采取措施。全过程混凝土生产控制系统保证了混凝土全生产链质量的匀质性，管节主要技术指标均达到温控标准。从现场管节的外观来看，均未发现有害裂缝，达到了温控的预期目标，实现了曲线沉管的匹配浇筑与超大沉管百万立方米混凝土无温度裂缝，保证了沉管管节自防水的质量。

2．动态实时监测管节线形变化

岛隧工程建设团队通过控制钢筋笼形态、监控大型模板线形调整及管节顶推过程，实现对管节线形的动态监测。

钢筋笼形态控制的重点是钢筋笼绑扎成形与钢筋笼顶推，施工人员通过在钢筋笼上的观测点安置吸盘棱镜，运用高精度全站仪自动实时监测，将测得数据及时传输给电脑，经软件分析，直观地表达出钢筋笼实时的线形。

在大型模板线形调整过程中，先计算控制节点坐标，安装反射片和吸盘棱镜，采用全站仪进行测量，保证沉管每个节段的线形达到设计精度。

管节顶推过程中线形控制是通过在顶推装置的关键部位（如支撑千斤顶、顶推油泵等）安装传感器，用信号线连接至控制台，在顶推主控界面显示每台支撑千斤顶的支撑反力，当某处支撑千斤顶单元出现漏油、压力骤减等情况时，系统会自动检测并发出预警预报，便于操作人员快速发现顶推中出现的问题，及时采用相应解决措施，可总体控制顶推系统运行，实现支撑装置、顶推装置以及顶推导向装置的自动化控制，使多点支撑、同步顶推具有可靠保障。管节顶推控制装置如图7-6所示。

图7-6 管节顶推控制装置

通过控制曲线钢筋笼形态、监控大型模板线形调整、监控管节顶推过程等一系列沉管线形控制手段，实现了实时、高效、准确的监控目标，保证了管节在整个预制过程中的线形控制达到毫米级精度。

7.3.2 精细预报外海施工环境

围绕"精准保障沉管安全施工"的目标，建设团队自主研发一系列外海沉管施工保障系统，如图7-7所示。

1. 小区域长历时高精度作业窗口管理系统
作业窗口管理系统是为施工管理者提供决策支撑的数字化管理平台，其功能主要是对基床铺设、沉管浮运安装等施工环节的气象水文条件进行精准数值预报。

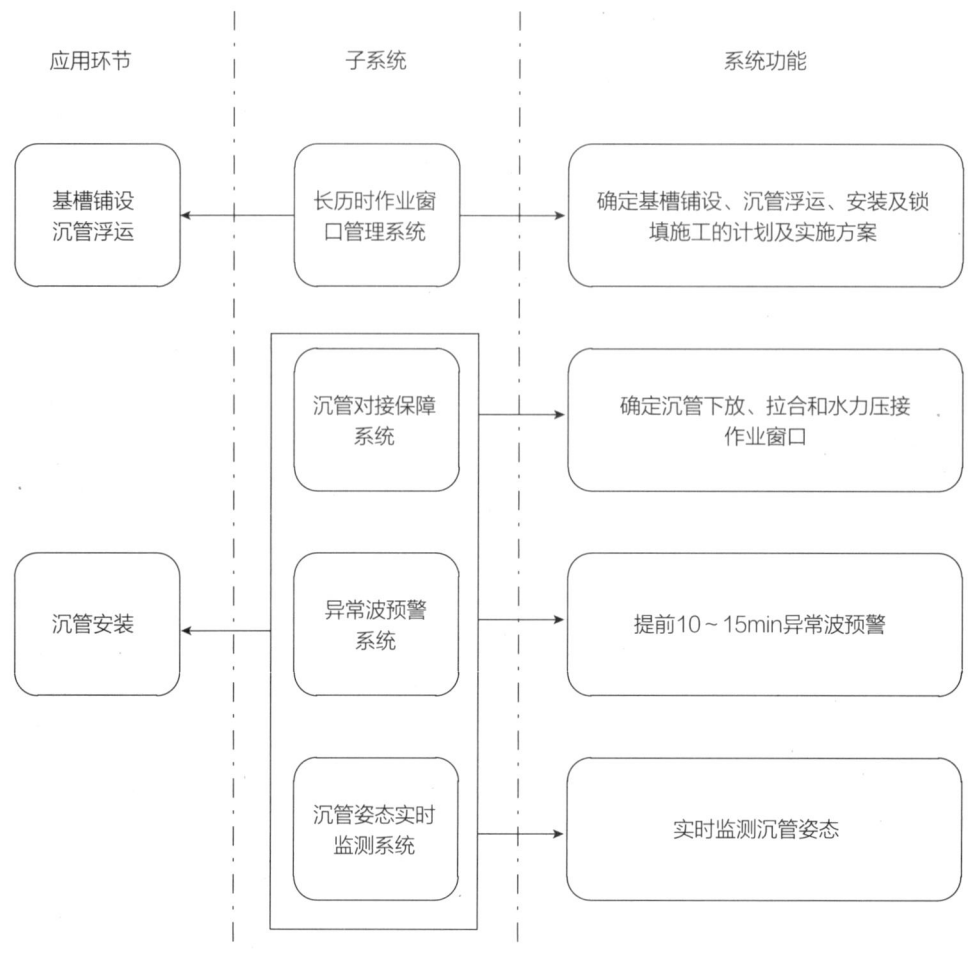

图7-7 外海沉管施工保障系统

作业窗口管理系统由位于北京的预报中心服务器、施工现场水文气象监测系统及岛隧营地的现场保障信息系统构成,如图7-8所示。系统由硬件和软件组成,硬件包括现场观测站的传感器、采集器、通信接口、系统电源等,系统软件有采集软件、数据处理软件以及远程数据传输和监控软件。系统采用集散式体系结构,通过采集器集中采集和处理分散配置的各个传感器信号,再由CDMA/GPRS无线网络和全球宽带网传输到大型高性能计算机,经分析处理形成最终数据。

作业窗口管理系统建立了长时间跨度及大范围空间跨度的天气系统数据库,并结合现场气象水文环境的实时监测数据,运用大型高性能计算机及国际上成熟的气象、海浪和海流数值预报模型,进行大量数据分析,建立气象、海浪和海流

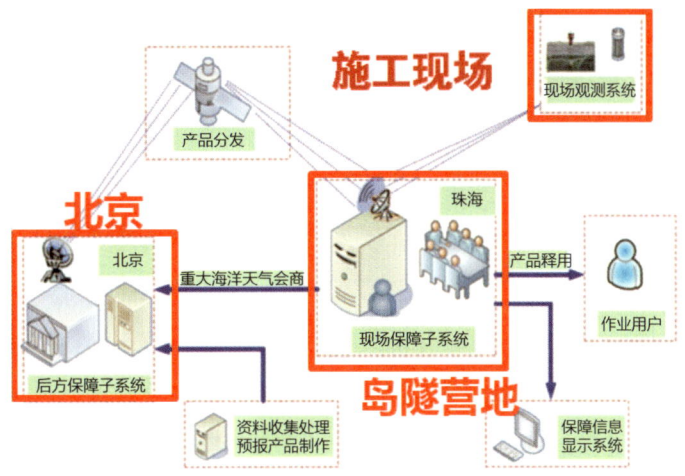

图7-8 作业窗口管理系统组成

数值预报系统，对施工海域未来15天的天气趋势进行预报，系统预报精度可达以下标准：

（1）风速预报精度：72小时内10m风速预报平均准确率≥80%；

（2）海浪预报精度：48小时内有效波高预报的平均绝对误差小于0.2m，72小时内有效波高预报的平均绝对误差小于0.3m；

（3）海流预报精度：流速绝对误差小于30cm/s，流速"窗口"的时间误差小于30min。

作业窗口管理系统通过高频率采样、高速率数据传输，为施工海域海浪、海流、潮位的精细化预报、沉管浮运安装施工海洋环境窗口预报及工程作业提供了大量的实时观测资料，实现了提前15天气象水文条件预报与施工区域100m空间及半小时时间的高精度环境预报。其中，提前15天气象水文条件预报为建设团队选择基床铺设、清淤、浮运安装的时间窗口提供了可能；施工海域100m空间分辨率、半小时时间分辨率的高精度环境预报，为施工海域从坞口到基槽的每个位置、施工过程中的每个时间段提供精准的风、浪和潮流预报，有效地规避了施工期间气象水文条件带来的风险，保障了外海施工环境下施工人员及大型船机的安全。作业窗口管理系统满足了岛隧工程施工作业海洋环境预报的需要，为建设团队确定基础铺设、管节浮运安装等环节施工窗口提供了重要依据。

2. 外海沉管对接保障系统

沉管安装进入深槽以后，受槽内复杂流态及缆系刚度弱化影响，管节姿态控制难度加大，管节对接精度及安全难以保证。工程实施过程中，建设团队运用外海深槽沉管安装对接保障系统，观测沉管下放、拉合及压接等过程中的水文条件，有效保障外海深基槽大型沉管的精准对接。外海沉管对接保障系统包含移动式海流实时监测系统和基槽三维海流预报系统。

移动式海流实时监测系统观测时间为管节出坞到压接完成的全过程。在管节预制场内安装多普勒流速剖面仪（ADCP）和温盐深仪（CTD）等仪器及测量塔，通过数据传输网络形成一个集成化的数据实时显示平台，观测整个施工期间管节附近海流及温盐的变化特征，其数据的时间分辨率达到分钟级，数据显示快速准确。观测结果可以为基槽三维海流预报系统提供检验和输入数据，为浮运安装施工提供有效的水文参考数据。

基槽三维海流预报系统由数值预报系统和临近预报系统组成。数值预报系统主要在施工前10～15天进行海流等要素的数值预报，输出各类图形化和数据化的预报结果。临近预报系统主要用于现场保障期间，旨在对数值预报系统的预报结果作出修正和更新，进一步提高预报结果的精度。

沉管安装对接窗口预报系统，有效地规避了管节沉放对接过程的基槽大流速风险，在E31管节对接期间成功应用，并且利用有效措施化解风险，减小了管节在水下的控制难度，从而实现了管节的高精准对接。

3. 珠江口异常波预警系统

珠江口异常波预警系统用于监测管节沉放安装过程的水文情况，系统由波潮仪和异常波浮标组成异常波观测网。珠江口异常波预警系统通过利用高精度的波浪测量仪器，并合理设置设备观测位置，对异常波进行实时监测，实时监测界面如图7-9所示。监测数据经无线网络实时传输至现场指挥中心和工区服务器，并对数据进行质量控制、格式转换等预处理及存储。

异常波预警系统运行时段为管节浮运、安装的整个过程。在沉管作业期间值班人员密切关注施工海域的异常波发生情况，根据观测到的异常波波高、周期和传播信息，计算异常波的预警时间并及时发布相应的预警信息，采取措施以减小异常波对沉管和船舶的影响，保障沉管浮运安装的顺利进行。

珠江口异常波预警系统实现了秒级的快速识别、波要素自动检测与提前15分钟的自动报警功能，为沉管安装提供了安全保障。从E21管节浮运开始，直至最终接头安装成功，预报中心在14次沉管浮运安装过程中对异常波情况进行监测预

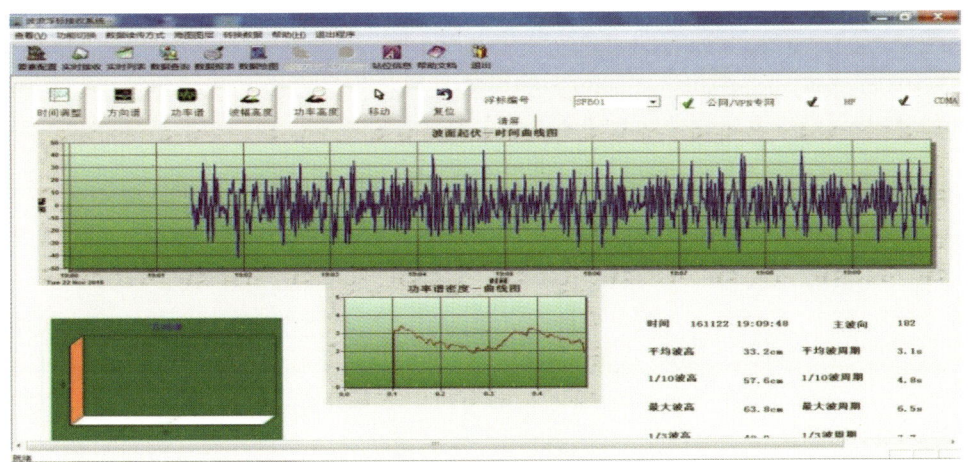

图7-9 异常波监测

警，共有5次观测到异常波，分别为E21、E25、E28、E31、E32，期间值班人员及时向沉管浮运安装指挥汇报异常波情况，现场指挥根据监测数据作出对应决策，保障了沉管安装的顺利进行。

4. 沉管运动姿态监测系统

沉管隧道标准管节重达8万t，最大安装水深接近50m，沉管管节在此水深条件下，运动频率极低，且振幅极小。此外，受外海复杂海洋环境影响，传统的常规位移测量方法均不适用，无法保证管节对接精度。为此，岛隧工程建设团队与304所等科研机构合作，依托惯性技术研发外海深水环境下沉管运动姿态监测系统。

沉管运动姿态监测系统用于监测水下系泊状态的超大管节相对于平衡位置的短期内超低频运动幅度，该系统由惯导系统核心器件组成，筛选高精度加速度计、高精度光纤陀螺等器件，校准其超低频幅频特性和相频特性，分析加速度及交叉耦合误差，建立器件的超低频测试模型，极大地提高了管节姿态监测系统的位移测量精度。沉管姿态监测系统由3个测量单元组成，每个测量单元的传感器等设备是通过国内最高计算标准装置校准筛选出来的。测量单元之间通过光纤局域网络连接到沉放控制指挥室，及时将沉管水下晃动、位移、转角等数据传输到显示平台，在控制室内进行同步触发采集、分析显示测量结果，帮助沉放指挥人员下达操作指令，有效避免沉管导向杆与导向托架相撞，保障沉管安装对接精度及安全。

管节运动姿态监测系统应用于岛隧工程第E11~E33管节的沉放对接监测，23次监测结果表明监测系统测量精度满足沉管对接精度要求，测量精度达到毫米级。管节运动姿态监测系统有效地监测了管节在深水无人环境下姿态的变化，避免了采用潜水员水下观测带来的风险，保障了人员安全，同时，系统监测分析结果为沉管安装指挥人员决策提供依据，保证了管节高精度对接，实现了外海深水环境下对沉管隧道施工质量的精确控制。

5. 回淤预警预报系统

项目总经理部依据现场精细化观测所得的大数据资料，及沉管基床淤积预警预报的实际需求，研发了一套高精度、高效率的多因素复合型基槽回淤预报模型系统，如图7-10所示。该系统能够实时预报每个管节安放窗口期的基床淤积情况，实现了基槽泥沙淤积预报从宏观到局部，从"年、月"精确到"逐天"，预报精度从米达到厘米级的精细化，极大地提升了回淤预警预报的精确度和时效性。

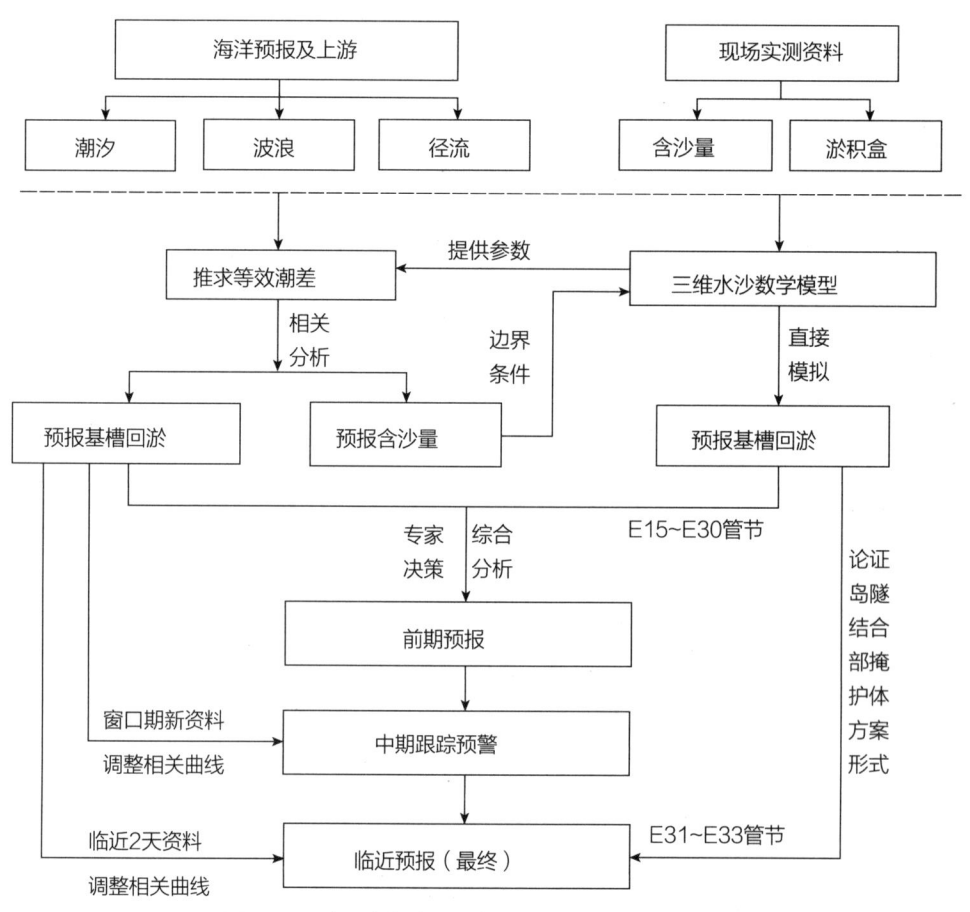

图7-10　多因素复合型回淤预报模型系统工作流程图

回淤预警预报系统通过预警与预报平台，实现与现场实测的实时互动，做到了"现场及时响应"，极大提升了预报响应速度，保障了沉管作业窗口期"无缝衔接"。

7.3.3 精准操控基础施工设备

为确保沉管隧道基础稳定和平整，减少隧道不均匀沉降，提高隧道的水密性，建设团队对基础施工精度提出了极高的控制标准，开发应用了一系列高精度基础施工操控系统，包括海上挤密砂桩自动打设系统、基槽清淤测控系统、基槽精挖系统、抛石夯平一体化控制系统及基床铺设测控系统等，并成立了隧道基础施工监控组，主要监控内容包括挤密砂桩打设深度及间距、基槽开挖平面尺寸与立面尺寸以及高程、基础块石铺设位置及平整度、碎石垫层铺设位置及平整度，以及不同施工工序之间的基槽回淤量，实现了对隧道基础处理各环节的高精度控制。

1. 挤密砂桩打设自动控制系统

岛—隧过渡段地基采用挤密砂桩加固处理，为了更好地满足挤密砂桩施工要求，建设团队专门研发了海上挤密砂桩定位监测系统。海上挤密砂桩定位监测系统可将GPS接收机获得的高精度三维数据与定位系统进行整合，实时确定三维空间位置，砂桩船操作人员通过可视化操作界面远程操控锚机，引导砂桩船调整锚缆，使砂桩偏位符合设计要求。系统界面如图7-11所示。

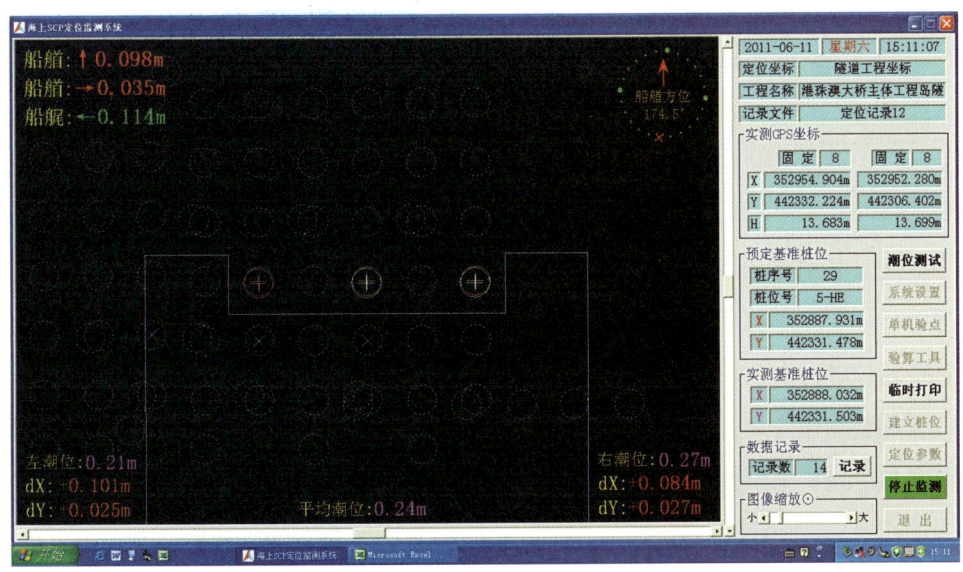

图7-11　海上挤密砂桩定位监测系统操作界面

挤密砂桩打设自动控制系统通过运用PLC传感器、数字系统、加砂系统及加压系统等技术设备，实现了挤密砂桩加砂打设过程中气压全自动控制、砂面测量全自动控制以及回打与拔管速率自动控制，精确定位打桩位置，极大地提高了人工岛挤密砂桩定位的可靠性和效率，保证了抛石堤基础的稳定性。

2. 定点"盖章"式基床清淤系统

沉管隧道基槽开挖水深达30~50m，基槽泥沙淤积情况直接影响管节沉降水平，为保证隧道基础处理各施工工序之前或期间的精确清淤施工，岛隧工程建设团队研发了专用清淤船——"捷龙"轮，如图7-12所示。"捷龙"专用清淤船适用于基槽精挖前、精挖后抛石夯平前、基槽碎石基床铺设前、基床铺设后管节安放前等工况，并能够通过对清淤平面及高程的精确控制，实现定点"盖章"式清淤。

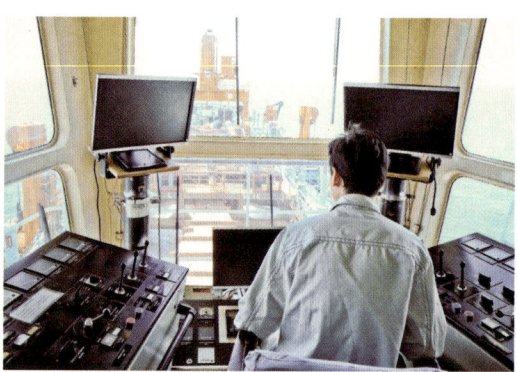

（a）清淤船作业实景图　　　　　　　（b）清淤船控制平台

图7-12　专用清淤船——"捷龙"轮

（1）清淤平面控制

"捷龙"轮安装两套GPS－RTK（实时动态差分法测量定位）定位系统，其设备定位精度≤5cm，实时接收CORS（连续运行参考站）信号或海上定位平台差分信号。在船舶疏浚监控系统中输入基槽定点清淤的设计位置，系统即可自动显示船位、吸淤头在基槽中的位置，以此进行平面控制。

船舶操作人员可根据施工监控系统中的显示进行施工船位布设，当船位实时显示与计划施工位置出现偏差时，可通过收放锚缆的调整使得实时船位保持在施工的计划位置。

（2）清淤高程控制

根据基槽精挖完成后的实测槽底标高，将每一条和每个断面的计划清淤深度输入船舶监控系统，再结合GPS—RTK实时采集到的高程数据，控制吸淤头下放深度。

（3）清淤质量控制

为确保基槽清淤设备安全，满足基槽平整度<0.3m的要求，建设团队采用定点"盖章"式清淤施工。清淤船定点清淤施工时，利用清淤监控系统的泥浆密度显示和水深测量装置进行清淤施工监测。当清淤点的浓度和水深达到设计要求后，通过收放锚缆移动船舶至下一个清淤点。完成单点清淤后，系统会记录清淤轨迹，操作人员可根据清淤覆盖情况，进行局部加密补吸。

高精度清淤施工系统满足海上50m水深基槽清淤要求，通过高精度吸头定位监控系统，实现了高精度定点清淤和对沉管钢封门保护的要求，有效地解决了槽底变坡度清淤施工难题。

3. 基槽精挖系统

基槽开挖精度对边坡稳定及隧道基础质量影响大，是沉管隧道安全运营的关键。为此，建设团队研发先进的基槽精挖控制系统实现基槽高精度开挖。

基槽精挖系统功能包括平挖控制和挖深控制两部分，依托基槽精挖计算机测控系统，在原有设备状态基础上，进行船机设备适应性升级和更新改造，研发了具备自动寻深、抓斗定深下放闭环控制、定深控制挖掘、平挖挖掘、超深限制等功能的专用精挖抓斗船——"金雄"轮，如图7-13所示。专用精挖抓斗船操作程

（a）精挖船作业实景图　　　　　　　　（b）精挖船控制平台

图7-13　专用精挖船——"金雄"轮

序化、数字化、智能化，实现了抓斗挖泥船施工过程的可视、可控、可测，弥补挖泥船定深设备存在的不足，降低施工质量与人员因素的关联度或由于船员操作水平差异化而对挖深控制精度的影响，使基槽浚深精度和平整度保持较高的一致性或稳定性。同时，专用精挖抓斗船实现了开挖高程智能、高精度控制，将50m水深条件下挖泥超深控制在50cm以内，有效避免了超挖以及对槽底原状土的扰动，保证了隧道基础刚度的均匀性。此外，自动挖泥控制系统可满足不同土质开挖的需求，减少了基槽开挖的反复作业，有效降低了施工区水生环境污染，符合现代环保疏浚需求。

4. 抛石夯平"一体化"控制系统

沉管隧道基础抛填夯平作业采用伸缩式溜管进行抛石，液压振动锤水下夯平。为了满足块石抛填和夯实施工定位需求，建设团队通过在定位驳上安装GPS流动站接收机、多通道测深仪及探头、计算机主机、声速剖面仪、测距仪、船体倾角传感器、霍尔传感器铜轮及数据处理模块，形成水下块石基床抛石夯实一体化系统，使抛石及夯实设备的三维坐标能实时显示在监控屏幕上，如图7-14所示，点对点对抛石夯实标高进行全程可视化监控，无需人工测量，减少作业量，提高施工效率。

通过对E8～E12及E16～E18共8个块石抛填厚度均为2m的管节进行分析，结果表明，夯沉量比较均匀，夯后平整度较好，夯后标高与设计标高偏差较小，均在设计限差之内，满足设计规范及要求。

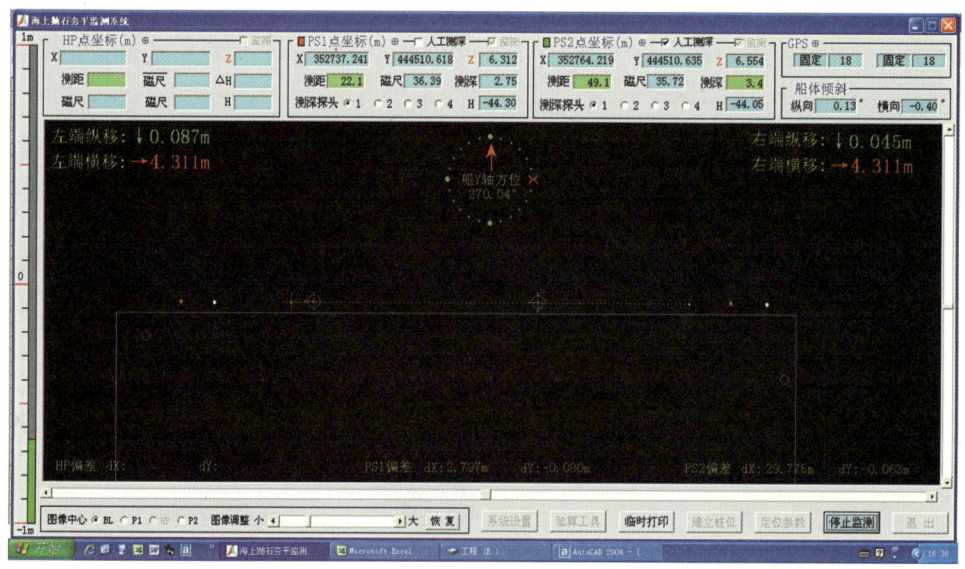

图7-14　抛石夯平过程监控界面

5. 基床铺设、清淤一体化系统

为保证岛隧工程沉管隧道基床平整度，建设团队研发了专用整平船——"津平1号"整平船。整平船采用自升式平台结构，配备有船体诱导定位系统、施工管理系统、高程控制系统、声呐系统、清淤系统等基床铺设、清淤作业系统，可实现对整平船定位、碎石输送系统的控制、下料管升降的控制、整平刮刀的高程调节、整平台车纵横向移动的控制、水下目标的高程动态定位、下料管料位的控制、碎石铺设的同步质量检测、碎石垫层精确清淤等。

操作人员通过基床铺设清淤系统，能够实时掌握碎石垫层平整度、垫层回淤厚度、清淤头高程、船舶位置等作业数据，实现了自动化、高精度的铺设清淤一体化作业（图7-15）。此外，整平船具有在浅水区避风及抗台自存的能力，为施工作业人员及设备的提供了安全保障。

（a）整平船作业实景图　　　　　　　　（b）整平船控制平台

图7-15　平台式整平船——"津平1号"

7.3.4 智能控制管节浮运安装

沉管隧道管节浮运安装作业环境复杂、影响因素多、施工难度大、施工风险高，为保证管节浮运安装精度、保障施工安全，建设团队自主研发了一整套外海深水超大沉管浮运安装系统，主要包括浮运导航系统、远程集中操控的压载水系统、沉管对接导向系统、数控沉管拉合系统、水力压接系统、深水测控系统等子系统，形成了一套自动化、信息化、集成化的沉管浮运安装控制系统，并结合施工专用沉管安装船，实现沉放装备智能化。

1. 实时海事监控保障航线畅通

岛隧工程建设团队借助海事管理部门的AIS系统对施工区域船舶信息进行动态监控，系统界面如图7-16所示。在管节浮运安装过程中，系统可监控船舶航线、航速、船体宽度等信息，通过标记区分施工船舶与社会船舶，一旦发现社会船舶进入施工区域，可及时向海事部门通报，并驱离施工区域，从而保证浮运航线畅通，保障管节在浮运过程的安全。在防台防汛方面，AIS系统可监控各工区施工船舶撤离情况，保证船舶及人员及时撤离，躲避恶劣的气候条件，保障人员与船舶的安全。

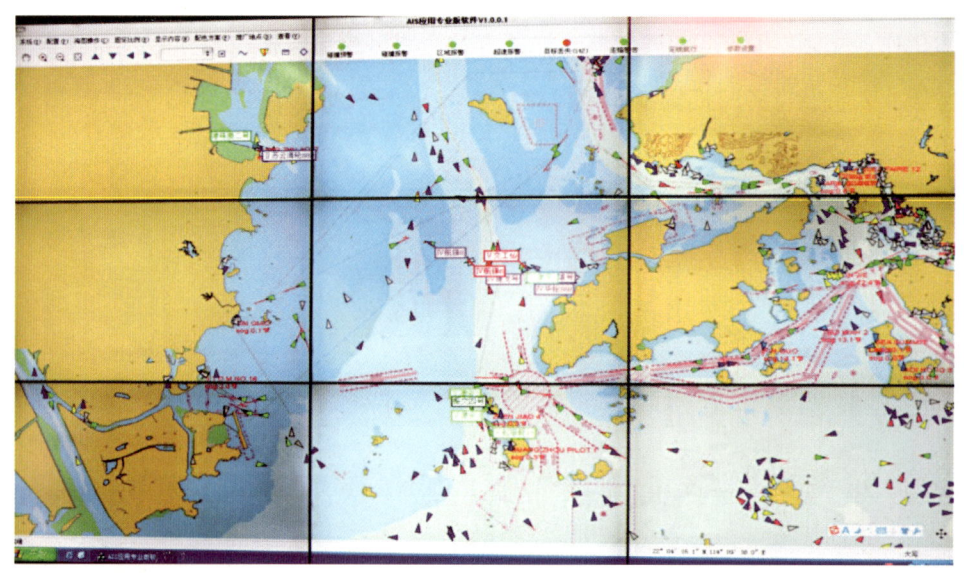

图7-16 AIS系统显示界面

2. 数字化导航指挥管节浮运

沉管浮运导航系统包括UPS、计算机、GPS、电台、无线AP等设备。导航系统功能模块包含拖轮位置显示，沉管位置显示，航道区域显示及航道预警区显示，现场流速、流向、航速显示，航迹线及运动趋势显示，数据存储等，是管节浮运导航的指挥平台，浮运指挥人员可以在操作室完成沉管浮运指挥。导航系统实时记录沉管的运动轨迹，并在沉管首端尾端显示沉管的运动轨迹点，很好地为指挥员提供沉管运动趋势，便于指挥员及时调整拖轮航向及拖力，保证沉管浮运姿态，如图7-17所示。

浮运导航系统可全程显示沉管和拖轮信息，包括拖轮角度显示、流向和船舶

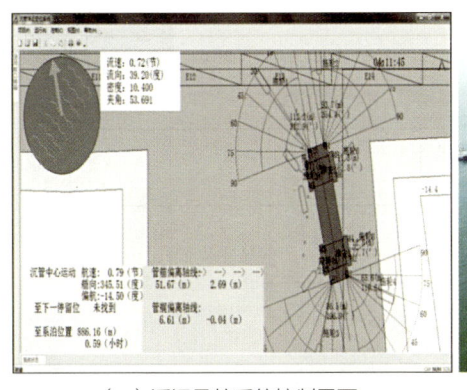 

（a）浮运导航系统控制界面　　　　　　　　（b）沉管浮运现场实景

图7-17　沉管浮运导航系统

舶向关系显示、船舶运动轨迹显示等，为指挥人员提供可靠、真实、稳定的数据信息。浮运导航系统提供了更为人性化、可视化和系统化的控制界面，搭建了管节浮运导航指挥平台，便于指挥人员统一指挥浮运拖轮，避免因施工指令交叉引起的事故。此外，现场流速流向的预报与实测数据也提高了浮运作业的安全性，为浮运作业提供安全保障。

3. 智能化水下无人沉放系统保障管节高精度对接

沉管隧道管节安装所运用的压载水系统、管节对接导向系统、数控拉合系统、水力压接系统及精调系统，可通过传感器、视频监控等系统及时反馈水下安装信息至主控室，指挥人员利用主控室的集成监控系统能够实时监测管节安装情况。

压载水系统在管节起浮、倾斜、系泊和沉放时进行压重控制，通过向水箱内注水或者排水来控制管节的浮力和姿态，系统集成了监控系统，可以实时将管节内的监控画面传输至安装船操控台的显示器上，操作人员在安装船的控制室内通过控制线缆进行远程操控，如图7-18所示。

沉管对接导向系统主要由导向托架及导向杆组成，可调节式导向托架安装在管节尾端，导向杆安装在管节首端，如图7-19所示。导向托架两侧设有螺旋千斤顶结构，在管节着床后根据偏移量的大小，潜水员配合进行两侧螺旋千斤顶的调节限位，然后再精确调整管节轴线，以满足隧道线形控制要求。

数控拉合系统的作用是在待安管节沉放于碎石基床后，将待安管节拉向已安管节并压缩GINA止水带。拉合系统的液压、电器控制系统布置在安装船上，通

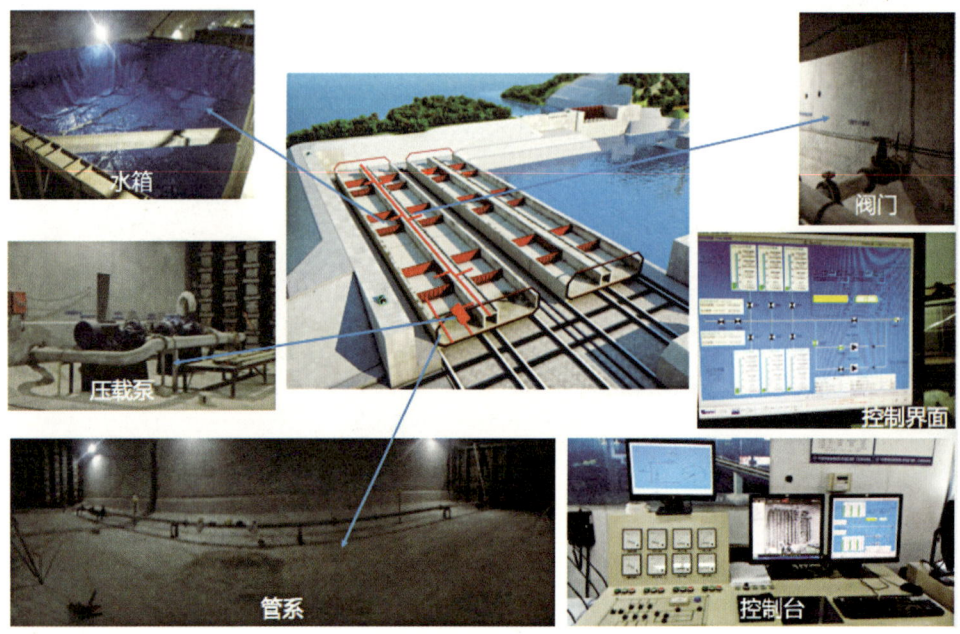

图7-18　压载水系统

图7-19　沉管对接导向系统

过水下线缆与布置在管节上的拉合油缸连接，连接方式采用水下快速插拔接头，如图7-20所示。整个拉合过程由安装船上操作人员远程控制操作。实时监控千斤顶拉合距离，通过数据计算，在主控台界面上显示两管节端面间距，实时显示拉合力大小，从而了解管节的受力情况。数控沉管拉合系统在工程施工过程中实

（a）拉合千斤顶

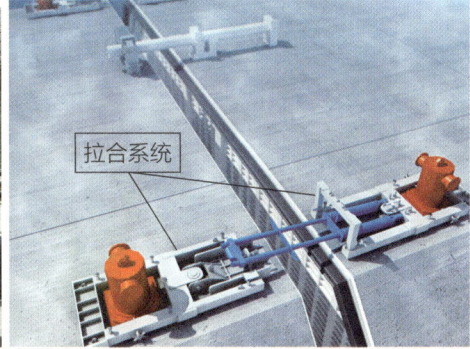

（b）拉合系统运行效果图

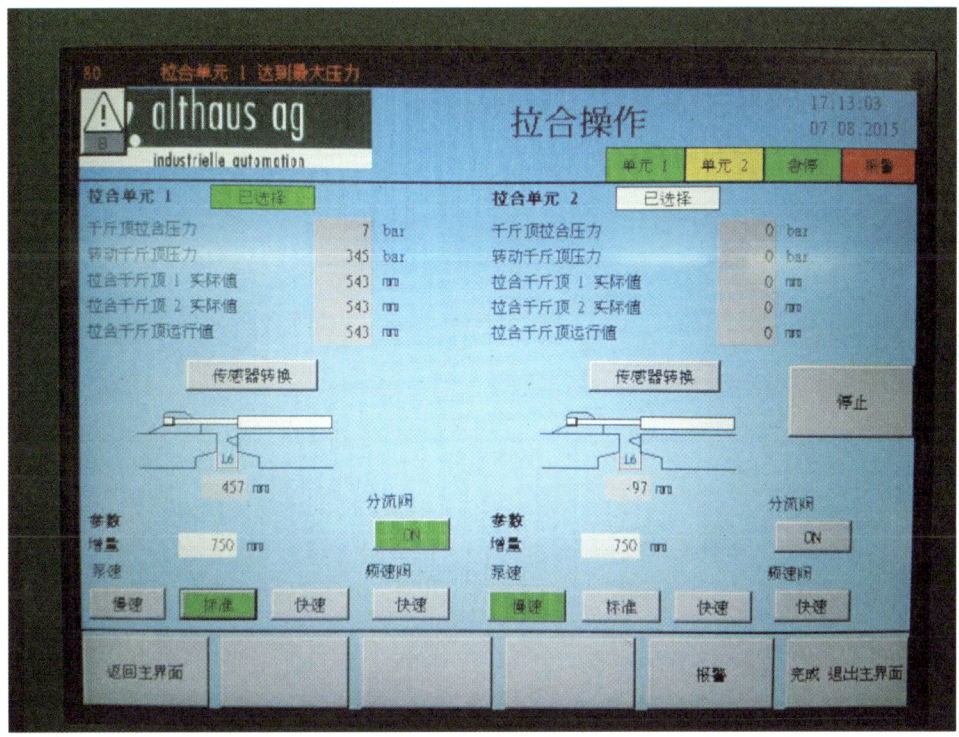

（c）拉合系统操作界面

图7-20　数控拉合系统

现了水下无人自动搭接，并具备测距和显示拉合力的双控功能，实现以相同的距离进行拉合和以相同的拉力进行拉合控制。

　　水力压接系统位于已安管节尾端，用于一次水力压接时排除结合腔海水，系统主要由排水管系、逆止阀、进气阀、电子流量计、压力表、压载水箱和系统控制软件组成，可以实时监测压接过程中的压力和排水量，并最终形成图形，有利于水力压接过程控制和事后分析，水力压接效果如图7-21所示。

（a）水力压接系统运行效果图　　　　　　（b）水力压接系统操作界面

图7-21　水力压接系统

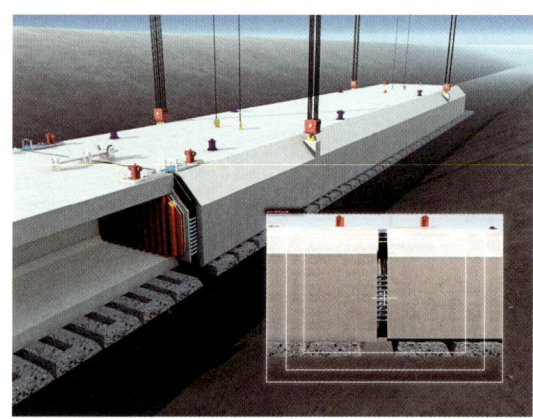

（a）管节精调运行效果图　　　　　　（b）精调千斤顶系统

图7-22　精调系统

精调系统采用高精度传感器和集成化控制系统，包括沉管精调千斤顶系统、千斤顶油泵控制系统、界面显示系统等（图7-22），可以通过遥控操作，实现高自动化、全功能操控。

外海沉管高精度无人沉放系统通过集成系统进行远程指挥，可实现统一指挥、统一管理，加强了施工过程中统筹协调管理的能力。管节对接操作更加可测、可控，有效地提高了沉管安装精度。此外，系统自动化程度高，减少了施工现场作业人员与设备的投入，降低了施工过程中的人员、机械风险。

4. 多系统组合测控管节安装

为解决深水作业条件下管节安装精度，项目建设团队自主研发了多系统组合而成的计算快捷、自动化程度高的测控系统，并成功应用于工程建设。

（1）浅水区管节对接测控系统

浅水区管节对接测控系统采用双测量塔测控系统，在管节首端和尾端固定安装测量塔，塔顶部安装RTK-GPS天线及棱镜，沉放过程中测量塔的顶端始终露出海面，GPS及棱镜正常工作。沉放过程中以GPS系统为主要控制手段，当GPS信号出现异常，采用全站仪光学测控系统进行测控。

（2）深水区管节对接测控系统

深水区管节对接测控采用管节尾端测量塔测控系统与首端深水声呐测控系统的组合系统。通过测量塔顶GPS及倾斜仪采集坐标数据，由数据处理主控计算机控制，同步采集数据。测得的数据通过无线网络或通信电缆直接传输至主控计算机进行处理、存储。当仪器离主机较远时，通过局域网或无线数传电台传输至主机中处理、存储。利用相应数据处理程序进行数据计算最终获得管节的平面、高程、倾斜度等三维定位数据。根据模型计算，确定管节相对于设计位置的参数（包括平移、旋转、倾斜、下沉等），并生成三维动态图形，传输到主控室的显示屏。向指挥人员提供准确、直观的数据和图形，指挥人员可据此调整管节，实现沉管精准安装。

深水声呐测控系统可对水下声呐系统传来的数据进行汇总、分析和计算，最终使用图像及数据实时显示管节的三维姿态及与已安装管节的相对位置关系，从而指导待安管节与已安管节顺利对接，如图7-23所示。

工程建设中，通过运用高精度测控系统，一方面为作业人员提供更加可靠的数据信息，提高了管节对接精度；另一方面减少了潜水员水下工作量，降低了人

图7-23 深水测控系统

员安全风险，有效解决了长大沉管管节在深水条件下的精确沉放对接问题。

基于以上浮运导航系统、沉放系统等一系列智能建造系统的研发应用，建设团队自主研制了集沉放对接、远程操控、监测监控等综合功能于一体的信息化沉管管节专用沉放船舶——"津安2号""津安3号"沉放船，如图7-24所示。

（a）沉放船现场作业实景图　　　　　　　（b）沉放船主控制台

图7-24　专用沉放船——"津安2号""津安3号"

专用沉放船为双体船结构，分为主船（指挥船）和副船（非指挥船），主船可以控制副船，用作浮运、抛锚定位及安装沉管管节。船上设置管节沉放指挥控制中心，分别对主、副船的沉放绞车系统进行集中操作、控制、监测，主要的作业人员均在主船上。主控台操作界面如图7-25所示。

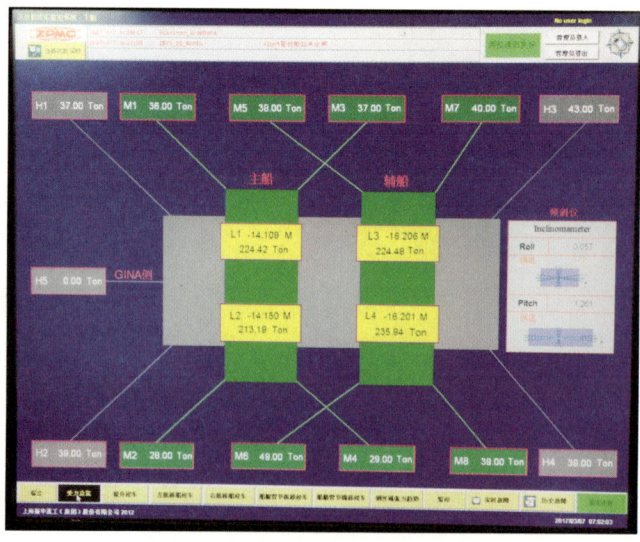

图7-25　沉放船主控制台操作界面

专用沉放船舶控制系统包括远程控制系统及监测控制系统，远程控制系统采用遥控操作方式，设备操作均通过显示屏及按钮完成，在主船的集中控制室可操作本船所有设备，避免了协调沟通不及时而导致施工事故。监测控制系统通过主控台屏幕实时显示缆索释放长度及受力情况，方便操作人员对缆索状态进行监控监测。

岛隧工程建设团队研发构建的智能建造平台，融合数据收集与传输、大数据分析、现场可视化监控、预测预报与辅助决策、自动化操作及远程操控等功能，实现了岛隧工程全过程智能建造，解决了众多世界级技术难题，降低了工程建设风险，有效保证了作业人员及设备的安全，实现工程建设"零事故"。外海深水条件下高精度沉管安装智能系统，弥补了我国外海沉管隧道施工的空白，开创了我国外海沉管隧道施工先河，创造了管节安装"一年十节"的中国速度，实现了海底隧道高精度对接和6.7km海底隧道"滴水不漏"的高质量目标。

岛隧工程智能建造的探索与实践提升了我国沉管隧道工程设计施工与管理水平，在世界范围内推动了沉管隧道建设的技术进步，拓宽了沉管隧道的应用与发展前景，为促进城市与海洋和谐共处，及今后我国大型海洋基础设施建设提供了有益参考。

第8章

项目文化建设

港珠澳大桥岛隧工程是"桥—岛—隧"工程集群系统中的控制性工程，工程技术难度大；社会关注度高，"三地共建共管"；国内外多军团参建，文化和行为规则差异大，建设条件十分复杂。历经七年的艰难探索和实践，项目总经理部赋予了岛隧项目文化新内涵，构建了"一心三层"项目文化体系，项目文化历经"一同四相"建设过程，形成了丰硕的项目文化建设成果。实践证明，岛隧工程项目文化在工程建设中发挥了重要的聚合力和向心力，让数千人组成的建设大军常年累月、无怨无悔地坚守在伶仃洋外海；建设团队历经"四大战役"，高品质地达成了工程建设目标。

8.1 项目文化建设诉求认知

岛隧工程建设之初并不是"工程界的宠儿"，多组织的文化差异、工程技术的高难度以及外海孤岛环境封闭等，诸多因素既是外界质疑的缘由，也是对项目管理者的考验和挑战。清晰地认知项目文化建设的诉求，才能有的放矢地开展项目文化建设，使建设大军在工程实践中产生意识认同和文化认同，形成共同的价值观念和行为准则，并渗透到工程建设全过程，最终凝结到120年的高品质岛隧工程上。

1. "未知"的畏难诉求：亟需凝聚力的文化

岛隧工程在国际上没有成熟的工程经验，国内亦无相关标准规范，整个工程项目建设在一个充满未知的领域内探索前行，面对未知，人们很容易产生畏难情绪，此时就非常有必要全体建设者凝聚智慧、凝聚力量。如何保证建设者持续攻关、持续奋战的过程中，始终对项目充满必胜信心，这使项目文化建设面临巨大挑战。

2. "品质"的追求诉求：呼唤品质至上的文化

"120年的质量标准""世界一流建设水平""打造最美地标"等工程建设目标的实现，是岛隧工程建设者突破常规、追求品质的结果。品质追求不仅体现了新时代项目建设者的责任担当和使命担当，也是一线工程人员追求极致、精益求精的工匠精神的诠释。对于项目文化建设而言，如何通过文化的力量，让建设者都发自内心的把工程品质做好，将有形的规范化、制度化的要求内化于常态化的品质意识，无疑考验着文化建设者的智慧。

3. "风险"的把控诉求：创新风险文化

"7年""7000人""3座外海孤岛"——岛隧工程的建设是一场"千人走钢丝的持久战"。在这场战役中，数百工序环环相扣，任一环节出现差错，都有可能让工程前功尽弃，整个工程的全过程高危运行状态要求建设者每一天都"如履薄冰"。如何让风险意识融入血液里，自发自觉地高标准要求自己，需要项目文化建设者迎难而上，创新风险文化。

4. "心理"的挑战诉求：培育向心力的文化

岛隧工程参建联合体成员组成较为复杂，参建员工4000余人，一线操作群体以80后、90后为主体，七年之久持续奋战在伶仃洋外海的三个"孤岛"和几十艘"孤船"上，工地现场临近繁华的港澳，环境反差大，如何协调人与环境、人与组织、人与人之间的关系，如何保障员工不放松、不懈怠，保有持续稳定且高昂的工作状态和激情，聚合成一支"打不散"的团队，需要培育向心力的项目文化。

历史选择了这群建设者，或许有其偶然性，而建设者历经艰辛完成了工程目标，却有其必然性，这种必然性除了建设者在技术上需要寻求突破外，还有内化于这群建设者血液中的一股精神，在岛隧工程实践中，这种内化的精神外化于建设过程中"根植于心的修养、无需提醒的自觉、以约束为前提的自由以及为别人着想的善良"，这也是项目文化诉求的目的所在。

8.2 项目文化新内涵与"一心三层"体系

8.2.1 文化与项目文化

1. 文化

"文化"一词在中国语言系统中古已有之。"文"的本义，指各色交错的纹理。《周易·系辞下》："物相杂，放曰文。"《礼记·乐记》："五色成文而不乱。""化"的本义，即为变易、生成、造化。《庄子·逍遥游》："化而为鸟，其名曰鹏。"《礼记·中庸》："可以资天地之化育。"最初的"化"的本义均指事物形态或性质的改变，亦可释为改造、教化、培育等。"文"与"化"连缀为一个词，是西汉以后的事。刘向《说苑·指武》："圣人之治天下也，先文德而后武力。凡武之兴，为不服也，文化不改，然后加诛。"在"文化"一词的早期用法中，与"武力""武功"对举，其文明、文雅、文治教化之义。

和汉语言中的"文化"比较，西方语系中的"文化"一词，有其独特的含义。英语中的"Culture"和德语的"Kultur"均由拉丁语"Cultura"转化而来。拉丁语的"Cultura"有耕作、掘垦、居住、动植物培育等与物质生活相关的意义。从16世纪初开始，英语的"Culture"在原栽培、种植的意义上逐步引申出神明拜祭、性情陶冶、品德教化等涵义。

因此，中国语言系统中的"文化"一开始就专注于精神和人文的领域。而拉丁语系的"Cultura"则是从人类物质生产活动开始，逐渐延伸至精神活动的领域。将汉语的"文化"和拉丁语的"Cultura"结合起来，我们可以得出对"文化"的广义理解，包括物质生产活动和精神创造活动在内的人类的所有的活动及其结果。我国著名文化学者梁漱溟也指出："文化，就是吾人生活所依靠之一切……文化之本义，应在经济、政治，乃至一切无所不包。"

相对于广义的文化，本书中所论及的文化属于狭义的文化范畴，狭义的文化排除了广义文化概念中的物质性成分，将文化限定在人类精神创造活动及其结果。并且含有三个层次的内容：第一，指一个国家或民族长期积累下来的精神财富。对于岛隧工程而言，以工程为载体的文化正是扎根于中国情境下的传统文化，而源远流长的中华传统文化孕育了工程的价值、精神和理念；第二，与物质文明相对的精神文明，包括了语言、社会风气和道德规范等。在岛隧工程管理和实践中，俯拾皆是的案例中无不体现着岛隧工程中的精神文明；第三，区别于经济、科技的文化艺术活动；随着岛隧主体工程的推进和完成，呈现出来的岛隧故事和活动也是异彩纷呈。

2. 项目文化

项目文化是指项目特有的领导风格、管理方法、工作水平、成员素质、成员信仰、价值和思想体系，是将项目团队成员联系在一起，赋予他们工作的意义以及在工作与生活中履行各自项目责任时所应遵循的原则和标准，对项目成员行为、态度具有影响力。

岛隧工程项目的联合体参建各方来自不同国家、不同地区，有着不同的行为方式和习惯，即便如此，大家都要在同一个项目中为共同的目标而奋斗，这就需要凝聚力量、齐心协力。因此，围绕项目目标实现，培养项目文化就非常关键。

一切文化的生成都是源于人面临的自然环境、社会环境和心理环境施与人的压力，人在超越和克服种种困境的过程中就创造了文化，文化与人、项目结伴而行。项目文化与不同类型的工程结合同样也会呈现出不同的内涵，对岛隧工程项目亦是如此。在建设者对岛隧工程自然属性认知和把握的基础上，岛隧项目文化是人与海洋、工程互动中产生并培育出来的，吸纳了海洋文化的开放性、多元性、冒险性等特征后的岛隧项目文化，必然会呈现出丰富的崭新内涵。

8.2.2 项目文化新内涵

1. 项目文化新内涵

（1）项目文化的内质结构——民族性和人本性

管仲是最早提出以人为本的思想家，他认为"夫霸王之所也，以人为本，本理则国顾，本乱则国危"。孔子更重视人和强调人的价值。他认为"天地之性人为贵"，提倡人本精神内在的深层含义在于"仁"。岛隧工程项目文化作为一种群体文化，其生存的基础在于人，项目文化建设也是围绕凝聚人、尊重人和塑造人而展开，因此，人本性是岛隧项目文化的内质结构之一。陈独秀先生在论及东、西方文化的差异时也曾提出，"西洋民族以个人为本位，东洋民族以家族为本位"；"西洋民族以法制为本位，东洋民族以感情为本位"；这种差异说指出了中国文化重视群性，"家"的概念以及以情感而不以契约为人际关系纽带的基本精神。而岛隧工程项目文化根植于中国文化，而重视"群性"、重视"情感"的这种东方民族的本性，铸就了项目成员在工程实践中的深层次心理，这也是岛隧工程项目文化推行"人心工程"并取得成效的根源所在。

（2）项目文化的价值取向——使命性与和谐性

诺贝尔经济学奖获得者，著名心理学家西蒙认为决策判断有两种前提：价值前提和事实前提，认为人的价值取向直接影响着工作态度和行为。在岛隧工程实践中所孕育和衍生出的项目文化，从一开始就带有一种使命感，这种使命感表征着一种朝理想进发的出征和舍我其谁的英雄气概，具有唤起态度、指引和调节行为的功能，岛隧人充分认知自己正在干的是一项创造历史的伟业，迸发出的是强烈的自豪和无穷的力量，正是这种发自内心对工作的热爱，才使得"当年开工当年成岛""第三代沉管预制技术""滴水不漏的沉管隧道"等一系列工程奇迹成为现实。而这种坚守和信仰，正是岛隧工程项目文化使命性的最好诠释。

和激昂的使命性相比，和谐性带有一抹浓浓的柔情，项目文化的和谐性倡导的是一种人与事物、人与人和谐相处的理想状态和不断完善的动态过程。这种和谐状态不仅体现在技术上的碰撞、融合的争论中，也反映在机器的轰鸣和白海豚雀跃出水的交织中，而人与自然的和谐相处本身也反映了岛隧建设者对人类命运的使命感。

（3）项目文化的动态特点——辐射性和交融性

在国际化的大背景下，岛隧工程面临着全球化的资源整合，人是其中最重要的资源，团队中的工程师有着不同的专业背景、不同的工程理念，在岛隧工程实践中，从开始的各抒己见，到不同观点的激烈交锋，然后将其提炼和融合，完成技术上的共识和文化上的交融。

岛隧工程项目文化不是"坐而论道"的书斋文化，它在伟大的工程实践中孕育和成长，而大数据时代同时赋予项目文化跨国界自由流动的可能，实现了项目文化地域和时间双重维度上的辐射作用。

（4）项目文化的思维方式——开放性和冒险性

岛隧工程属于探索性工程，没有样本，没有成熟的技术，一切都是从零开始，120年使用寿命，无论技术、质量、管理都要达到世界最高水平；沉管隧道全过程高风险，几百道工序不能出任何差错；面对一个完全颠覆性工程，需要海纳百川整合全球资源的开放心态，更需要面对未知敢于冒险、突破常规的思维模式。

2. 公平理论意蕴下的项目文化

公平理论是西方组织行为学理论的重要分支之一。是美国心理学家亚当斯在20世纪60年代提出的。公平理论反映了"每一个人都应公平地得到报酬"这个古老原则。公平理论认为员工工作态度和积极性不仅受其所得的绝对报酬的影响，而且还受其所得的相对报酬的影响。

公平理论的研究结果表明，当员工感受到公平时，他们对于工作有更高的满意度。处于公平的组织氛围的员工会表现出更多的组织公民行为，他们会更加自发地积极解决问题，做出支持和维护组织的行为。在工作中会聚焦工作绩效，并对其创新行为有正向影响。反之，当员工产生不公平感受时，会产生一系列负面影响，比如可能会出现降低努力程度和工作标准、消极怠工等偏差行为。

实质上，世间没有绝对的公平，公平感是一种主观感受，是每一个人价值计算标准下的主观结果。岛隧工程通过一系列的文化建设活动，引导员工形成正确的价值判断，保持健康的心态，通过提升员工的个人专业能力和自我价值，增强组织的归属感，从而达到改善员工对公平的主观感受。比如：项目建设以来，共有144个集体、194名个人获省部级以上表彰，其中23个集体、13名个人获国家级荣誉，还在会议室设立光荣榜、百名员工笑脸墙，制发员工影像集。除去精神的激励外，项目部还开展了"党员百字感言承诺""专项劳动竞赛动员/表彰会""讲述你我他故事会"等系列活动，这些外在的激励在一定程度上潜移默化地影响着员工的心态和思维，引导员工追求精神的富足。同时，组织技术比武和"三大工种"技能评定，颁授"技能证书""岛隧工匠"等，这些内在的激励使得员工重新定义自我存在的意义以及重新肯定自我的能力，而内在的激励和外在激励的结合，让员工所获得的激励同期望所获得的结果具有一致性，从而达到公平的内在心理需求，极大地调动了员工的积极性和自觉性。

3. 心理契约理论意蕴下的项目文化

最早使用"心理契约"这一术语的是组织心理学家Argyris，他在1960年所著的《理解组织行为》一书中，用心理契约来说明雇员与雇主之间的关系，但他并未对这一概念进行明确的界定。美国著名的管理心理学家施恩Schein将心理契约定义为"在组织中每个成员和不同的管理者以及其他人之间，在任何时候都存在的没有明文规定的一整套期望"。后来陆续有学者对心理契约的概念进行了细化，"心理契约"是员工和组织相互之间隐性的、非书面化的、动态的关于双方责任与义务的、互惠交换的主观期望和认知，心理契约是企业与员工之间的信任基石。把"心理契约"引入管理领域，是为了强调在员工与项目组织的相互关系中，不仅有正式的书面契约，还存在这隐形的、非文字性的心理契约。而正是这种隐形的、动态的、柔性的心理契约却极大地影响着员工对组织的情感和心理需求，进而影响员工的态度和行为。良好的心理契约氛围将有助于在项目组织内部形成互信、互敬、互报的良性关系，建立项目与员工的命运共同体，促使员工将外在的纪律约束、道德观念等内化为心理自律，自觉规范和激励自己的行为，以保持与项目目标的一致性。

岛隧工程文化建设正是围绕构建员工良性的心理契约氛围进行了各项工作和活动，比如，针对知识型员工注重工作的内在价值，有强烈的成就动机以及追求个体的成长等心理需求，项目部与华南理工合作的"百名研究生培养计划"以及工地设立"职工夜校"、开办"实用英语班"等，良好的培训体系建立了项目浓厚的学习氛围，给予了员工一种知识上的安全感。在此基础上，在工作和生活中也让劳动者充分感受到了尊严和关怀。比如，项目部设立的"海上流动理发站"，每月定时送理发师上岛服务。即便是工程完工的最后一个月，岛上只剩下几名员工，依然坚持上岛为他们理发。"人心工程"营造了良好的心理契约氛围，让员工从情感上的归属、心理上的认同进而转化为行为上的趋同，最后的结果必然是个人价值和项目价值的和谐统一。

8.2.3 项目文化"一心三层"体系

岛隧工程项目文化植根于中国情境，在人与海洋的互动关系中，融合海洋文化中开放、冒险、包容等特质，构建了独特的兼具传承传统文化、融合海洋文化、开创岛隧文化为一体的项目文化体系。该项目文化体系可抽象为"一心三层"结构，"一心"指的是一个核心——以人为本，"三层"分别指在岛隧工程实践中逐渐培育出的岛隧物质文化层、行为文化层及精神文化层。

1. 项目文化："一个核心"

在岛隧工程项目文化中，文化体系的核心是"人"，人是价值的中心和尺度，是生产力最活跃、最革命的因素。岛隧工程项目文化围绕"以人为本"，强调以人为中心的管理，以期树立一种尊重人、理解人、关心人、依靠人、发展人、服务人的价值观念，满足人的生理和心理需求，关心人的生活、理解人的价值、实现人的目标，通过顺应人性的管理，凝聚人的合力管理和满足人的需要管理来实现项目目标。具体体现在：

（1）充分地重视人

以人为本的项目文化价值观首先是充分地重视人，不仅仅是重视人的能力和贡献，同时也要重视人的需求和发展。不仅要基于现实考量，同时要顾及人的本性需求、人性化需求，要回答员工究竟在思考什么？他们在追求什么？他们需要什么？他们认同什么？他们反对什么？这些都是关于人性的基本命题。人性关怀是我们建立项目文化体系、落实项目文化理论、变革和提升项目文化的基本前提。如果项目文化建设背离了人的本性，那么项目文化建设将成为"无源之水"和"无本之木"，难以取得成效，甚至事与愿违。

（2）正确地看待人

正确地看待人，就要以人性的视角来看待人。岛隧工程项目文化建设从尊重人的本性需求出发，营造良好的物质环境和文化氛围，对人的价值取向进行培育，建立项目与员工一致认可的共同愿景，并加以合理引导后，让员工充分发挥出其潜能，自发主动、积极和有创造性地工作，使员工在实现组织目标的同时实现个人目标。

成益品是一名测量工，他所在的测量团队承担着沉管安装非常关键的监测、复核、风险排查工作。系统培训、专题研究、技术攻关，全过程参与，压重担式历练，随着海底隧道一节一节地延伸，测量团队从传统意义上的测量人员，成长为掌握了最前沿监测系统、最先进测控技术的一支优秀队伍。成益品也从一名普通的测量工，成长为技术主管；从副队长，成长为队长；从高级技师，成长为全国技术能手；刚满35岁就被推荐为国务院政府特殊津贴候选人。他同港珠澳大桥一道成长，自身价值得到了尊重和实现。

（3）有效地激励人

马斯洛的需求层次理论中曾指出，人的需求的最高境界是自我价值的实现。在项目文化建设中，着力营造一种能使人的潜能得以发挥的人文环境和文化氛围，在良好的激励机制的基础上，突出强调精神激励的能动作用，比如：目标激励、领导行为激励、竞争激励等，让员工真切地感受到自己不可替代的人生价值。有科学统计，人在没有激励机制的情况，只能发挥个人能力的30%，一个人，认真去做事只能把事做对，只有用心去做事才能把事做好。

（4）全面地发展人

项目文化在塑造员工共同价值观的过程，也是员工精神境界、文化道德素养提高的过程。一个项目是一所学校，既是人的使用者，也是人的培育者。"以人为本"的项目文化重视人的全面发展，作为一个平台，岛隧工程不仅满足员工合理的经济利益，而且赋予他们以文化上的品格。项目既是员工自存和致富的依托，实现自身价值的平台，更是他们精神上的家园。在岛隧工程的文化建设中，注重培育学习型的项目文化，在这里，人才是项目的最强武器，人心是项目的最强生产力。

2. 项目文化："三个层次"

（1）物质文化层

物质是文化的体现，也是文化发展的基础。项目物质文化是指项目文化的物质表现形式，属于项目文化的表层，也是形成精神文化和行为文化的条件。项目物质文化层具有可见性，是项目员工可以直接感受到的，其不仅体现在工程以及工程技术进步这些物质载体上（关于工程以及工程技术在前七章中均已论述，这里不再赘述），还通过项目生产生活环境以及文化娱乐活动等多方面体现出来。

1）项目生产环境：项目生产建设环境的好坏直接影响员工的情绪与心理，项目生产场地绿化好、环境清洁整齐，不仅可以激发员工的自豪感和凝聚力，同时也直接影响员工的工作效率。在岛隧工程实践中，且不论矗立在海天一色之中的施工营地，拥有着完美的功能组合和完善的配套设施；还有凉爽海风吹拂下的"情侣路"，让下班小憩的项目员工享受难得的闲适；就连成排的混凝土罐车也是一种别样的风景。蓝天碧海间，10辆混凝土罐车整整齐齐地停放在搅拌站旁边的停车场上，犹如一个大写的"一"字，银白色的车身映着南国的骄阳，闪着粼粼的亮光，看不见一星半点的灰尘；轮毂犹如刚刚出厂一样，没有一点混凝土残渣，连轮胎上都干干净净的，泛着漂亮的黑黄色。一个来自日本的工程考察团在了解到这些罐车已经连续运行了2年多，运输了大约50万m^3混凝土后，都说走了世界上很多国家，参观了无数的工地，没有看见过有一个工地的混凝土罐车能保养到这个水平，直夸了不起。司机师傅们也经常开玩笑说，现在是"脸黑了，车白了"。在"人性化"的现场职业健康安全管理的推动下，在项目文化的约束和熏陶下，项目员工在舒适、标准化的工作条件和环境下作业，自觉按规定操作，自愿受制度约束，从而实现本质安全和本质质量。

2）项目人文环境：人有多种需要，不仅仅是物质需要，更重要的是精神需要。从礼貌待人、为人和善、注重着装、佩戴胸牌等自我细节管理，到建立和完善员工的文化设施，积极开展健康有益的文体活动，构建多样化的人文环境，既是构成项目文化的重要物质文化内容，也投射出现代工地文明的一个缩影，无不体现着岛隧工程的项目新文化。

比如，2012年11月初，珠江电影制片厂导演李娜到项目部施工现场取景，第一次去取景，发现岛隧工程的项目员工都穿着统一的工作服，扎着腰带，导演笑称："你们怎么穿这么整齐，我们又不是什么领导！"可每天去工地取景，导演发现每天每一位参战岛隧工程的项目员工都穿得整齐和统一，原来这并不是应时应景的表面文章，而是在潜移默化的项目文化的感召下，"工装"成了项目文化"外化于形"的一种识别符号，"从外面打的回来，我都不需要告诉司机我要去哪儿"，项目员工对待"白色工装"感情也悄然发生变化，身着中交建的工装所带来的集体荣誉感在项目部人员的内心逐渐上升和集聚，"着工装"成了一种自发自觉的行为。

再比如，为了丰富员工们的文化生活，缓解孤岛施工压力，项目总经理部专门购置了专业的电影放映设备，在东、西人工岛和桂山岛巡回放映，为单调、乏味的"夜生活"注入了新鲜的元素。除了定期放映电影，篮球赛、拔河赛、环岛跑等赛事不停；杨氏太极拳、广场舞轮番上阵，职工书屋、台球室、娱乐室一应俱全；岛隧项目网站开设的"心声""百草园"传递和交流岛隧建设者间的真情实感；系列的文体活动是项目文化的有效载体，在达到项目员工"工作在岛上，幸福在岛上"目的的同时，也将岛隧文化和精神扎根在每一位员工心中。

（2）行为文化层

项目的行为文化层主要体现在"每一次都是第一次"的风险文化行为以及"人的生命高于一切"的安全文化行为。

1）"每一次都是第一次"的风险文化

以"每一次都是第一次"为核心理念，项目文化建设在不同的阶段均奏响了全项目的"一字歌"。从"每一个都是第一个"到被建设者们扩展成"每一船都是第一船""每一斗都是第一斗""每一节都是第一节""每一天都是第一天"，最终形成以"每一次都是第一次"为核心的岛隧行为文化。

"每一船都是第一船"：建设者迈出的每一步都必须是第一步，每一步都需要谨慎再谨慎，因为每一次海上施工都是人与大自然的斗法，不能有片刻的放松。2011年6月14日，第三船钢圆筒从上海振华基地运到珠江口，正当建设者们准备再次创造新的振沉施工记录时，运输船船长报告了一个令人不安的消息。由于风浪潮流强劲，深埋在海底的运输船锚坠发生了轻微的移位。在老船长看来，这一细微的变化十分危险。如果不及时处理，装载着8个巨型钢圆筒的船舶可能发生跑锚，后果将不堪设想。所幸预案准备充分，现场立即启动了应急处置预案，4条大马力拖轮迎风顶浪，合力稳住了船体。虽说有惊无险，但这次事故让建设者们再一次警醒，工程建设就像一场超时程超距离的"马拉松"，没有到达终点的那一刻，永远都要咬紧牙关、警钟长鸣。

"每一节都是第一节"：岛隧工程是港珠澳大桥的控制性工程，全方位创新，全过程高危，所采用的每一项关键技术都是第一次，环环相扣的施工工序，出现任何差错都将造成工程前功尽弃，因此必须做到每一次施工都要科学谋划、未雨绸缪。负责沉管安装的Ⅴ工区，四年时间要安装33节沉管和最终接头。一个标准管节8万t，就像一艘航空母舰；每一次安装都需要40多艘船舶、400多名人员协同，在外海连续作业几十小时，是难度和风险最大的作业项目。项目部建立了沉管安装风险辨识、分析、评估、处置、总结评审的动态风险管理体系，每一次安装前都要召开专家咨询会评审各项方案，每一节沉管出坞前都要对18大类300项风险进行逐一排查，每一天班前会上都要将每一作业人员的安全技术责任交底到位，建设者们常挂在嘴边的一句话是"细节决定成败，风险防患于未然；绝不让一丝隐患出坞门"。沉管安装一旦发生事故，就无法挽回，就会给企业、给国家造成不可计量的损失，因此把每一节都当做第一节做，才能最终完成沉管安装的任务。

"每一次都是第一次"源于人工岛首个钢圆筒振沉，发扬光大于整个岛隧工程建设。唱响全项目的"一字歌"，让"零失误、零瑕疵、零容忍"的风险意识植根于每一名员工脑海，全体员工也养成了在"走钢丝"的征程中，迈出的每一步都是第一步，都必须万无一失的良好行为习惯。

2）"生命高于一切"的安全文化

在岛隧工程"以人为本"的安全文化中，坚持"生命高于一切"根本准则，努力把员工塑造成"想安全、会安全、能安全"的人。"想安全"指组织成员具有强烈的自主安全意识；"会安全"指组织成员具有保障安全的丰富知识和熟练技能；"能安全"指组织成员本身能够有效地保障安全。项目安全文化建设通过理念导向、行为养成和安全环境的良性互动达到本质安全的目的。

比如：沉管隧道的最终接头位于近30m的深海，对接完成后必须在30天内完成合拢焊接，它是临时止水环境能够提供的安全期限。狭小的结合腔里，240多名工人要24小时不间断焊接作业。除了配置完善的通风排烟设施和冷风机组，还为每一名工人配置了装有GPS芯片的安全帽、专业的防毒面具和反光背心，隧道口的LED屏准确显示人员进出状况；并从珠海人民医院请来专科主任驻守现场，在隧道里距最终接头600m处设置现场办公（医务）室，医药箱、担架、氧气瓶、灭火器等应急设施"全副武装"，上下班的工人们看到这一切，心里有了更多的安全感，更能够踏实放心地投入工作当中。除去工程实践中的安全保障外，文化建设还从细微处着手，关怀服务到位。比如：保证现场每一处休息棚药品、饮用水充足，宿舍每一台空调运转正常，定期送医送药保障健康，不让一人"带病作业"等。

安全工作不遗余力，保障措施落到实处，不仅是对每一名工人无微不至的关爱，更是对每一条生命至高无上的尊重。项目坚持"不让一名员工倒下"，尽量把可能的风险扼杀在摇篮里，38次沉管安装，"外海远征"平安往返；31次台风侵袭，工程、人员、关键设备无一受损，有效保证了7年高风险建设期平平安安。

（3）精神文化层："开放兼容、务实创新、和谐共赢"的核心价值观

岛隧工程项目文化建设经过积累、沉淀、提炼，逐步形成了"开放兼容、务实创新、和谐共赢"的核心价值观。其内涵包括：

1）开放思想：解放思想，开拓视野，搭建沟通平台，注重人文关怀，为提高员工综合素质创造条件和机会；与各方友好相处，倾听各方意见，以开放、包容的态度，充分汲取国内外先进思想和管理经验，加强技术合作和交流，取长补短。

2）实干精神：识大体、重大局，有责任感和使命感，有迎难而上、勇挑重担、敢于挑战世界难题的精神，关注细节，科学设计、合理安排、精益求精，深入扎实推进超级工程建设的每一步工作。

3）创新意识：不断提高学习能力，在借鉴、吸收国内外先进经验的基础上，大胆探索，小心求证，自我创新，不断超越，充分展现中国交建全产业链一体化整合能力，走出一条有中交特色的岛、隧、桥联动建设之路。

4）服务宗旨：关注项目内部员工队伍和谐、项目团队与各方关系和谐、项目建设与人文环境及自然环境和谐；积极履行企业社会责任，通过提供以技术和质量为核心的专业服务，成就世纪精品工程，努力让客户满意，提升中国交建的知名度、美誉度和品牌价值。

5）传承弘扬央企文化：项目总经理部通过承建超级工程，加速人才培养，突破技术瓶颈，创新施工工艺，建设地标建筑，打造世纪精品，以实际行动传承中国交建文化，履行"为顾客创造精品、为员工创造机会、为股东创造价值、为社会创造财富"的企业核心价值观，践行"固基修道，履方致远"的企业使命，努力实现"让世界更畅通"的企业愿景。

8.3 项目文化"一同四相"建设历程

岛隧工程建设中，多军团作战的工程组织、未知技术与环境的风险，全过程高危运行以及外海孤岛、众多工序重复的作业现场和队伍管理，使项目文化建设面临前所未有的挑战。岛隧工程项目文化建设紧密结合工程需求和时代特点，历经"一同四相"建设过程，即文化建设与项目工作同规划、文化活动与生产活动相融合、文化活力与项目活力相转化、文化建设与时代需求相结合、文化力量与科技力量相聚合。通过文化的引领和渗透作用，有力地保障和推动了工程建设，实现了文化建设目标与超级工程建设目标的高度融合统一。

8.3.1 文化建设与项目工作同规划

2010年11月25日，港珠澳大桥岛隧工程中标，中国交建党委于2010年12月28日成立项目党委，随后成立纪委、工会和团组织。岛隧工程建设伊始，各级组织围绕项目中心任务，通过"文化工作与项目工作同规划"，将文化工作与项目工作视为一个有机的整体，做到文化工作和项目中心工作同步谋划、同步部署。

"凡事预则立，不预则废"，项目部党委着眼于工程实际，提出明确的文化建设工作要求，即将"港珠澳大桥岛隧项目打造成展示中交品牌的窗口、建设成中交人才培养的基地、塑造成中交项目文化的标兵"。在工作要求的指引下，项目文化建设工作以"围绕工程抓文化，抓好文化促生产"的工作思路陆续展开，践行"强国筑梦"，凝聚并激发建设者的荣誉感和使命感；围绕技术创新，将引领人、激励人、提升人作为主要内容，打造"集智平台"；发挥党组织战斗堡垒和工团组织桥梁作用，营造文化氛围，凝练"岛隧文化"；高度关注长周期下外海、孤岛封闭环境下带来的身心问题，塑造"人心工程"。

8.3.2 文化活动与生产活动相融合

岛隧工程历时七年，历经"四大战役"（外海筑岛、深海初吻、隧道贯通、全面建成），在建设过程中，文化建设始终围绕四大战役，立足激发队伍整体斗志，保持队伍工作状态，党工团组织在项目实施和科技创新中组织发动全体员工开展了多种形式的劳动竞赛，实现文化活动与生产活动相融合。

1. 第一战役——开局之战：外海筑岛

由于项目有国内外多家军团参建，需要统一思想行动，开局之战，项目部启动了"抓好开局、打实基础、'六比六创'确保实现节点目标"的劳动竞赛，并组织现场层层动员，在最短的时间内实现了思想认识、建设目标和作战步调的"三统一"，各参战单位在边调遣、边扎营、边勘察、边设计、边施工中，掀起了工程建设的生产高潮。

外海筑岛的关键是巨型钢圆筒的制作和运输，从上海振华基地制作直径22m、高50m的巨型钢圆筒后，再经海路运输到伶仃洋，现场打设回填，全过程链条长、风险大，工艺新、标准高。各施工团队协同作战，全线人员精诚团结，突破"一月运输三船""单日振沉三筒"的工程记录，仅用221天，就完成了通常需要三年才能建成的两座外海人工岛，创造了"当年动工，当年成岛"的工程奇迹，胜利打下"第一战役"。

2. 第二战役——创新之战：深海初吻

项目部根据攻关节点的目标，细化竞赛方案，做好动员，通过开展"专项赛""攻关赛""冲刺赛"，助力攻克技术和施工难关。

《外海沉管隧道施工成套技术》攻关小组是创新之战中的典型代表。这个小组成员多数为青年技术员，他们从一张沉管隧道产品宣传单页起步，开始"从无到有"的攻关之路，经过百天的集中攻关、百余项的试验验证，一次次的论证、否定、优化，最终确定了沉管安装一系列关键技术。其中第一节段沉管预制，在"超级工厂"六套国际最先进的自动化系统上进行，近百名经过专门培训的操作工人连续在流水线上作业了48个小时，成功的那一刻，很多人由于太过疲惫，就地躺下和衣而睡。

实现了沉管安装系列关键技术的突破后，近400名建设者经过连续96个小时的海上鏖战，最终于2013年5月6日完成了世界最大的沉管与西人工岛的"深海初吻"，取得了岛隧工程"第二战役"的胜利。

3. 第三战役——持久之战：隧道贯通

针对周期长、攻坚任务重、工序全面铺开的特点，项目部调整竞赛方案，围绕"建造一条全程不漏水的沉管隧道，筑就'最具标志性的建筑艺术品'"的目标，全面开展了"五比五提升、实现'第三战役'目标"劳动竞赛，如E15的"基槽清淤攻关赛"、E20的"突发故障抢修赛"、冲刺"第三战役"专题赛等，以同台竞技的方式引领全体建设者执着坚守，保持队伍激情，冲刺节点目标。

随着深水主航区的沉管安装的全面铺开，沉管安装也进入高风险区。让一个长度相当于60层楼高度的庞然大物在保证管节整体结构安全和轴线精度的前提下，沿着既定轨道实现平稳行走已非易事，而对于E15沉管来说，却经历了两进坞门，三出外海。当沉管回到原点，缆绳回归原位，锚机空而复转，全体参建者的心情也如临深渊。项目部对此展开了"基槽清淤攻关"赛，调动员工激情，让大家在压力面前始终保有一份乐观。当时虽处于春节期间，全体人员都放弃了休假，秉持着"一定要成功，一定能成功"的信心，以百折不挠的意志和敢打必胜的信念，换来了2015年3月26日凌晨6时的"海底之吻"。

2017年5月4日，沉管安装团队在中外专家、几十家媒体与数千名建设者共同见证下，完成了具有里程碑意义的深海"最后一吻"。最终接头重达6000多t，却要在两边间隙只有15cm的水下狭窄受限空间里安装就位，精度要求极高，难度风险极大，而全体建设者用他们非凡的意志力、超强的执行力和不辱使命的责任感，完成了毫米级精度的对接，并且首次在世界沉管隧道建设史上验证了最终接头施工"工序可逆"的事实。至此，一条"滴水不漏"的沉管隧道连通两岛，港珠澳大桥全线贯通。

4. 第四战役——决胜之战：全面建成

按照年底具备通车条件的目标要求，半年要完成一年半的工程，2017年7月1日项目总部在西人工岛召开"大干一百天、迎接十九大"主题竞赛启动大会，随后又连续组织了两个"大干40天"劳动竞赛，整个团队进入到最为紧张艰苦的最后冲刺阶段。为了打造"最美地标"和"最美隧道"，一线建设者坚持"高品质""零瑕疵"，在酷热艰苦的环境下，连续高强度施工，装饰板、广场砖、路缘石都精细调整，照明、机电、管系都精心布局；钻入管内仔细清理沉管大接头，潜入下水道匍匐爬行清扫每一个隐蔽区域，把每一个细节做到了极致。

邱云华，中交建设大军中的普通一员，工程交工前的两个月，54岁的他每天来回穿梭在约18m长、1m宽、不足70cm高的封闭沟槽内清理垃圾和积水，沟槽内空气不畅，一片漆黑，每次邱师傅拎着桶进去，都要把腰弯到最低，佝偻着身子，一点一点地往里挪，而回运垃圾时更是困难，挪一步身子，推一下桶，再挪一步身子，再推一下桶，一个来回全身泥泞、一天下来更是腰酸背痛。就是这样，我们的建设者在无数个管槽、沟槽这些看不见、查不着也不影响功能的工程隐蔽处，认真而又坚定地悉心呵护打磨，我们的岛隧建设者已经把自身和岛隧工程完全融为了一体，无需提醒，无需监督。

2017年12月31日18时38分，港珠澳大桥主体工程全线亮灯，标志着岛隧工程正式具备通车条件。伴随着"四大战役"的全面胜利，岛隧建设者打造了世界规模最大的清水混凝土建筑群，确立了世界海底隧道的新标准，建设了东西人工岛两座"最美地标"和一条"滴水不漏"的"最美隧道"。

围绕"四大战役"，项目部因时因地开展的各种类型的劳动竞赛，将文化活动完全融合于生产活动之中，不仅给参建者创造了展示自我的舞台，完成了自我提升和转化，同时，也让参建者在克服一个个难关的过程中，心也紧紧地和岛隧工程凝聚在一起。

8.3.3 文化活力与项目活力相转化

《道德经》里曾说："天下之难事，必作于易；天下之大事，必作于细"，岛隧工程项目文化建设亦是如此。文化建设注重从大事着眼，从细微着手，让全体劳动者实现价值、得到尊重、感受关怀，在畅享努力工作所带来的充实感和成就感的同时，也实现了文化活力与项目活力的相互转化。

（1）抓文化，凝聚岛隧精神。以"发扬传承中交文化，创新打造岛隧文化"为原则，搭建了"开放兼容、务实创新、和谐共赢"的项目文化体系。依靠文化引领，全项目唱响岛隧"一字歌"文化，并在不断的创新超越中，凝练并丰富以"铁人精神""工匠精神"和"科学家精神"为核心的新时代岛隧精神。

（2）抓人心，激发工作干劲。针对岛隧工程长周期、高风险、重复性，"孤岛""孤船"水上作业极易造成人员思想波动，致力打造"人心工程"，使得所有建设者能够"实现价值、得到尊重、感受关怀"，形成尊重人、理解人、关心人、爱护人的氛围，让一线员工充满归属感、成就感、幸福感。

1）文化工作让建设者实现价值。岛隧项目为所有参建者提供最大的福利和学习实践平台，认真落实一系列人才培养举措，悉心栽培每一名参建者，让建设者用前沿的知识和技艺，共同建造起一艘"大船"，不仅驶向自己人生的下一个发展高地，还将在推动国家科技进步和建设发展中，发挥重要作用。

6年前，岛隧项目与华南理工大学合办的"研究生班"，建设期各项工作极为紧张，"工地研究生班"创新教学模式，课堂前移到现场，白天工作，晚上及假期上课，这群"岛隧学子"在这间"工地课堂"，挤出时间修完18门专业课程，顺利完成了学业。

岛隧工程就像一所"实践大学"，为所有参建者提供学习实践平台。依托国际化平台，引进国内外先进管理理念，在创新实践中学习、掌握前瞻施工技术；组织"农民工""6S"技能集训、各工地设立"职工夜校"、开办"实用英语班"；组织技术比武和"三大工种"技能评定，颁授"技能证书""岛隧工匠"。建设者们通过这些实践培训，实现了自身价值。

2）文化工作让建设者得到尊重。岛隧工程坚信，让劳动者"有尊严地生活，有尊严地工作，才能做出有尊严的工程"。项目部在距项目总营地30km之外的一座无人岛上，用14个月的时间建成了一座功能组合完美、配套设施完善、生活环境优美的现代化沉管预制工厂。项目部坚持人性化地规划生活区和生产区。生活区不仅有食堂、超市、洗衣房、医务室、净水站、卫星电视，还有24小时供应的冲凉热水，让一线员工有了"家"的感觉。"家"温暖了一线员工的内心，也赋予他们无穷的力量，他们在这个孤岛上坚守了2203个日夜，创下了浇筑百万立方米混凝土无一条裂缝、连续高强度施工设备无一次故障的工程"奇迹"。

3）文化工作让建设者感受关怀。项目部提出与"超级工程"同步建设"人心工程"，直到工程结束的最后一天都要坚持人文关怀。"振驳"28项目抛石夯平船上有47名职工，他们都是刚毕业不久的大学生，却需要在一条简易工程船上完成抛石夯平任务。这条船上因堆满石料，100m^{2}的生活区只能摆下几个集装箱供工人住宿。项目部用一个月的时间，将集装箱改造成了一个配备电视、无线网、跑步机、动感单车的二层小楼，大家把二层小楼戏称为海上"联排别墅"。生活条件的改善带给参建者的是温暖的情感体验，这群年轻人最终在海上连续坚守了1291天，完成了7km隧道的基础施工的艰巨任务。

除了"联排别墅"之外，项目还在三个"孤岛"设置"文化广场""情侣路"，施工现场设置休息厅、饮水处、医药点，工地宿舍统一配备空调、生活用品，定期送电影、送理发师、送健身教练上现场，开展有声有色的娱乐活动，让一线员工感受关怀，对项目充满了归属感、成就感、幸福感。

（3）抓队伍，打造"打不散的团队"。岛隧工程艰难路途上的每一步，都凝结着团队每一个成员辛勤的汗水，离不开团队的力量。通过抓队伍，让团队中每一个人都"心往一处想，劲往一处使"，打造一支"打不散"的团队。在七年的建设历程中，这样的团队不胜枚举。"抛石夯平班"里一群80后、90后的年轻人，在距香港几百米的一条工程船上一待就是三个春秋，他们秉承父辈们的"创业精神"，在一个个施工转折点，在一个个内心即将崩溃的边缘，坚守信念，携手并力，最终提前完成关键线路的施工任务，被授予了"铁打的团队"称号；在长达6年的沉管预制中，一千多名建设者创造了浇筑百万立方米混凝土无一条裂缝的神话、创造了连续高强度施工设备无一次故障的奇迹、创造了2203天生产无事故的安全纪录、创造了全世界最整洁最温馨的沉管预制厂的管理佳绩，是响当当的"岛隧梦之队"；两千余名农民工工作在环环相扣的几百道工序上，承担着"不能出任何差错"的责任，同心同向"建设世界一流工程"，使他们成为岛隧工程"最有担当的创造者"。正是这样一群人，正是一支支铁打的团队，才筑就了世界级的伟大工程。

项目文化建设通过进行常态化培训、常态化关怀、常态化评先，让全体参建者始终对项目有信心、有动力，在达到目标认同后，以自发高标准要求自己，最终达到自觉自愿的用"心"建设工程的效果。

8.3.4 文化建设与时代需求相结合

任何文化都是在特定的历史条件下形成的，与时代需求紧密结合，并具有鲜明的时代特色，岛隧工程项目文化建设亦是如此。

1. 党领导下的时代文化建设

项目文化建设中，始终发挥党组织的政治核心、战斗堡垒作用和党员的先锋模范作用。具体实践中，积极开展"一个活动、两个工作、两个建设"。

"一个活动"即开展三严三实、两学一做等党员主题教育活动。党的主题教育以激发人、凝聚人为基本定位，深入现场开展活动，将项目文化建设以最真实、最直接的状态展示出来。比如：项目每年国庆元旦统一在"三岛"举行升旗仪式，举办党课活动时将一线员工及家属请上讲台，危难之时组织誓师会共发誓言，成功之后召开总结会同享喜悦，以系列主体教育为载体的项目文化建设，不仅鼓舞员工发自内心地热爱工作，将自身和岛隧工程融合在一起；同时也让员工统一思想，形成合力干大事。

"两个工作"即思想政治工作、特色党建工作。项目成立思想政治工作研究会，积极适应形势的变化，将培养人、造就人、激发人、成就人作为思想政治工作的基本定位。针对80后青年和新兴农民工的心理和行为需求，探索新时期党建工作方法和途径，围绕"中国梦""工匠精神""党风廉政""班组建设""现场标准化"等专题开展研究，提炼党建工作特色与经验，凝聚成"匠心筑岛、匠心筑隧、强国筑梦"的共识，使得员工达成项目文化认同，齐心协力推进工程建设。

"两个建设"即项目文化建设、党风廉政建设。项目文化建设将"以人为本"贯穿项目始终。廉政建设是工程建设的内在需求，事关国际声望。项目党委与建造超级工程同步推进党风廉政建设，开工就提出了"工程优异，人才优秀；不出现一起违法违纪事件，不倒下一个人"的目标，构建并不断完善廉洁风险防范体系；倡导"阳光工程，廉洁同行"的岛隧廉洁文化，真正做到领导"不搞一次特殊"，员工"不破一次规矩"，以廉洁文化为队伍正风，为工程建设营造良好的政治环境。

2. 互联网思维下的时代文化建设

项目文化建设紧跟"互联网+"的时代需求，深入开展项目新闻舆论工作，项目开工不久就开通了项目网站，项目建设期间，共登载22000余篇项目要闻和建设者心声，发布34000余张图片，记载工程进展，传递真情实感，目前点击量已突破1500万；编印项目报刊杂志169期，出版《岛隧心录》丛书7册，制作各类专题视频片60个，充分展现工程建设的艰苦卓绝和取得的巨大成绩；国内外多家主流媒体媒介，聚焦岛隧工程建设成果，报道新闻和纪录片超过1200次。《超级工程》《厉害了，我的国》等大型影视片的播出，更是引起强烈的社会反响；三次亮相国际重大科技创新成就展，向国家、向世界展示了中国交建的创新能力，展示了中国的智慧和实力。

8.3.5 文化力量与科技力量相聚合

文化是一种精神力量，关键在对人的精神引领、构建稳定的价值体系、推动员工正确价值观的形成。科技的力量在于对客观世界的科学认识，从而改变物质世界。文化力量和科技力量通过"人"完成融合——员工有了强大的精神世界，才能有攻坚克难的执着精神；掌握了先进的科技才能克服工程建设难题。两者的聚合为项目建设目标的达成保驾护航。

（1）助力技术创新。"科技是国之利器，国家赖之以强，企业赖之以赢，人民生活赖之以好"。岛隧项目文化工作在工程建设中找准了切入点和落脚点，实现文化力量和科技力量聚合，支撑建设团队在不断认识、不断探索、不断总结、不断创新中，自主研发了众多新结构、新工艺、新技术、新装备，取得诸多成果。工程建设期间，开展了100多项实验研究，取得500多项专利技术，实现了"快速成岛""复合地基+组合基床""半刚性沉管结构""沉管工厂化预制""外海沉管安装""最终接头"六大技术创新，解决了多项世界难题，创造了沉管隧道建设领域的"中国速度"和"中国标准"；工程创造的"当年开工、当年成岛""一年安装十节沉管"、6.7km隧道"滴水不漏"的成绩，不仅解决了外国人认为不能解决的问题，还攻克了世界唯一深埋沉管隧道的一系列难题，成为世界上"深埋沉管结构设计"和"深水深槽沉管安装"技术中第一个吃螃蟹的人。

（2）造就精英人才。除了技术创新，工程还造就了一大批"科技精英"和"岛隧工匠"，这些人将个人发展目标融入工程建设目标，与工程一道成长，不仅收获了自己职业生涯的最大财富，而且日后一定会在推动行业及国家工程建设的技术进步中，产生新的聚变。

8.4 项目文化建设成果

港珠澳大桥岛隧工程传承中国交建文化，博取联合体各家之长，凝练形成独有的"铁人+工匠+科学家"的岛隧精神，打造出培养"一流管理人才+一流技术人才+一流产业工人"的集智平台，同时塑造并展示出了中国交建的好品牌好形象。

8.4.1 培育岛隧精神

岛隧工程建设实践中，科学认知，自主创新，磨炼出不懈探索的科学家精神；七年外海孤岛作业锤炼出坚守艰苦创业的铁人精神，而120年的工程目标和"零失误、零瑕疵、零容忍"的工程细节淬炼出行业的"大国工匠"。

（1）"铁人精神"最早在20世纪五六十年代提出，其精神内涵主要包括："为国分忧、为民族争气"的爱国主义精神、"宁可少活20年，拼命也要拿下大油田"的忘我拼搏精神、"有条件要上，没有条件创造条件也要上"的艰苦奋斗精神、"干工作要经得起子孙万代检查""为革命练一身硬功夫、真本事"的科学求实精神、"甘愿为党和人民当一辈子老黄牛"，埋头苦干的奉献精神等。在岛隧项目中，岛隧建设者们在困难时期、关键时刻，团结奋战，形成强大团队合力，共同攻坚克难，在"铁人精神"的感召下，形成一支"打不散"的钢铁团队。

（2）"工匠精神"是一种职业精神，成为"工匠"须具备敬业、精益、专注、创新等方面不断突破自我等优良品质。岛隧项目瞄准"120年"质量目标和"建造一条全程不漏水的沉管隧道，筑就一件最具标志性的建筑艺术品"的使命，升级技术手段，培育工匠精神，不断提高工程品质。毫米级加工精度浇筑出超大体量沉管"没有一条裂缝"；毫米级对接精度保持了海底5km多沉管隧道"滴水不漏"；装配化施工让防火板、检修道、排水沟、中隔墙"横平竖直、无缝连接"；高品质清水混凝土让人工岛建筑群"内实外美、高洁素雅"；减光罩攻克三维空间钢结构高精度加工制造难题，安装后与敞开段清水混凝土融为一体，充满光影韵律。

沉管隧道每道工序都要做到"零质量隐患"，任何环节出现差错都会让工程前功尽弃，因此每一名施工人员都需要承担一份重压和责任。管延安是沉管二次舾装的一名钳工班长，他的主要工作就是拧螺栓，四年时间里，他带领队员在33节沉管，3300条主线、33000多条支线上认真而又重复地拧了62万多颗螺栓，没有出现一次故障，"只有把每个螺栓拧好，才能不让一丝隐患出坞门"，因为这种"工匠精神"，他获评了首届大国工匠。在岛隧项目中，每一名建设者，都在自己的岗位上，在所负责的工作中，以"就算拧一颗螺栓都要拧到最好"的"工匠精神"，在极为艰苦的环境下，认真地把每一件平凡的事情做到极致；每一名管理者，都坚持"严苛"的态度、全过程的精细管理，坚持以"鸡蛋里挑骨头"的劲头监控每一个环节，以精益求精的"工匠精神"完成每一道工序。因为坚守和弘扬了"工匠精神"，才保证了"质量零缺陷"，实现了"120年"的质量目标。

（3）"科学家精神"是科学文化的主要内容之一，马克思说，"科学绝不是一种自私自利的享乐，有幸能够致力于科学研究的人，首先应该拿自己的学识为人类服务"，科学家精神被视为一种百折不挠、甘于奉献、团结协作、前赴后继的高尚的精神境界。在岛隧工程中，科学家精神是岛隧人面临未知前路的艰险一往无前的勇气，是岛隧人面临困境共同攻坚、精诚合作的团结精神，也是岛隧人在巨大风险之下踽踽前行、不忘初心、不懈探索的奉献精神。

岛隧人在实践中弘扬、传承和融合"铁人精神""工匠精神"和"科学家精神"后形成了新时代的岛隧精神，它不仅是岛隧项目工程历经无数风险、攻破万难的精神支撑，在为现实社会带来了一股正能量的同时，也成为建设者内化于心的精神力量，并随着建设者的实践脚步广泛传播。

8.4.2 打造集智平台

超级工程背后起决定作用的是人，是团队的力量。在整合资源、自主创新、攻关世界级难题、参与复杂组织协调的工程实践中，特色文化围绕打造集智平台的目标，以共同价值观引导项目员工团结一心，建设一支具有自主学习力、持续创新力、长久凝聚力和坚强战斗力的优秀团队。

1. 以国际化管理标准，培养国际一流管理人才

通过项目建设，培养了20名以上国际一流的项目经理和总工，100名以上国际一流施工技术管理骨干。在工程实施的近7年时间里，先后对200名技术与管理人员进行了为期近2年的英语培训，并与华南理工大学合作培养了40多名工程硕士。拓宽了员工管理视野，掌握了前沿技术，培养了国际思维，熟悉了跨文化交流沟通。"20100"人才培养目标基本达成，部分人员已被陆续派往海外工程项目担任项目重要岗位的职务，为"一带一路"建设实施推进再立新功。

2. 以世界前沿科技创新，培养一流技术人才

技术团队采取老、中、青三代梯次结合，建立"传帮带"培养机制，公司总工程师和老专家以身作则，言传身教，对中青年技术骨干悉心指导。在工作安排上主动压担子，有意识地把年轻技术人才放到关键岗位，通过实践锻炼加快能力提升。在专利和报奖申请上，向年轻技术人员特别是岗位在一线的设计与施工人员倾斜。经常性组织进行技术培训形成不同专业之间相互交流机制，共享成果共克难关。有计划、有步骤地集中组织撰写发表科技论文，加强经验成果总结，积极创造条件鼓励年轻人挑大梁，加快了年轻技术人才的培养和成长。

3. 以标准化精细施工，培养一流产业工人

（1）工地学校提升理论水平。六年来，项目部通过专项培训、技术交底、农民工夜校等形式共培训农民工4500余人，把文化程度不高的农民工培养成了能看懂图纸、熟悉工艺流程的优秀技能人才。

（2）标准化施工现场提升业务技能。超级工程也是超级学校，岛隧工程建设过程中，很多农民工深入学习掌握了各类业务技能，成为技术能手和专业技师，有些已成长为超级工匠。比如：中央电视台系列纪录片《大国工匠》——管延安，管延安是一名航修队钳工，只有初中文化程度的他，在港珠澳大桥工作期间潜心钻研，不断提升业务技能，结合现场管理难题研发出了"桩退齿轮喷淋加油润滑装置"，取得了涵盖装备制造、技术创新和船机改造的多行业创新成果，成为名副其实的"大国工匠"。

4. 以产学研合作，共同培养一流的行业人才

岛隧工程施工需要不同学科和不同的专业领域协同配合，整合资源协同作战。在以项目为纽带的产研合作中，中国交建与产研合作单位紧密配合，为国家的不同专业领域培养了一批具有国际前沿水平的行业人才，为推动国家科学进步作出了贡献。如中国交建和国家海洋预报中心合作，工程实施的几年来用了外国公司不到一半的费用，研究并开发出了作业窗口预报技术，准确率达到了85%以上，成功地完成了海上33根管节和最终接头安装作业，技术成果、实用性和先进性达到甚至超过了丹麦水科所，取得了国际领先水平，为国家海洋系统和天气海况预报专业领域培养了掌握国际前沿领先技术的杰出人才。

8.4.3 塑造品牌形象

1. 塑造中国交建新形象

项目团队以讲好岛隧故事、传播中国好声音、擦亮中国交建品牌、叫响中国智造品牌为目标，打响了中国交建的品牌。岛隧工程建设取得了成功，引起了社会的进一步关注。选送作品参加大美中国摄影展、组织参加珠海海洋科技展及国家"十二五"高新技术成果展，全方位展示岛隧工程建设成果，向国家、向社会各界展示了中国交建的创新能力。

多种媒体传播工程建设正能量，制作了《为梦想插上翅膀》《首个曲线段沉管安装纪实》《巅峰》等多个工程纪实片；国资委专家记者团走进施工现场，春风化雨港珠澳；《人民日报》《经济日报》《工人日报》《21世纪经济报道》《党建》《紫光阁》等专版专题系列报道工程建设成就，共登载报道260篇，引起了强烈的社会反响。

中央电视台制作并播出了《超级工程Ⅱ》《五年规划》《G20-中国方案》等纪录片，国庆期间在《新闻联播》《24小时》《东方时空》《第一时间》等栏目播发报道200多条；此外，多家电视媒体播出新闻及专题片126个，极大地提高了中国交建的品牌影响力，再次塑造了中交的品牌形象。

2. 展示岛隧人好形象

岛隧工程按照安全环保、经济高效、严谨务实的原则，加强现场管理，创建文明工地，展现项目文化的内涵，积极营造让员工满意、让业主满意、让社会满意的工作氛围，激发主动性和创造性，创造良好的团队氛围，员工之间逐渐达到的文化认同于无形之中推进了团队的凝聚力和向心力，建设和谐团队，展示了良好的团队形象。

岛隧工程对外充分展示了中国交建一流企业品牌形象，全面体现了一流项目综合管理水平；对内将文明施工贯穿于整个过程、各个层面，无论是人的行为、厂容厂貌，还是海上船舶、"三岛"生活区，都努力达到文明施工的最高标准，让一线员工在文明环境中文明作业，达到了减少事故隐患，保证工程质量，提高工作效率的目的。

文明施工贯穿于整个过程、各个层面，无论是作业现场还是海上船舶，无论是生产区还是生活区，各项制度落地在每个环节，工作检查覆盖到每一角落，使工地"一尘不染"，没有一个烟头，创建了"标准化、统一化、规范化、程序化"的文明工地，塑造了岛隧工程项目部和岛隧建设者的好形象。

项目文化建设从始至终都与项目建设总目标保持高度一致，为岛隧工程建设保驾护航，七年筑梦伶仃洋，221天筑起通常3年才能建成的两个外海人工岛，创下了"当年动工、当年成岛"的人间奇迹；不到14个月建成全球最先进的沉管预制工厂，开创了我国"工厂法"预制沉管的历史先河；历时4年挑战极限，安装的33节沉管和最终接头"滴水不漏"，创造了世界沉管隧道工程的"中国标准"；半年完成一年半的工作量，精雕细琢打造的东西两岛成了伶仃洋上的"最美地标"。南宋爱国诗人文天祥在《过零丁洋》中曾留下"人生自古谁无死，留取丹心照汗青"的千古名句，岛隧工程不仅用事实解读了千古名句，同时也将在未来120年甚至更长的时间里，见证着粤港澳三地的融合与发展，见证着中国的复兴与强盛。

港珠澳大桥岛隧工程项目大事记

2009年12月15日，港珠澳大桥开工仪式在珠海隆重举行，时任国务院副总理李克强在珠海出席了港珠澳大桥工程开工仪式并宣布工程开工。

2010年11月25日，中国交通建设股份有限公司港珠澳大桥岛隧工程联合体中标大桥控制性工程。

2010年12月19日，沉管预制厂土建施工正式启动。

2010年12月22日，港珠澳大桥岛隧主体工程开工动员大会在珠海隆重举行，港珠澳大桥主体工程建设正式启动。

2011年1月4日，西人工岛及隧道基槽开始粗挖施工。

2011年3月10日，首批钢圆筒在上海振华长兴岛基地开工制造。

2011年5月8日，首个钢圆筒和八锤联动振沉系统顺利运抵珠海。

2011年5月15日，西人工岛首个钢圆筒顺利振沉，港珠澳大桥岛隧工程人工岛围护结构正式开始施工。

2011年5月24日，港珠澳大桥岛隧工程海上补充地质勘察外业工作全部完成。

2011年8月16日，沉管预制模板拼装正式启动。

2011年9月11日，西人工岛61个钢圆筒振沉完毕，西人工岛成岛。

2011年9月22日，东人工岛首个钢圆筒振沉。

2011年9月28日，港珠澳大桥主体工程施工总营地隆重举行开营仪式。

2011年12月5日，沉管预制模板安装全部完成，提前进入预制准备阶段。

2011年12月7日，东人工岛59个钢圆筒振沉完毕，东人工岛成岛。

2011年12月21日，东人工岛副格全部振沉完毕，创造了"当年开工，当年成岛"的奇迹。

2012年2月10日，沉管预制足尺模型S1段混凝土浇筑完成。

2012年2月27日，沉管预制厂举行开厂仪式。

2012年3月15日，世界最大的深水抛石整平船"津平1"正式下水。

2012年3月31日，沉管预制厂钢筋加工、绑扎区胎架制造及现场安装全部完成，具备生产条件。

2012年4月28日，沉管隧道过渡段堆载预压抛石施工全面展开。

2012年4月29日，港珠澳大桥岛隧工程首节沉管预制正式启动。

2012年4月30日，足尺模型S2段混凝土浇筑完成。

2012年5月8日，外海沉管安装成套技术方案初稿形成。

2012年6月1日，沉管预制厂深坞坞门完成首次起浮关闭，深坞土建工作全部完成。

2012年6月27日，自主研发并建设的分离式双体沉管安装船"津安3"正式下水。

2012年7月8日，西人工岛隧道现浇止推段CW1段开始进行底板钢筋绑扎，止推段结构施工正式拉开序幕。

2012年8月7日，首节沉管节段E2～S5混凝土浇筑完成，世界最大沉管正式投产。

2012年8月23日，西人工岛全部高压旋喷桩打设完成。

2012年9月4日，东人工岛壁区挤密砂桩全部完成。

2012年9月10日，沉管预制厂深浅坞蓄水达到+15.35m标高，历时17天的深浅坞蓄水试验完成。

2012年9月29日，西人工岛过渡段挤密砂桩全部完成。

2012年10月19日，世界最大的深水抛石整平船"津平1"抵达港珠澳大桥岛隧工程施工现场。

2012年11月28日，沉管安装船"津安3""津安2"顺利抵达港珠澳大桥岛隧工程施工现场。

2012年12月，港珠澳大桥岛隧工程项目总经理部在世界范围首次创新提出"半刚性"沉管新结构体系方案，解决了深埋沉管的结构难题。

2012年12月2日，西人工岛隧道现浇止推段混凝土浇筑全线告捷。

2013年1月，首批管节（E1、E2）安全横移至深坞系泊，沉管一次舾装工作顺利完成并圆满通过密水"大考"；2月，世界最大的首个180m标准管节预制成功；当年完成11.25节沉管预制和10个管节舾装施工，单个节段预制周期缩短到8.5天。

2013年1月25日，岛隧转换的关键结构西人工岛隧道暗埋段CW1段顺利通过验收。

2013年1月28日，西人工岛岛壁结构挤密砂桩施工完成。

2013年1月29日~4月27日，岛隧工程项目总经理部先后举行四次沉管浮运系泊演练。

2013年3月1日，西人工岛岛头钢圆筒顺利拆除完毕，首次实现了外海条件下人工筑岛的岛、隧转换。

2013年5月6日，首节外海深埋沉管E1安装成功，与西人工岛顺利对接，历时96小时完成"深海初吻"。

2013年7月30日，首节180m、重约80000t标准沉管E3浮运安装成功，沉管安装顺利走向深海。

2013年7月11日和12月12日，东、西人工岛综合救援码头顺利通过验收，国内首次在软土地基上采用高置换率挤密砂桩进行地基处理的沉箱重力式码头建成投入使用，开创了我国在软土地基绿色、环保、高效建设重力式码头的新工法。

2013年8月4日，历时两年，东人工岛过渡段挤密砂桩施工全部完成。

2013年12月8日，E7管节浮运安装取得圆满成功，世界规模最大的跨海大桥沉管隧道建设突破1000m大关。

2014年1月7日，E8沉管浮运安装完成。

2014年2月24日，E9沉管浮运安装完成，安装水深突破40m关口。

2014年3月23日，E10沉管浮运安装完成。

2014年7月16日，历时两年，西人工岛隧道现浇暗埋段主体结构浇筑完成。

2014年7月21日，E11沉管顺利安装。水深超过45m，槽深超过30m，深水深槽沉管安装工艺技术攻关取得阶段性成果。

2014年8月10日，西人工岛敞开段OW1段第一步混凝土浇筑完成，敞开段首次大体积混凝土浇筑告捷。

2014年8月16日，"工厂法沉管预制厂建设集成技术研究"通过国家水运建设行业协会科技成果鉴定。

2014年8月19日，E12沉管浮运安装完成，工程建设顺利推进至隧道最深处，已建隧道总长突破2000m。

2014年9月20日，E13沉管浮运安装完成，隧道建设顺利变坡上升。

2014年10月9日，西人工岛非通航孔桥主体工程顺利完工，为港珠澳大桥桥隧转换奠定了坚实基础。

2014年10月18日，E14沉管浮运安装完成，已安装隧道总长累计达2385m。

2014年11月18日，E15沉管首次安装遭遇异常回淤，平安返回沉管预制厂深坞。

2015年1月10日，东人工岛非通航孔桥主体工程顺利完工，大桥建设顺利抵达"一国两制"分界线。

2015年2月1日，项目总经理部申报的"外海深槽沉管安装保障系统研究与开发"正式通过交通运输部科技计划项目立项评审，成为2015年科技计划重点项目。

2015年2月25日，E15沉管第二次安装遭遇边坡滑塌，再次返回沉管预制厂等待合适时机再行安装。

2015年3月26日，中国交建建设团队攻克回淤难题，历经历时150天"三次浮运、两次回拖"曲折，完成E15沉管浮运安装。

2015年4月13日，E16沉管安装完成，继3月26日实现E15沉管对接之后，历史性地在半个月内完成了又一节沉管安装施工。

2015年6月10日，E17沉管浮运安装成功。

2015年6月27日，E18沉管浮运安装成功，港珠澳大桥沉管隧道已突破3000m。

2015年7月25日，E19沉管浮运安装完成，港珠澳大桥海底隧道已建总长达到3285m。

2015年8月24日，E20沉管浮运安装完成。

2015年9月15日，东人工岛暗埋段正式"封门"，为E33沉管与东人工岛对接奠定了基础。

2015年9月23日，E21沉管浮运安装完成。

2015年11月5日，E22沉管浮运安装完成。

2015年11月19日，E23沉管浮运安装完成，已建海底隧道总长突破4000m。

2015年11月28日，"金雄"轮完成E28沉管基槽精挖施工。历时近5年，港珠澳大桥沉管隧道基槽精挖施工全面收官。

2015年12月8日，"津平1"碎石整平船清淤技改通过验收，世界唯一的平台式清淤整平船投入工程建设。

2015年12月12日，港珠澳大桥沉管隧道最终接头方案通过专家评审，历经两年多的研究，首创"新型整体安装沉管最终接头方案"。

2015年12月20日，沉管隧道中管廊电缆通道隔墙典型施工段首段混凝土顺利浇筑完成，管内附属工程施工正式启动。

2015年12月21日，E24沉管安装成功。2015年，中国交建建设者攻克深水深槽、基槽突淤、大径流等重大难题，一年安装10节沉管，创造世界沉管隧道建设史上的中国速度。

2016年1月25日，历时三年的沉管隧道基础块石抛填及夯平施工全部完成。

2016年3月4日，西人工岛主体建筑清水混凝土模板开始拼装。

2016年3月29日，东人工岛岛头导流堤基础开挖圆满完成。

2016年3月31日，E25沉管浮运安装完成。

2016年4月16日，首节曲线段沉管（E32）预制完成。

2016年5月14日，E26沉管浮运安装完成，已建成隧道总长度达到4545m。

2016年6月11日，建设者战胜"龙舟水"、强对流天气等风险，顺利完成港珠澳大桥深槽区首个非标准管节——E27沉管的安装，已建成隧道4702m，超过总体长度的80%。

2016年7月12日，E28沉管安装成功，直线段沉管全部安装完毕。

2016年8月2日，历时三年的攻关，港珠澳大桥沉管隧道最终接头方案通过专家评审，进入实施阶段。

2016年9月26日，E29沉管浇筑完成，沉管预制厂一分厂圆满结束沉管预制任务。

2016年10月8日，首节曲线段E33沉管成功安装，实现与东人工岛的成功对接。

2016年10月14日，港珠澳大桥海底隧道最终接头钢壳正式投产。

2016年11月23日，E32沉管浮运安装成功。

2016年12月16日，港珠澳大桥沉管预制钢筋绑扎施工全面告竣。

2016年12月24日，东人工岛减光罩安装完成，与敞开段清水混凝土构成充满光影韵律的新景观，成为人工岛上又一标志性建筑。

2016年12月25日，E31沉管浮运安装完成。

2016年12月26日，港珠澳大桥33节沉管全部预制完成，在近6年的预制生产中，中国交建建设团队创造了百万方混凝土现浇无裂缝的奇迹。

2017年1月9日，成功完成E31～E32沉管接头基础注浆抬升施工，解决了该段沉管的差异沉降难题。利用管底注浆工艺实现已装沉管姿态调整尚属世界首次。

2017年2月8日，港珠澳大桥岛隧工程风帽正式开工。

2017年2月19日，E29沉管安装完成，为最终接头施工奠定了良好基础，距隧道贯通仅剩183m。

2017年2月27日，港珠澳大桥沉管隧道最终接头在振华重工南通基地建成发运，整体为"三明治"钢—混结构。历经三年多攻关，世界首次提出可折叠主动止水的结构理念，发明整体式主动止水最终接头技术，开创了沉管隧道最终接头施工的新工法。

2017年2月27日，港珠澳大桥沉管隧道焊接合龙演练启动仪式在振华重工南通基地举行。

2017年3月7日，港珠澳大桥海底隧道最后一节沉管（E30）安装圆满成功，33节世界最大沉管全部安装完毕。

2017年3月7日，港珠澳大桥海底隧道最终接头顺利运抵桂山沉管预制厂。

2017年3月13日，港珠澳大桥沉管隧道最终接头开始混凝土浇筑，国内首次大规模采用高流动性混凝土工法。

2017年3月26日，港珠澳大桥沉管隧道最终接头高流动性混凝土浇筑完成。形成了高流动性混凝土设计与施工从理论到具体实施环节的完整技术体系，填补了国内"三明治沉管结构"技术空白。

2017年4月24日，港珠澳大桥沉管隧道最终接头试吊演练完成，充分验证了吊装方案的可行性和吊索的稳定性，为正式安装施工奠定基础。

2017年5月2～4日，港珠澳大桥岛隧工程在全球首次实施整体式主动止水最终接头安装施工，经过精调，安装精度达到毫米级，实现了深水复杂环境下沉管隧道滴水不漏，在世界沉管隧道建设史上首次验证了最终接头施工方法"工序可逆"。随着最终接头的安装完成，历时四年的"第三战役"取得全面胜利。

2017年5月25日，港珠澳大桥沉管隧道最终接头焊接合龙完成。经过20个日日夜夜的连续作业，最终接头与两端的E29、E30沉管焊接形成整体，港珠澳大桥6.7km的沉管隧道永久结构胜利贯通，建设者攻克了沉管隧道建设的最后一道难关。

2017年8月23～27日，港珠澳大桥岛隧工程遭遇"天鸽"强台风正面袭击，东、西人工岛主体建筑经受住了15级强台风的严峻考验。

2017年8月31日，东人工岛主体建筑结构正式封顶，与7月28日封顶的西人工岛主体建筑交相辉映，宛如伶仃洋上的两艘"超级航母"，成为珠江口的新地标。

2017年10月8日，东、西人工岛测量平台及临时码头钢管相继拆除完成，港珠澳大桥岛隧工程海上施工全面告竣，历时七年的海上施工画上了圆满句号。

2017年10月23日，东人工岛风帽雷达塔尖吊装到位，港珠澳大桥人工岛风帽主体结构安装施工顺利完成。

2017年12月31日，港珠澳大桥岛隧工程点亮仪式在东人工岛举行，港珠澳大桥主体工程具备通车条件。

2018年2月6日，港珠澳大桥岛隧工程交工验收。历经七年多的紧张施工，港珠澳大桥的关键控制性工程正式具备通车试运营条件。

2018年10月23日，港珠澳大桥举行通车仪式，习近平总书记宣布港珠澳大桥正式开通。

参考文献

［1］Eskesen S D, Tengborg P, Kampmann J, et al. Guidelines for Tunnelling Risk Management [J]. Tunnelling& Underground Space Technology, 2004, 19 (3):217-237.

［2］SeheinEH. Organizational Psychology [M]. Englewood Cliffs: Prentice Hall.Inc. 1980.

［3］蔡曙山，薛小迪．人工智能与人类智能——从认知科学五个层级的理论看人机大战［J］．北京大学学报（哲学社会科学版），2016，53（4）：145-154.

［4］陈韶章，陈越．沉管隧道施工手册［M］．北京：中国建筑工业出版社，2014.

［5］陈伟，郑铁，孟庆龙．港珠澳大桥岛隧工程施工中的中华白海豚保护措施［J］．中国港湾建设，2015，35（11）：138-140.

［6］成连华，林海飞．煤矿本质安全的内涵与特征［J］．矿业工程研究，2009，24（03）：53-56.

［7］代江兵．如果每个行业都去实现一个梦想，这个国家将变得无比强大［N］．中央纪委国家监委网站，2018.

［8］杜雁晶．EPC工程承包商选择的研究［D］．北京：中国科学院大学，2016.

［9］冯颖慧，姜立得．港珠澳大桥东人工岛岛上建筑设计——自然与人文的结合［J］．中国港湾建设，2015，35（01）：19-24.

［10］高星林，张鸣功，方明山，等．港珠澳大桥工程创新管理实践［J］．重庆交通大学学报（自然科学版），2016，35（S1）：12-26.

［11］港珠澳大桥岛隧工程项目总经理部．工程可行性研究报告［Z］．珠海，2008.

［12］港珠澳大桥岛隧工程项目总经理部．港珠澳大桥岛隧工程工程设计施工总承包投标文件［Z］．珠海，2010.

［13］港珠澳大桥岛隧工程项目总经理部．港珠澳大桥主体工程岛隧工程设计施工总承包管理制度汇编A版［Z］．珠海，2011.

［14］港珠澳大桥岛隧工程项目总经理部．总体施工组织设计（上、下）［Z］．珠海，2011.

［15］港珠澳大桥岛隧工程项目总经理部．港珠澳大桥岛隧工程（视频）［Z］．珠海，2011.

［16］港珠澳大桥岛隧工程项目总经理部．中交股份联合体港珠澳大桥岛隧工程项目总经理部质量管理体系架构［Z］．珠海，2011.

［17］港珠澳大桥岛隧工程项目总经理部．人工岛挤密砂桩打设专项施工方案［Z］．珠海，2011.

［18］港珠澳大桥岛隧工程项目总经理部．沉管隧道基槽精挖施工方案［Z］．珠海，2012.

［19］港珠澳大桥岛隧工程项目总经理部．沉管隧道基床施工测控方案［Z］．珠海，2012.

［20］港珠澳大桥岛隧工程项目总经理部．港珠澳大桥主体工程岛隧工程设计施工总承包管理制度汇编B版［Z］．珠海，2012.

［21］港珠澳大桥岛隧工程项目总经理部．港珠澳大桥主体工程岛隧工程质量管理体系文件［Z］.

珠海，2012.

[22] 港珠澳大桥岛隧工程项目总经理部. 港珠澳大桥岛隧工程沉管预制厂标准化管理工作汇报 [R]. 珠海，2012.

[23] 港珠澳大桥岛隧工程项目总经理部. 沉管隧道基槽清淤专项施工方案 [Z]. 珠海，2013.

[24] 港珠澳大桥岛隧工程项目总经理部. 港珠澳大桥岛隧工程风险管理工作计划（A版）[Z]. 珠海，2013.

[25] 港珠澳大桥岛隧工程项目总经理部. 港珠澳大桥岛隧工程施工安全风险评估报告 [Z]. 珠海，2013.

[26] 港珠澳大桥岛隧工程项目总经理部. 沉管沉放对接测控方案 [Z]. 珠海，2013.

[27] 港珠澳大桥岛隧工程项目总经理部. 关于印发《港珠澳大桥混凝土认证细则（A版）》的通知 [Z]. 珠海，2013.

[28] 港珠澳大桥岛隧工程项目总经理部. 港珠澳大桥岛隧工程2014年绿色循环低碳公路主题性项目申报材料 [Z]. 珠海，2014.

[29] 港珠澳大桥岛隧工程项目总经理部. 港珠澳大桥岛隧工程沉管安装施工风险管理指南 [Z]. 珠海，2014.

[30] 港珠澳大桥岛隧工程项目总经理部. 港珠澳大桥岛隧工程沉管安装施工风险管理手册 [Z]. 珠海，2015.

[31] 港珠澳大桥岛隧工程项目总经理部. 交通运输部2015年质量安全督查施工汇报材料 [R]. 珠海，2015.

[32] 港珠澳大桥岛隧工程项目总经理部. 关于呈报港珠澳大桥岛隧工程项目总经理部2014年工程质量工作总结及2015年工程质量工作计划的报告 [Z]. 珠海，2015.

[33] 港珠澳大桥岛隧工程项目总经理部. 港珠澳大桥主体工程岛隧工程设计施工总承包管理制度汇编C版 [Z]. 珠海，2016.

[34] 港珠澳大桥岛隧工程项目总经理部. 港珠澳大桥岛隧工程2016年质量工作总结及2017年质量工作计划 [Z]. 珠海，2016.

[35] 港珠澳大桥岛隧工程项目总经理部. 管节浮运施工方案 [Z]. 珠海，2016.

[36] 港珠澳大桥岛隧工程项目总经理部. 外海沉管施工保障系统研究及应用研究报告 [R]. 珠海，2017.

[37] 港珠澳大桥岛隧工程项目总经理部. 沉管隧道基床回淤监测及预警预报系统研发与应用研究报告 [R]. 珠海，2017.

[38] 港珠澳大桥岛隧工程项目总经理部. 外海深水沉管安装创新技术研究及装备研发研究报告 [R]. 珠海，2017.

[39] 港珠澳大桥岛隧工程项目总经理部. 曲线沉管工厂法预制及安装总报告 [R]. 珠海，2017.

[40] 港珠澳大桥岛隧工程项目总经理部. 中交港珠澳设发 [2017] 18号关于提交"港珠澳大桥主体工程隧道工程施工及质量验收标准（2017版）"的函 [Z]. 珠海，2017.

[41] 港珠澳大桥岛隧工程项目总经理部. 港珠澳大桥岛隧工程2017年质量工作总结及2018年质量工作计划 [Z]. 珠海，2017.

［42］港珠澳大桥岛隧工程项目总经理部. 关于报送港珠澳大桥岛隧工程项目总经理部2017年"质量月"活动总结的报告［Z］. 珠海，2017.

［43］港珠澳大桥岛隧工程项目总经理部. 港珠澳大桥主体工程建设（视频）［Z］. 珠海，2017.

［44］港珠澳大桥岛隧工程项目总经理部. 工作报告汇编（2011—2017）［Z］. 珠海，2018.

［45］港珠澳大桥岛隧工程项目总经理部. 港珠澳大桥岛隧工程介绍（PPT）［Z］. 珠海，2018.

［46］港珠澳大桥岛隧工程项目总经理部. 关于报送港珠澳大桥岛隧工程品质工程创建示范行动总结的报告附件：港珠澳大桥岛隧工程品质工程创建示范行动总结［Z］. 珠海，2018.

［47］港珠澳大桥岛隧工程项目总经理部. 关于品质工程报告（PPT）［Z］. 郑州，2018.

［48］归零再出发：朱永灵局长在港珠澳大桥管理局总结会上的讲话[EB/OL].http://www.ccchzmb.com/p74-39410.biz, 2018-2-11.

［49］郭倩. HSE体系在长庆油田水电厂安全管理中的应用研究［D］. 西安：西安科技大学，2018.

［50］郭丹. 高新技术企业R&D人员自主创新激励探究［J］. 科技管理研究，2010（2）：148-150.

［51］管仲. 管子今译［M］. 北京：中华书局，1996.

［52］韩茜. 智慧矿山信息化标准化系统关键问题研究［D］. 北京：中国矿业大学（北京），2016.

［53］何继善等. 工程管理论［M］. 北京：中国建筑工业出版社，2017.

［54］何继善，王孟钧. 工程与工程管理的哲学思考［J］. 中国工程科学，2008（03）：9-12+16.

［55］何继善. 论工程管理理论核心［J］. 中国工程科学，2013，15（11）：4-11+18.

［56］黄涛，张洪. 6S管理在港珠澳大桥建设中的引入与实践［J］. 中国港湾建设，2014（07）：70-72.

［57］纪晓磊. 建筑施工项目HSE管理体系构建研究［D］. 天津：天津大学，2015.

［58］（美）加里·哈默，（美）比尔·布林. 管理的未来［M］. 陈劲（译）. 北京：中信出版社，2012.

［59］（美）加里·哈默，（美）C．K．普拉哈拉得. 竞争大未来［M］. 王振西（译）. 昆仑出版社，1998.

［60］贾根良. 第三次工业革命与工业智能化［J］. 中国社会科学，2016（6）：87-106.

［61］康启兵，张立敏. 基于可持续发展理念下公路建设中的环境保护［J］. 北方环境，2011（3）：3-4.

［62］李勇. 建筑施工项目HSE管理体系构建研究［J］. 低碳世界，2018（08）：185-186.

［63］李金鹏. 复杂产品自主技术创新的集成研究——以高铁为例［D］. 青岛：中国海洋大学，2012.

［64］李德仁，姚远，邵振峰. 智慧城市的概念、支撑技术及应用［J］. 工程研究-跨学科视野中的工程，2012，4（4）：313-323.

［65］（美）理查德·L·达夫特. 组织理论与设计（第10版）［M］. 王凤彬等（译）. 北京：清华大学出版社，2011.

［66］梁晓声. 说到"文化"二字，我时常深感忧伤［N］. 北京：人民日报·文艺，2015.

［67］梁漱溟. 中国文化要义［M］. 上海：上海世纪出版集团，2003.

［68］梁红霞. "田口方法"的集大成者——田口玄一［J］. 中国质量，2003，（10）：39.

［69］刘君. 本质是什么：图书馆研究中的本质概念浅析——图书馆本质研究之五［J］. 图书馆杂志，2012（8）：2-9.

［70］林鸣. 港珠澳大桥岛隧工程精细化勘察组织与实施［J］. 水运工程，2015（2）：36-43.

［71］林鸣. 岛隧心录百篇辑（全册）［M］. 广州：花城出版社，2016.

［72］林鸣. 超级工程的风险思维与方法——有感于港珠澳大桥岛隧工程[EB/OL]. http://www.urmitongji.org.cn/research/comstruction-operation/2017042810.html, 2017-03-22.

［73］林荣瑞（台湾）. 品质管理［M］. 厦门：厦门出版社，2004.

［74］刘晓东. 港珠澳大桥沉管岛隧工程技术实践［J］. 中国公路，2017（1）：76-78.

［75］陆昆. 建筑施工技术及安全管理的重要性及要求［J］. 城市建设理论研究，2013（14）.

［76］马莹. 天堑变通途，根基在管理，解析港珠澳大桥项目管理DNA［J］. 项目管理评论，2018（04）：10-15+9.

［77］麦强，安实，林翰，等. 重大工程复杂性与适应性组织——港珠澳大桥的案例［J］. 管理科学，2018，31（03）：86-99.

［78］孟燕. 铁路智能运输系统结构设计方法研究［D］. 铁道部科学研究院，2005.

［79］潘晓晨. 港珠澳大桥沉管隧道如何做到"滴水不漏"的？［N］. 南方网，2017.

［80］钱学森，许国志，王寿云. 组织管理的技术—系统工程［J］. 上海理工大学学报，2011，33（6）:520-525.

［81］上海交通大学钱学森研究中心. 智慧的钥匙：钱学森论系统科学（第二版）［M］. 上海：上海交通大学出版社，2015：6.

［82］佘振苏. 复杂系统学新框架——融合量子与道的知识体系［M］. 北京：中国科学出版社，2012.

［83］盛昭瀚，游庆仲，陈国华，等. 大型工程综合集成管理：苏通大桥工程管理理论的探索与思考［M］. 北京：科学出版社，2009.

［84］盛昭瀚，游庆仲，程书萍，等. 苏通大桥工程系统分析与管理体系［M］. 北京：科学出版社，2009.

［85］斯蒂芬P罗宾斯. 管理学（第四版）［M］. 北京：中国人民大学出版社，2002.

［86］施恩. 职业的有效管理［M］. 北京：三联书店，1992.

［87］孙亚清. 跨界创业联盟资源整合机制研究［D］. 长春：吉林大学，2016.

［88］孙永福等. 铁路工程项目管理理论与实践［M］. 北京：中国铁道出版社，2016.

［89］陶德麟，汪信砚. 马克思主义原理［M］. 北京：人民大学出版社，2010.

［90］佟瑞鹏，丁健，方东平. 地铁工程建设应急管理评估体系的构建［J］. 中国安全科学学报，2009，19（11）：132-138.

［91］王成刚，石春生. 组织文化对组织创新的作用机理研究［J］. 科研管理，2018（7）：78-84.

［92］王海山. 技术开发的方法论原理［J］. 科学管理研究，1987（3）：32-38.

［93］王孟钧，王涛，等. 铁路工程技术创新影响因素及作用机理研究［J］. 铁道学报，2016，38（2）：141-147.

［94］汪小金. 项目管理方法论（第2版）［M］. 北京：中国电力出版社，2015.

［95］王兴钊. 出色源自本色, 访港珠澳大桥岛隧工程项目总经理部［J］. 项目管理评论, 2018（04）: 20-23.

［96］王琳琳. 敬畏与诚心: 为"超级工程"当基石［J］. 中国公路, 2017（21）: 72-76.

［97］汪秀婷, 程斌武. 资源整合、协同创新与企业动态能力的耦合机理［J］. 科研管理, 2014, 35（4）: 44-50.

［98］武丽娟. 加强现代建筑工程技术管理, 提升建筑企业经营管理能力［J］. 科技与企业, 2015（13）: 61-63.

［99］王想想. 真学真做补交通短板, 工匠精神塑品质工程［N］. 中国交通报, 2016.

［100］王要武, 吴宇迪. 智慧建设理论与关键技术问题研究［J］. 科技进步与对策, 2012, 29（18）: 13-16.

［101］习近平在中国科学院第十九次院士大会、中国工程院第十四次院士大会上的讲话[EB/OL]. http://www.xinhuanet.com//mrdx/2018-06/011c-137222749.htm, 2018-06-01.

［102］徐丽红. 动态联盟项目管理模式在港珠澳大桥岛隧工程中的应用［D］. 广州: 华南理工大学, 2016.

［103］严双梁, 黄涛, 王鼎献. HSE标准化管理工作探讨［J］. 中国港湾建设, 2016, 36（07）: 132-134.

［104］阴法鲁, 许树亲. 中国古代文化史［M］. 北京: 北京大学出版社, 1991.

［105］殷瑞钰, 汪应洛, 李伯聪, 等. 工程哲学（第二版）［M］. 北京: 高等教育出版社, 2013.

［106］殷瑞钰, 汪应洛, 李伯聪, 等. 工程哲学（第三版）［M］. 北京: 高等教育出版社, 2018: 104-105.

［107］殷瑞钰, 李伯聪, 汪应洛, 等. 工程演化论［M］. 北京: 高等教育出版社, 2011.

［108］殷瑞钰, 李伯聪, 汪应洛, 等. 工程方法论［M］. 北京: 高等教育出版社, 2017.

［109］袁帅华, 肖汝诚. 基于网络的桥梁智能化施工控制系统研究［J］. 同济大学学报, 2007, 35（6）: 734-744.

［110］曾晖, 成虎. 重大工程项目全流程管理体系的构建［J］. 管理世界, 2014（3）: 184-185.

［111］张少锦. 公路运营管理理论与方法［M］. 北京: 人民交通出版社, 2017.

［112］张少锦, 王孟钧. 论工程管理技术体系化［J］. 科技进步与对策, 2010, 27（19）: 23-26.

［113］张劲文, 朱永灵. 复杂性管理: 港珠澳大桥主体工程管理思想与实践创新［J］. 系统管理学报, 2018, 27（01）: 186-191.

［114］张劲文, 朱永灵, 高星林, 等. 港珠澳大桥岛隧工程设计施工总承包模式构建［J］. 公路, 2012（1）: 133-136.

［115］张青海. 外海沉管隧道浮运安装施工的风险管理研究［J］. 隧道建设, 2015, 35（11）: 1150-1156.

［116］张镇森. 建设工程创新关键影响因素与作用机理研究［D］. 长沙: 中南大学, 2014.

［117］张春生. 6S管理模式在建设工程项目施工现场管理运用［J］. 安装, 2010（04）: 17-19.

［118］张岱年, 方克立. 中国文化概论（修订版）［M］. 北京: 北京师范大学出版社, 2004.

［119］张峰. 智慧城市空间信息资源规划的模型和实现方法研究［D］. 济南：山东师范大学，
　　　 2016.

［120］赵忆宁. 大国工程［M］. 北京：中国人民大学出版社，2018.

［121］赵忆宁. 港珠澳大桥背后的"自我研发"［N］. 21世纪经济报，2014.

［122］郑兢晶. 要素重组的创新方法研究［D］. 长沙：湖南大学，2009.

［123］郑明身. "持续改进管理"并非保守落伍［J］. 经济管理，2006（5）：6-10.

［124］中共中央国务院. 质量发展纲要（2011—2020年）［Z］. 2012.

［125］中华人民共和国交通运输部. 关于打造公路水运品质工程的指导意见［Z］. 2016.

［126］中共中央国务院. 中共中央国务院关于开展质量提升行动的指导意见［Z］. 2017-09-5.

［127］中华人民共和国交通运输部. 关于开展公路水运品质工程示范创建工作的通知［Z］. 2017-
　　　 01-16.

［128］中华人民共和国交通运输部. 公路水运品质工程评价标准（试行）的通知［Z］. 2018-
　　　 01-12.

［129］中华人民共和国交通运输部. 品质工程攻关行动试点方案（2018—2020年）［Z］. 2018-
　　　 02-16.

［130］朱永灵局长在港珠澳大桥岛隧工程暨"第四战役"总结表彰大会上的讲话[EB/OL].http://
　　　 www.cccchzmb.com/p74-39303.biz,2018-2-1.

［131］朱永灵局长在港珠澳大桥岛隧工程景观设计暨工程美学研讨会上的致辞[EB/OL].http://www.
　　　 cccchzmb.com/p74-39409.biz, 2018-2-11.

跨越伶仃洋的国之重器

——港珠澳大桥岛隧工程建设与启示

　　港珠澳大桥东连香港，西接珠海和澳门，是在"一国两制"框架下，粤港澳三地首次合作共建的超大型跨海交通工程。2018年10月23日，习近平总书记在珠海宣布港珠澳大桥通车，并称赞——"这是一座圆梦桥、同心桥、自信桥、复兴桥"。港珠澳大桥圆了我们要建设世界上最好大桥的梦。岛隧工程是港珠澳大桥的控制性工程，面临外国技术封锁，建设团队在各级政府和有关部门的全力支持下，利用国家自有技术能力，整合各方资源，实施系列核心技术攻关，最终实现了外海沉管隧道建造技术从零到领先的跨越。

1. 坚定奋斗目标，勇攀世界高峰

　　港珠澳大桥创下了多项世界之最：

　　港珠澳大桥全长55km，是世界上最长的集桥、岛、隧于一体的跨海工程。

　　港珠澳大桥是世界上最大规模的装配式钢结构桥。用钢量达到42万t。首次实现了"大型化、工厂化、标准化、装配化"的工程建设理念。桥墩、桥梁、桥塔工厂化制造，大型装备在海上整体组装。

　　港珠澳大桥是世界上首次用两个人工岛实现桥隧转换的工程。首创了深插钢圆筒快速成岛技术，仅用7个月就完成了两个外海人工岛的成岛。

　　海底隧道长6.7km，是世界最长的公路沉管隧道。隧道由33节沉管组成，单节沉管重量近8万t。隧道沉降平均6cm左右，对接合龙精度2.6mm，整个隧道滴水不漏。

　　类似这样的"世界之最"港珠澳大桥还有很多。

2. 完成"深海初吻"，凭借苦干实干

第一次安装沉管就好比汽车司机新手上路。安装前，团队集体商量，给国家有关部门写了一个报告，万一出了什么意外，希望政府免于刑事责任。报告送到中交集团，集团领导几次做思想工作，这才放下包袱，收回了报告。

2013年5月2日，是从可能的窗口期中选择的条件最好的一天。但是当天的预报数据显示，浪高0.9m，很有可能超过施工的限值。安装就要冒风险，不安装工期就要往后延。装还是不装？一开头就是一个下马威。

考虑一个月两次的窗口期是工期的硬约束，借鉴的指标为参考值；考虑海浪预报有0.2m的允许误差，最后下定决心，按照原计划沉放。工程决策小组的五个人，在《沉管安装确认书》上签下了自己的名字。

第一节沉管快到达预定位置的时候，突然遭遇了一股强大的海流，沉管往后倒退了700m，横在了海中间。这么大的沉管横在那里，很揪心。

经过一番调整，沉管终于到达了预定位置，开始下放对接。第一次对接进行了10个小时，失败了。48个小时后，又开始了第二次对接，对接后的精度还是没有达到标准，只能下令再次退出。70个小时后，开始第三次对接，时间已经比计划的30个小时超出了一倍多。在极度疲劳的情况下，唯恐口令说错了；口令说对了，又唯恐操作出偏差。几万吨的沉管在海底下，操作一旦出现偏差，立刻就要出事情。那段时间是最让人头疼的。但是没有退路，一定要成功。这时候所有的人都已经熬到了极限，只能依靠意志去拼。第一次安装，我们团队连续奋战了五天四夜，96个小时。

沉管安装充满了风险，每一次都是一场战斗。33次安装，每一次离开宿舍要关门的那一刻，都会回头多看上几眼。

3. 三次浮运和两次回拖，依靠众志成城

第15节沉管安装是耗时最长的一次安装，前后156天，历经三次浮运、两次回拖。

2014年11月16日凌晨，在沉管基床上发现了异常回淤。继续安装，沉管对接精度不能保证，但拖回去又谈何容易呢？沉管回拖在世界上鲜有先例，一旦发生意外，沉管的损失上亿元，堵塞航道影响珠江口的航运，后果不堪设想。

消息传到了正在澳门召开的港珠澳大桥中央专责小组会上，专责小组全体成员立刻来到了现场，要求各方全力以赴，提供支持。海事部门昼夜工作，在24小时内完成了封航和护航的准备工作。广州港拖轮公司的12艘大马力拖轮接到通知后，立刻全部返回。据预报，回拖时海上风力将超过6级，返航过程会遭遇沉管安装以来最为恶劣的海况。危急关头需要团队共进退。在战前动员会上，在场的每一个人举起右手对着摄像机作出承诺，绝不放弃"有信心！"

返航12km，船队足足走了24个小时。在沉管最终回到坞内的那一刻，有人喊了一句话，"终于回家了！"

为了查明沉管基床异常回淤原因，交通运输部专家组多次召开专题会议分析回淤原因，为科学决策提供依据。广东省委、省政府高度重视，省领导先后4次现场调研，明确提出要求："保证港珠澳大桥沉管安装是当前珠江口大局中的大局，一定要确保。"要恢复沉管安装需要停止上游的全部采砂作业，这涉及7家采砂企业、近200艘船舶，还会影响珠江口的建设用砂。为此中央专责小组，广东省委、省政府联合协调，进行细致周密的安排。7家采砂企业以工程建设大局为重，两天内全部撤离了现场，为后续沉管安装创造了条件。

2015年大年初六凌晨，第15节沉管再次出发。上午10点，在浮运途中，又接到报告，基床面出现了大面积的异常堆积物，不得不做出再次返航的决定。这时，现场的很多同志都流泪了。

第二天上午10点沉管再次回到坞内，11点不到，广东省领导、有关部门领导、港珠澳大桥管理局主要领导就来到了安装船上。交通运输部专家组再次召开专题会议。中交集团汇集全集团力量，无条件地支持岛隧工程。

又用了一个月时间，再一次做好各项准备，最终完成了第15节沉管安装。

第15节沉管安装过程彰显了举国办大事的体制优势。面对突如其来的回淤，中央到地方、政府与社会、工程建设各方众志成城，共同应对。抱定一个目标，就是竭尽全力尽快恢复工程建设。从这件事情可以折射体制优势的道理，其本质就是，在中国特色社会主义制度下，国家利益、国家意志永远是决定事物走向的核心驱动力。越是大事，越逢关键时刻，越能够达成共同目标，彰显体制优势。这让很多外国人十分感慨，十分羡慕。

4. 铸就国之重器，坚持争创一流

新时代是核心技术的竞争时代。实现伟大梦想的道路一定不会铺满鲜花，必定是沟沟坎坎，充满艰难险阻。任何时候都不要幻想在这个世界上会有救世主。尤其在重要关口，若不言自立自强，现实情况是，"今天"是单边贸易战，"明天"可能就会酿成群狼落井之势。"自古华山一条路"，在实现伟大梦想的道路上，两强相遇勇者胜。只有坚持"逢山开路、遇水架桥"的奋斗精神，才能无往而不胜。

岛隧工程的建设之路，就是一条持久的创新之路，创新的过程充满挑战，将一个个不可能变成了可能。

（1）创新了大直径深插钢圆筒快速成岛技术。在世界上第一次采用八锤联动液压振动锤。在上海长兴岛制造钢圆筒，每个月能制造25个。不到7个月完成了两个人工岛的成岛，节约工期两年半。创造了"当年开工、当年成岛"的工程奇迹。

（2）创新了"半刚性"沉管新结构。一般沉管的埋深都在3m左右。港珠澳大桥有4km的沉管隧道埋深达到了22m，这在世界上还没有先例。为此，创新性地提出了"半刚性"沉管的结构概念，开发了适合沉管结构的永久预应力体系，发明了基于材料断裂力学特性的"记忆接头"。为了获得这一认知，团队花费了近两年时间，经历了7年岛隧建设中最为曲折的过程。外国沉管隧道专家这样评价："中国工程师是被迫的，甚至是痛苦地实现了真正意义上的创新。"

（3）创新了组合基床+复合地基的沉管隧道基础方案。按照以往工程经验，沉管隧道软土地基一般不超过20m，港珠澳大桥沉管隧道软土地基最深超过40m，沉降风险很难控制。为此，创新了组合基床+复合地基的沉管隧道基础方案。开发了外海深水施工成套技术和装备。在深水基础控淤清淤的研究方面取得了领先的成果；开发了沉管基础施工质量管理系统。一系列有针对性的研究和创新，取得了33节沉管实测平均沉降仅为6cm左右的重大突破。

（4）在距离隧道7海里的珠海桂山岛，投资10亿元，建设了现代化的，也是世界最大的沉管预制厂。厂址原是一个废弃的采石场，工厂被布置成L形。预制厂建设历时14个月，建了两条生产线；研发了世界最先进的液压模板；开发了8万t沉管顶推技术；首创了曲线沉管工厂法预制技术。

（5）创新发明了整体式主动止水最终接头。沉管隧道要在水下进行合龙，沉管隧道的"合龙段"就是最终接头。按照常规方案，工期至少需要半年以上。为此，2012年开始，开展了3年多的研究和攻关。创新性地提出了可折叠主动止水的结构理念，发明了整体式主动止水最终接头。最终接头重6120t，是世界交通建设史上最重的结构，用中国制造的世界最大12000t全回转浮吊进行安装。2017年5月2日凌晨开始安装，仅14个小时就实现了隧道贯通。最终的对接精度达到了毫米级。

（6）研制形成了具有自主知识产权的沉管安装成套技术。沉管隧道是一个很小的工程领域，目前全世界建成的总数不到两百条。在港珠澳大桥建设之前，中国只有20多年的沉管隧道建设历史，而且规模都非常小。从工程风险考虑，找到一家世界最好的沉管安装专业公司进行合作。对方实行技术封锁后提出了1.5亿欧元的咨询费。在这种情况下，中交集团决定，即使花一个亿、两个亿来研发，也要自主创新。历时一年半，建设团队先后开展了33项试验研究，并在沉管安装实践中，开发了14套系统和装备，形成了具有自主知识产权的《港珠澳大桥外海沉管安装成套技术》。这套技术的最大特点是智能建造。智能建造提升了我们的感知能力、预测能力、控制能力和作业能力，能让工程环境做到可知、可控，海底施工做到可视、可测，水下作业实现了自动化、无人化。

七年坚守，七年奉献，七年收获。岛隧工程取得了骄人成绩，做到了七年环保零投诉，七年安全零伤亡，工程获得了537项专利和24项省部级科技进步奖，三地政府验收评分99.63分，2018年更获得了三项国际工程大奖，为世界沉管隧道建设技术的发展贡献了"中国力量"。

5. 建设国家工程，必须凝心铸魂

岛隧工程，超长工期、每一道工序环环相扣，充满了高风险。在这场数千人"共走钢丝"的持久战中，要让几百个工序的4000多名建设者做到"每一次都是第一次"，每一次都做到同样的高标准，需要一种有凝聚力的文化，形成内在驱动力。在这样的背景下，党组织的首要任务是凝聚力量，打造铁血团队，要让所有的员工有一种使命担当、责任担当。

按照中交集团党委的要求，项目党委做到三个"坚持不变"。

坚持党的群众路线不变。只有尊重劳动，尊重劳动者，让他们体面劳动，

有尊严地生活，有尊严地工作，才能做出有尊严的工程，实现他们对美好生活的向往。

坚持领导以身作则不变。在工程最艰难、最危急的时刻，项目总经理部领导总是冲锋在前，深入前线解决问题，当好"领头雁"。在他们的带领下，各工区的领导也成为各工区的"领头雁"，形成"群雁效应"。在长达七年的施工过程中，逐步地形成了一支打不散的铁血团队。

坚持结合实际创新党建工作方法不变。项目党委总结出了"一同四相"党建工作方法。"一同"是党建工作与项目工作同规划；"四相"是党建活动与生产活动相融合、党建活力与项目活力相转化、党的建设与时代需求相结合、党建力量与科技力量相聚合。港珠澳大桥建设过程中能够战胜各种风险和挑战，其根本在于坚持党的领导和加强党的建设，这是港珠澳大桥的"根"和"魂"，是取得胜利的"金钥匙"。

"一个个平凡的人，认真而又坚持地完成一项项平凡的工作，成就了不平凡的工程。把每一项简单的工作做好，就是不简单"。这是岛隧工程的"工匠"文化理念。在工程建设的每一天，无论是设计师、工程师，还是钢筋工、厨师，都在坚守和弘扬"工匠精神"，他们将人生的使命落脚于自己的岗位，甘当"傻瓜"。他们用"这一生，至少当一次傻瓜"诠释匠心。对"工匠精神"的坚持，对"品质工程"的追求，造就了世界一流工程。

2018年12月于珠海